人人向往自由的人生。面对未来，只有把握住时代脉络，才能做出正确选择。

From Employment to Professional Freedom

从雇佣到自由人

新经济模式下的分工3.0革命

吕廷杰
刘涛
宋超营 著
崔鹏

电子工业出版社
Publishing House of Electronics Industry
北京·BEIJING

内 容 简 介

借助互联网等新技术，社会分工发生变革，社会资源获得最高效配置，劳动者会告别工业时代的相对固定单一化的分工角色，逐渐拥有多种职业，社会分工更加细化，新生职业不断涌现，人的身份也会日趋复合化，这是"新经济"的必然结果。本书将带领我们一览这些新事物出现背后的逻辑脉络，从早期最简单的小作坊式分工 1.0 模式，到工业生产的流水线分工 2.0 模式，再到如今更加多元化和复合化的分工 3.0 模式，我们正处于全新的身份革命之中，每个人都将重新定位自己的职业身份。

读过此书，我们每个人都将更加明白自身未来发展的可能性，信息技术颠覆了传统的社会和企业组织形态，也解放了每一个个体劳动者，从受聘于一个公司的传统雇佣工，到拥有自我选择权力的专业化自由人，这将会成为分工 3.0 时代下的一个新趋势。

本书适合年轻的创业者和学生，渴望拥有自由平台的职场人士，以及正在思考转型的企业管理者和政府人员。

未经许可，不得以任何方式复制或抄袭本书之部分或全部内容。
版权所有，侵权必究。

图书在版编目（CIP）数据

从雇佣到自由人：新经济模式下的分工 3.0 革命 / 吕廷杰等著. —北京：电子工业出版社，2017.6
ISBN 978-7-121-30878-9

Ⅰ. ①从… Ⅱ. ①吕… Ⅲ. ①社会分工－研究 Ⅳ.①F014.2

中国版本图书馆 CIP 数据核字（2017）第 020040 号

责任编辑：董亚峰
特约编辑：刘广钦　　刘红涛
印　　刷：北京虎彩文化传播有限公司
装　　订：北京虎彩文化传播有限公司
出版发行：电子工业出版社
　　　　　北京市海淀区万寿路 173 信箱　邮编 100036
开　　本：720×1 000　1/16　印张：17.25　字数：328 千字
版　　次：2017 年 6 月第 1 版
印　　次：2022 年 4 月第 3 次印刷
定　　价：69.00 元

凡所购买电子工业出版社图书有缺损问题，请向购买书店调换。若书店售缺，请与本社发行部联系，联系及邮购电话：(010) 88254888，88258888。
质量投诉请发邮件至 zlts@phei.com.cn，盗版侵权举报请发邮件至 dbqq@phei.com.cn。
本书咨询联系方式：（010）88254694。

推荐序 1

"互联网+"和"共享经济"是当下最热门的词汇。探讨信息经济时代商业变革的书籍，随处可见；特别是关于"互联网+"的畅销书，更是不在少数，可谓汗牛充栋。然而，《从雇佣到自由人：新经济模式下的分工 3.0 革命》这本书却与众不同，以其对时代敏锐的观察和新颖的思维给读者带来完全不同的感受，使本书具有很高的可读性。

本书以独到的眼光，从时间和空间两个维度、宏观和微观两个视角，观察和论述了人类文明发展进程中的行业变迁、企业发展和个体角色演变。作者独辟蹊径，从"分工"这个我们再熟悉不过的经济学概念入手，站在每一个个体的视角，一步步推演出由新技术引发的一场巨大的"角色"革命，阐释了在这新一轮技术变革的推动之下，我们每一个人的生活将会遇到什么样的机遇和挑战，以及如何在未来的社会发展中重塑每一个人的角色定位和竞争力。作者抽丝剥茧，娓娓道来，极富启发性。

纵观人类社会千年的发展，不难看出，人类社会、经济的繁荣发展，在很大程度上得益于人的劳动"分工"的不断细化和深化。分工导致专业化，而专业化带来劳动的高效率和工作的高水平。可能正因为如此，人类关于"分工"的意识和概念自古就有萌芽。例如，无论在东方和西方的古典时代，都有相似的关于不同的人、不同的物应当"各司其职、各安其位"的思想，只是古人没有使用"分工"（division of labour）这一概念罢了。

分工作为经济学范畴可以追溯到古希腊。这个时期的经济思想家色诺芬，最早论述了劳动分工的必要性。然而在经济学说史上第一个系统地分析分工的经济学家应该是古典经济学的创始人亚当·斯密。其划时代的巨著《国富论——国民财富的性质和原因研究》研究的中心问题就是国民财富的增长。在亚当·斯密看来，推动经济增长的最根本原因是劳动分工的日益深化和不断演进，分工带来的专业化导致技术进步，技术进步产生报酬递增，而市场范围的扩大又会进一步促进新的分工。

亚当·斯密之后，经济学家杨格更加细化了对"分工"的理解。与之不同的是，杨格站在产业而非企业内部协作的层面来理解"分工"。杨格认为，随着人类社会劳动分工的不断演进，专业化程度的不断提高，产业分工链条随之不断变长。在这个过程中，通过不同的专业化分工链条之间的相互协调，最终带来产品生产效率的提高以及市场交易的增加，进而扩大市场规模，而市场规模的扩大又进一步推动分工的发展。然而，杨格的理论也有不足，他同样没有找到分工的根源在于何处，他只是解释了分工发展和深化的原因，并没有解释分工产生的原因。而且，他也没有从社会分工与企业内部分工两个层次上探讨分工背后的利益机制以及两种分工之间的相互作用。

专业化经济与劳动分工才是经济进步的最重要的源泉。举个简单的例子，如果一个人想吃鱼，在最初的时候，无论是捕鱼工具还是鱼的吃法，都会比较简单，与之相关的整个产业链也就会很简单。随着分工协作的持续细化，到了今天，捕鱼工具和吃鱼的方法都达到了非常丰富的程度，与"捕鱼和吃鱼"相关的产业链也变得异常"繁琐和复杂"。虽然看起来比较"费劲"，但是，实际上人的"捕鱼和吃鱼"的效率和水平都得到了大幅提升。

分工是推动社会生产力发展的关键要素之一，人类分工协作程度的不断深化和社会的进步发展一直是相伴而生的。我们之所以能够从洪荒蒙昧的远古时代，一路经过农业时代、工业时代，走向如今的信息时代，也是由于我们学会如何分工，从社会化的大分工，继而在具体的行业、具体的组织内进行精细化的小分工，由此产生了专业化的发展模式，带来了生产效率的大幅提高，也在细分领域中出现了不可计数的发明创造，带来了显著的技术革命。

同时，这一过程也意味着不同个体的身份、资源配置方式以及人的交往方式在不断演化。这里所谓个体的"身份"，实际上指的是不同的人或组织在分工协作网络中所扮演的角色，也即"产业分工链条"上的位置。从古至今，界定一个人的身份往往离不开他的职业，特别是在古代农业社会，人的社会流动性远远低于现在，绝大多数人一辈子都是面朝黄土背朝天的农民。

到了工业社会，更加广泛的分工带来了众多职业的出现，也随之产生了众多新的身份名称。从小作坊里面的鞋匠、锁匠、铁匠等，到大工厂里面的钳工、轧工、刨工，再到公司内部的工程师、分析师、营销师等，职业身份的多样化，反映了分工不断细化的时代大趋势。

澳大利亚华裔经济学家杨小凯和博兰曾试图从内生角度阐述分工产生和深化的原因，认为分工如同自然界事物发展一样，是一个自动演化的过程。他们认为，分工的深化能带来经济效率的提高，但分工又会导致交易费用。分工是一个自发演进的过程，在演进的初级阶段，经济增长较低，当分工演进到一定水平后，增长大幅度提高，经济进入起飞阶段，当分工的潜力被挖掘后，增长率又会下降。但该模型同样没有区分社会分工与企业内部分工，企业作为市场的替代物，相对于市场上的交易费用来说，其内部的交易费用是很小的，否则企业就不会出现。

如今，互联网等信息技术的出现，给我们的经济生活带来了前所未有的变化。其中，对于个体而言，互联网为我们营造出了一个与现实世界同态的虚拟世界。在这个虚拟世界里，我们可以进行沟通、生产、合作、消费等活动，几乎是将现实生活复制了一份。很自然，我们会发现，在虚拟世界里，我们还可以有着另外的职业身份，一个现实世界里的技术员，在虚拟世界中可能是一名淘宝店主、一位知乎达人、一个博客写手等，每个虚拟的职业都可能为他带来额外的收入，以及建立新的社交圈子。于是，我们发现，互联网时代下，每个人都可能兼顾多种职业角色。

另外，由于互联网等新技术带来的实时交互的能力，也让以前很多专业门槛较高的专有职业，变得更加普世化和大众化。例如我们每个人都可以利用"众筹"的模式，去扮演一名兼职的"投资家"；也可以利用"众创"平台，成为一位"产品设计师"；抑或通过"知识分享"，让自己的专业技能得到更多的分享和传播，变成一位"讲师"和"培训师"，等等。你会发现，如今每一个人都可以不再局限于一类职业，一种身份，而往往是若干种职业、复合化的身份集合。这正是信息经济时代，每个人都会获得的一种新的身份解放。

因此，从一般的经济学分析出发，结合当前新经济时代的社会现实，将"分工"这样一个古老而常新的经济学概念与个体"身份"联系起来注定是一个非常有意思的话题。相信读者可以欣喜地发现，《从雇佣到自由人》

这本书在处理这类主题的时候，很好地实现了理论性和可读性的统一。

当前我国的经济社会正处于转型的关键时期，无论是"双创"，还是"供给侧改革"，强调的都是增强面向未来发展的创新动能，而以互联网经济为代表的新经济形态，将在很大程度上承担起中国经济转型、社会腾飞的重任。互联网经济带来了许多全新的业态、创新的商业模式和极具前瞻性的商业试验，在这些崭新的经济形态中，"分工"和个体"身份"转变的故事又该如何讲述？新时期的"身份革命"能否很好地嵌入到人类社会发展的整体叙事框架中？作为社会个体，我们又应该怎样在这个新的时代中，扬己之长，设计我们自己的角色和定位？诸如此类，都是具有很强的现实关切和理论趣味的课题。

为此，我诚挚地向大家推荐这本《从雇佣到自由人：新经济模式下的分工 3.0 革命》。相信在阅读本书的过程之中和之后，读者一定会有所启发，产生更多的联想，激发出更多的、有益的关于这个时代以及个体定位的再思考。

周宏仁

国家信息化专家咨询委员会常务副主任

2017 年 5 月 2 日于北京

推荐序 2

责任编辑将书稿送到我办公桌上，一看书名，《从雇佣到自由人：新经济模式下的分工 3.0 革命》，既感到有些生僻、偏长，又觉得学术味太浓；但一气读完，意犹未尽，情不自禁写下几行推荐文字。

2010 年，当第四代 iPhone 引领移动互联网时代大幕开启的时候，恐怕绝大多数人都没有料到，在未来几年这个小小的屏幕所承载的东西会远远超出人们的想象。即便到了 2012 年，互联网行业的不少"大咖"仍然对移动互联网的商业模式持谨慎的观望态度。但移动互联网之所以成为产业浪潮，就是因为它在爆发之前已经积蓄了充足的能量，一旦技术、市场条件成熟，奔流之势将一发不可收拾，而 iPhone 等智能手机的出现，就是引发这场趋势的最后一个导火索。

这是属于全人类的狂欢，这是黑格尔意义上"偶然是必然的未被发现"，这是一个正在打开且充满想象的新世界。在这个意义上，个体认知的局限是可以被宽容的，即便"先知"如乔布斯，恐怕也不一定能料想到现在的局面。

今天，正如你我切身感受到的，互联网经济已经极大地改变了每个人的生产、生活方式，更主要地，是丰富了我们看待和感知世界的维度。可以说，移动互联网催生的不仅是新的经济形态，还包括新的"人格面具"。这类"人格面具"是网红、美甲师、顺风车司机、斜杠青年、说客、业余快递员、外卖小哥……什么是第四次浪潮？它是一天 24 小时加入到城市车水马龙中成千上万的快递小哥，是马云在纽交所说的让他引以为傲的在线上线下来回传递的"信任"。

于是，我们对未来的每一个个体的发展有了全新的思考，对曾经被束缚于组织之内，如今开始获得自由选择权的专业化有了更多的期待。因为有了互联网，有了信息经济的急速发展，使得如今的社会变得更加"支离破碎"，我们可以穿梭于不同的组织、圈子乃至空间中，去连接各种平台和媒介，去获取更多的资源和商机，同时也悄然间改变着我们以往单一化的职业身份，拥有了独立自主的生存能力。

随着互联网经济异军突起，相关的研究、介绍性著作也是汗牛充栋。虽说百家之言，各有所长，但阅读本书却给我带来了完全不一样的体验，让我尤其喜爱。它其实既不是让人"高山仰止"的学院派著述，也不是依靠案例堆积"不明章法"的滥竽充数者，而是集深邃思考和现实经验于一体，甚至将马尔库塞的哲学观念与共享经济对等齐说的一本既具可读性又值得玩味的好书。在本书的编审过程中，我有幸与作者有过多次观点切磋，受益良多。各位读者翻开此书，在了解社会分工从早期最简单的小作坊式分工 1.0 模式，到大工业生产的流水线分工 2.0 模式，再到今天更加多元化和复合化的分工 3.0 模式等的基础上，你可能面对不断变幻的互联网发展浪潮，重新定位自己的职业角色，从而更加清晰地把握社会发展的新的潮流与趋势，展现新的角色魅力和影响力。由此，诚意推荐此书，希望有更多的人来分享愉快的阅读体验。

刘九如

电子工业出版社总编辑

2017 年 5 月 15 日

互联网是促进"连接"的技术，以分享经济为代表的互联网经济则是最大限度地促进了人与人的"连接"，在这种强大的连接网络中，市场信息得以最高速传递，社会资源得以最高效配置，人的身份也得以最大化丰富。每个人不会再像传统工业时代那样，在社会网络中承担相对单一、固定的角色分工，而是在不同的交易链条中有着完全不同的角色分工。从这种意义上讲，"多元化"的身份设定更加符合"人的全面发展"的需要。

本书正是从这种逻辑出发，一方面深入互联网经济发展的具体现实，另一方面又能站在社会学甚至是哲学的高度洞察经济形态的演变对人的"自由"的进一步实现，兼有经验分析和理论概括，是一部难得的研究佳作。无论是对各行各业的企业家、投资人、学者，还是普通读者来说，阅读这本书都会给你带来不一样的体验和共鸣。

——袁圣尧　天然道投资集团董事长、建信天然投资管理有限公司董事长

分工3.0时代，现代人将如何在新经济背景下自由地寻找平台，自由地选择工作，自由地实现自我潜能，进而实现人的自我理解的革新？本书的分析令人耳目一新，这不仅是一本优秀的管理学与经济学著作，更具备了历史学的厚度与哲学的高度，推荐一读。

——周　濂　当代著名政治学者，北京大学哲学硕士，香港中文大学哲学博士。

本书以史为例，通过丰富的案例与详实的分析，深入浅出地描绘了一个崭新时代的开端：传统组织模式在新技术、新思维、新世代的冲击下面临崩溃，以个体为中心的新型协同方式正随着各式互联网平台的勃兴逐渐走向成熟。

——陈　勤　易中天团队首席学术顾问，著名媒体人

前 言

在我们的日常生活中，随时随地会发现分工的存在。农民在田间种地，生产我们需要的食物；工人在工厂生产生活用具，不断提升我们的工作效率和生活水平；老师在学校教授各种专业知识，培养社会的有用之才；科学家们专注在实验室做着各种研究创新，发现越来越多的自然奥秘；企业家们全身心投入到生产与销售的活动中，开发更新的产品，摸索更多的商机；还有很多职业人士，都在自己的专业领域内做着不同的工作，创造不同意义上的财富。

经过工业革命后几百年的快速发展，现代分工体系已经将所有人囊括其中，每个人都扮演其中一个工作角色，在复杂的分工链条中承担着一份职责。通过市场媒介的连接，不同的人能够彼此交换各自的生产成果，获得各自需要的东西，彼此也可以成为一个产业的上下游合作伙伴，共同合作完成一项任务，生产一种商品。无论怎样，人们每时每刻都在享受社会化分工带来的成果，也都在这种日益复杂精细的分工体系中贡献自己的才智和时间。

通过有效分工的方式来提高生产效率、推进社会发展的思想古已有之。春秋时期的齐国政治家管仲就提出了著名的"四民分业定居论"，他主张将齐国人民划分为士、农、工、商四大职业群体，并且按专业分别聚居在固定区域，从此中国 2000 多年的分工格局基本确定下来，这也是我们能看到的中国早期的社会分工理论。

管仲作为一个执政者，更多的是从国家统治需要来划分国民的职业并进行针对性管理。而在古希腊哲学家柏拉图看来，即使从微观角度上也需要进行分工，因为人不可能面面俱到，把所有工作都能做得好，而必须有所侧重，根据每个人的禀赋不同从事自己擅长的工作。同时人的需求又是多样的，这就要求分工不同的人之间要紧密地协作互助，形成联合体，众多联合体再往大发展，就构成一个国家组织。

当然，柏拉图的分工思想更多停留在畅想阶段，同为苏格拉底学生的色诺芬，则从经济视角看待分工的好处。他认为人不可能精通所有技艺，必须有分工，才能让生产变得更加专精，产品更加精美，市场价值也随之提高。色诺芬的视角，将专业化这个词与分工联系到了一起。

亚当·斯密在《国富论》中指出，劳动分工和专业化必然导致劳动效率的提高，这也是经济发展和社会进步的推动力。马克思认为，一切生产的基本形式都是分工。正是千百年来人们不断细化着分工形式，涌现了更多的专业化工种，出现了更多的新职业、新角色，生产效率不断攀高，才有了财富总量的迅猛扩张。在量的扩张基础上，也有了质的飞跃，这是没有分工之前，每个人各自分散劳动所无法达到的水平，也是全工业化时期，那些简单的家庭作坊所无法实现的目标。可以说，能够进行复杂广泛的分工活动，本身就是人类区别于一般动物的显著标志之一，可以说是人类文明的最具影响力的发明，也是人类之所以伟大的意义所在。

从传统农业社会的男耕女织，自给自足的分工 1.0 时代，到工业社会开始形成一条条产业链，实现社会化大生产的分工 2.0 时代，再到如今信息经济让人的分工更加细化，人的身份更加复合化的分工 3.0 时代，每一个大的文明进步，背后都是分工体系的进化在推动，同时，新的技术手段也大大促进了分工体系的发展。

分工将过去一个人的全部劳动分拆成若干环节，让每一个环节的工作由专人负责，变得更加专业化，而专业化保证了每一项工作质量会得到持续提高。工作环节增加了，就需要彼此更好地协作配合，那么不断创新的技术手段，就起到了更快更好的连接和协作作用，确保生产效率能够高过简单的分工。

在分工 3.0 时代，互联网扮演了至关重要的连接和协作角色。可以说，如果没有互联网，我们依然停留在工业时代的分工体系中，继续让人如机器一般不断地运转，如螺丝钉一般被巨大的体制所束缚，谈不上自由的获取，个体解放和人格独立都是空谈。

互联网的价值体现在对传统分工链条的改造上。有了互联网，在传统分工产业链纵向合作模式的同时，在横向上实现了资本与产品服务的化整为零和化零为整双向运作模式，带来了分工的更高阶段。

通过互联网，个人在创业最初阶段能够利用众多小型投资者的众筹模式获得原始资本的筹集，而不再是只能单独向某家银行或投资人申请一笔巨额款项；而更多的非专业投资人，可以用自己的一笔小钱，众筹一个看好的项目，做一个小小的投资人，享受从前不可能有的投资红利，投资的工作在分化，人人都能成为投资人。

在生产过程中，企业不需要单独建立一条完整的生产线，从无到有生产一个完整的产品，而是可以同时分包给各个专业化的合作伙伴，进行协同生产与实时组装。这给了那些拥有一技之长的专业人士和团队更多的业务机会，不需要将自己长期置于一家公司的管控下，而是凭借自己的手艺，与更多的需求方谈合作，职业的分化让每个人都能跳出原有单一工作的限制，可以找到更多价值变现渠道。

在营销领域，企业可以运用互联网平台，通过粉丝营销、口碑营销，将用户转化成推销员，不担心受到大型代理渠道商的供货压价要求，同样实现规模出货。在这个过程中，每个用户其实都在扮演着产品推销的角色，事实上营销已经不再是专业人士才做的工作，我们都在或多或少地从事这类工作，甚至可以获得相应的回报。

众筹、众包、团购、共享等新经济模式应运而生，将过去基于产业链的纵向分工向前推进了一大步，实现了横向的细分，将长尾理论中的利基市场的活力充分释放，中小企业和用户的话语权得到了极大地提高。

当各个环节都开始化整为零，实现分散化运营，互联网的连接本能起到了关键的作用，让每一个脱离庞大组织的独立经济单元，或团队或个人，能够运用互联网与原有产业链上下游其他独立经济单元建立连接，彼此互动，形成复杂的网络系统。这个系统不再是清晰的链条状，也不再能够将行业的边界清晰化。反之，这是一个融合与交错的大时代，对于分工的理解，从纵向链条的时间维度向横向网络的空间维度迈进。

如今，我们身边多了许多新的职业身份，如自媒体人、微商店主、网络直播人等，这些都是在传统产业链条中进一步分化出来的新工种，是借由互联网带来的分工 3.0 的体现。另外，更重要的是，越来越多的人开始走出办公室，逐渐摆脱公司雇佣的枷锁，更自由地支配自己的时间和能力，可以为任何有需求的企业去服务，这些人在自己身上实现了多样化的分工，让多种职业身份汇聚一身，成为典型的"斜杠者"。

分工3.0不仅仅是让传统产业链条走向更加细分的时代，也打破了专业工作由专属职业的人去做的惯例，人本身的能力都是多样的，很多有着多种专长的人，可以匹配到多个产业链条中的工作环节上，更广泛地释放自己的才能，获得更多样化的变现渠道，在此过程中，人本身得到了最高贵的财富——自由！

在本书中，我们会回顾过去人类走过的分工道路，看到社会发展到当今的新经济时代，分工3.0为我们带来哪些新的工种、赋予了我们哪些新的职业身份，更主要的是，透过这些多姿多彩的职业变化，让我们能变革自己传统的工作思维，抓住未来职业进阶的机遇，实现自身从一个普通的打工仔向专业化的自由人的华丽转型，让更多的专业人士拥有自由和幸福的工作与生活，这才是分工3.0带给每个人最具价值的结果！

作 者

2017年5月

目 录

第1章 从小作坊到大工厂：分工1.0和分工2.0 ·················· 1

  1.1 分工1.0："简单而全面"的家庭小作坊 ·················· 1

    1.1.1 "男耕女织"的分工体系 ·················· 2

    1.1.2 家庭分工向社会分工缓慢演化 ·················· 4

  1.2 分工2.0："单一专业化"的工厂螺丝钉 ·················· 5

    1.2.1 "羊吃人"带来的身份变迁 ·················· 5

    1.2.2 异化与单向度的劳动者 ·················· 8

第2章 新经济时代的分工3.0革命 ·················· 13

  2.1 从分工1.0到分工3.0：分工的演变逻辑 ·················· 13

    2.1.1 分工3.0：人与人的商业连接是如何建立的 ·················· 13

    2.1.2 分工模式演进的驱动因素 ·················· 16

    2.1.3 一张图看懂分工1.0、分工2.0和分工3.0 ·················· 21

  2.2 分工3.0的模式 ·················· 23

    2.2.1 分工媒介的演进 ·················· 23

    2.2.2 分工模式的演进 ·················· 25

  2.3 分工3.0带来四大社会新生价值 ·················· 31

    2.3.1 分工革命是一次范式转移 ·················· 31

    2.3.2 分工2.0范式：金字塔和中心化 ·················· 32

    2.3.3 分工3.0范式：新分工、新身份、新观念、新关系 ·················· 35

第3章 人人都是金融家 ... 41

3.1 从"富人游戏"到"平民玩法" ... 42
- 3.1.1 金融：与风险相伴的富人游戏 ... 42
- 3.1.2 互联网金融缘何能撕开一道口子 ... 46

3.2 新工种："小白"式的理财高手 ... 55
- 3.2.1 从客户思维到用户思维 ... 56
- 3.2.2 从互联网第三方支付开始 ... 57
- 3.2.3 草根理财大显身手 ... 58

3.3 新工种：快乐的投资家 ... 62
- 3.3.1 古代的众筹玩家 ... 63
- 3.3.2 金融界的超级大乐透 ... 66

3.4 新工种：非典型借贷人 ... 71
- 3.4.1 人人都为"借钱"烦恼 ... 71
- 3.4.2 "快乐借钱"已经到来 ... 73

第4章 知识服务的个体户 ... 79

4.1 知识经济与认识"小时代" ... 79
- 4.1.1 电子书与"古登堡计划" ... 79
- 4.1.2 两种认知模式：跟团游和自助游 ... 81
- 4.1.3 知识经济和知识分工 ... 84

4.2 新工种：做一个热心的知识分享者 ... 85
- 4.2.1 知识分享可以成为一个新工种 ... 85
- 4.2.2 做分享的难题：收费还是免费 ... 93

4.3 新工种：为人指路的行家里手 ... 97
- 4.3.1 每天一堂"微课" ... 97
- 4.3.2 约见心目中的"大牛" ... 103

4.4 新工种：科研众包下的研究者 ... 106
- 4.4.1 集结全球"最强大脑"的新科研 ... 106
- 4.4.2 让最聪明的人为自己打工 ... 112

第5章 平台协作中的个体 ... 117

5.1 生产3.0模式的黎明 ... 117
- 5.1.1 流水线与全球化带来的生产2.0时代 ... 118

5.1.2　从产业链到协同网——生产分工3.0的诞生 ……………………122
5.2　新工种：人人都是设计师 …………………………………………125
5.2.1　"魔幻工厂"圆小白们的裁缝梦 …………………………125
5.2.2　大众"参与感"点燃新型制造范式 …………………………130
5.3　新工种：一台电脑成就一位超级制作者 …………………………132
5.3.1　有一个神奇的地方叫"字幕组" …………………………133
5.3.2　平台型公司上的自由办公族 …………………………………135
5.4　新工种：大企业中的"小作坊" …………………………………138
5.4.1　独立经营的"小微"创客 ……………………………………139
5.4.2　独立研发的企业"外脑" ……………………………………145

第6章　传媒与营销的泛化 …………………………………………149
6.1　从线性传播到网状转播 ……………………………………………149
6.1.1　传统媒体的基本逻辑与短板 …………………………………149
6.1.2　新型传播模式"乘势"而来 …………………………………150
6.2　人人都是时代焦点 …………………………………………………153
6.2.1　专业知识传播者 ………………………………………………154
6.2.2　迅速窜起的网红 ………………………………………………160
6.3　新时代的人脉价值 …………………………………………………166
6.3.1　全民营销：人人都是推销员 …………………………………167
6.3.2　全民开店：人人都是网络店主 ………………………………171

第7章　从雇佣工到自由人 …………………………………………182
7.1　组织变迁与个体角色 ………………………………………………183
7.1.1　前互联网时代的组织模式 ……………………………………183
7.1.2　互联网时代的组织变迁与个体角色 …………………………184
7.2　新工种：人人都是合伙人 …………………………………………186
7.2.1　让员工当上"领导" …………………………………………187
7.2.2　我们是一个团队，不是一家人 ………………………………191
7.3　新工种："云端"的职业人 ………………………………………200
7.3.1　"云"模式带来的启示 ………………………………………200
7.3.2　"云端"的职业人 ……………………………………………205

第 8 章　分工 3.0 会让世界变成什么样·················217
8.1　新的职业人：斜杠青年·····························218
8.1.1　不再崇尚"专一"的职业观·····················218
8.1.2　打造成功的"专才+多平台"个体服务商···········223
8.2　新的组织态：连接一切·····························233
8.2.1　组织形态的未来之路·························234
8.2.2　分工 3.0 时代的企业走向何方·················237
8.3　新的社会范式：开放与共享·························243
8.3.1　"专利"将走向社会共享化·····················243
8.3.2　"隐私"将能够告知于外人·····················247
8.3.3　"信用"将成为合作的基础·····················251
8.4　人，从异化到自由之路·····························255
8.4.1　工作要变得多姿多彩·························255
8.4.2　多种职业身份于一身·························257

第 1 章

从小作坊到大工厂：分工 1.0 和分工 2.0

人类的文明本质上建立在生产活动的不断发展上，而生产活动包括简单的个体劳动和大量复杂的协助劳动，从原始的捕猎打鱼，到后来的种植畜牧、制造发明等工作，整个社会生产体系越发庞大，需要越来越多的人参与其中，这就离不开分工。没有分工，就没有合作与交换，也就没有商品经济的出现，社会将无法正常运转和向前进步。分工演化伴随着我们从远古走到当下，分工就是让每个人去做自己更擅长的事情，缩短平均劳动时间，提高整体的生产效率。人尽其才、物尽其用，可以说，人类创造的灿烂文明史是在不断的社会分工演化中得来的。

农业社会的生产活动主要基于单个家庭的劳作展开，分工相对比较单一化，有简单的分工，但还没有形成大规模的社会化分工体系，此为分工 1.0 时代；到了工业革命之后，机器化大生产让越来越多的人离开土地，走进工厂，成为了产业工人，流水线的发明让每个人开始了专业化劳动，各司其职，各管一摊，社会化生产让分工大大细化，演变出更加丰富的工种，几乎将所有人卷入其中，成为一个长长的生产链条中的专业劳动者，分工进入 2.0 时代。

1.1 分工 1.0："简单而全面"的家庭小作坊

在人类从野蛮蒙昧状态走进文明时代的过程中，先后产生过三次大的社会分工：第一次是畜牧业和农业的分离，第二次是手工业从农业中分离出来，第三次是商业分离出来。三次大的社会分工，带来了生产力的进步，也创造了大量的生活用品，人类走入文明时代。在相当长的历史阶段，农业都是世界各地区最主要的产业形态，农民也是绝大多数人的终身职业。

1.1.1 "男耕女织"的分工体系

"种豆南山下，草盛豆苗稀。晨兴理荒秽，带月荷锄归。"

陶渊明在《归田园居（其三）》中，用短短几句诗描绘了那个时代自身辞官归隐，在田园劳作之乐。一个人春耕夏耘，秋收冬藏，在田地里忙碌的身影，诗人用艺术手法表达了内心的悠闲自得，我们也透过诗词本身，看到农民通过双手劳动创造财富的最直接画面。

这反映出了中国古代小农经济的劳动特征，农业是最主要的产业，绝大多数人都与土地紧密地捆绑在一起，围绕土地进行的生产劳作构成了几千年农业文明的核心内容。在农业社会，生产都是以家庭为基本单元展开的。无论是西方古代夫妻构成的小家庭模式，还是中国很多几世同堂的大家庭模式，都是农业社会主要的生产单元。

"茅檐低小，溪上青青草。醉里吴音相媚好，白发谁家翁媪？

大儿锄豆溪东，中儿正织鸡笼。最喜小儿亡赖，溪头卧剥莲蓬。"

在辛弃疾的《清平乐·村居》中，非常形象地描写了一个五口之家的日常生活情景，一对满头白发的老夫妻，在酒后互相逗趣的闲聊，远处，他们的大儿子忙着在豆地锄草，二儿子在院内编织鸡笼，而还没成年的小儿子正处在淘气的年纪，当然无法分担家里的劳作，而是躺在小溪边拨着莲蓬吃。

在这首词中，我们能够想象到一个农业家庭的分工景象，由于更多的是以家庭为基本生产单元，独立进行春种秋收的全年劳作，而从社会范畴来看，较少有跨越家庭、宗族乃至地域范围的分工协作体系出现。所以，如果说农业社会有所谓的分工1.0形态，那也更多地体现在一个生产单元，也就是家庭内部之间最简单的分工协作了。

提起中国古代的社会职业划分，首先映入脑海的便是典型的士、农、工、商四种职业划分，这种职业划分贯穿中国两千多年历史，为历代帝国政府所沿用。那么是谁最先提出的这种划分方式呢？正是辅佐齐桓公成为春秋五霸之首的治国名臣——管仲。

一次，齐桓公与管仲在探讨治国之道时，管仲提出了著名的四民分业论，他主张将当时的齐国人划分为士、农、工、商四大职业集团，并且按各自的分工不同，由国家指定所居住的区域。"昔圣王之处士也，使就闲燕；处工就官府，处商就市井，处农就田野。"把士人安置在清净的学府里，把工匠安置在官府中做活，把商人安置在市场集镇买卖，把农民安置在乡间野地耕种，各安其分，互不打扰。

管仲认为，如果各类百姓杂居一处，都不安心本职工作，容易滋生事端，扰乱社会秩序，影响统治稳定。倒不如按照职业不同分居各处，每一种职业的人聚集在一起，可以相互交流，比如士人们可以聚在一块探讨"仁、义、礼、孝"等思想观念，老人们在一起研讨学问，孩子们从小耳濡目染，也就保持了心性的专注，传承上一辈的观念和认知。商人们聚在一起，可以互相交流市场情报信息，根据季节的变化和当地的供需情况，掌握市场价格，也可以互相做交易买卖。

管仲提出四民分业的观点，直接影响便是职业的世袭化，从此以后"士之子恒为士""农之子恒为农""工之子恒为工""商之子恒为商"。职业世袭化的结果，是劳动技能在固定的范围内得到有效传承，也保证了每一种职业能够有不断的新劳动力承接。例如，农民的儿子也是农民，子承父业，世世代代在土地上打拼，他们的种地技术是从小由父母手把手教出来的，更容易在种地这类工作上取得成功。

这种职业划分，成为了最早期的社会分工体系，管仲的分工理念契合了后世经济学家提到的专业化分工理论，因为各个行业的人聚集在一起，逐渐加强了行业内专业知识的交流和积累，提高了从业人员的素质能力，自然提升了各自的专业化水平。同业聚居之下，劳动者能够更熟练地掌握专业技能，在单位时间内的生产率也自然会有较大的提高，实际上促进了社会整体的发展水平，这是分工推动经济发展的早期体现。

跨过两千年的时代鸿沟，如果从现代科技产业的发展角度重新来看管仲当年的同业聚居做法，也许会让我们有不小的惊叹。如今在世界各国普遍存在的工业园区、科技城、汽车城等产业布局，实际上是管仲四业分居理念的某种延伸。

1.1.2 家庭分工向社会分工缓慢演化

以古代农业经济为主导的社会分工，最大的影响因素莫过于自然环境，可以说什么样的自然环境就决定了什么样的生产方式，"水处者渔，山处者木，谷处者牧，陆处者农，地宜者事"。例如，在我国黄河中下游流域，由于拥有肥沃的土地和适宜的气候，让农业生产最早诞生于此，也成为中国古代文明的发祥地之一。

从原始社会刀耕火种到农业社会铁犁牛耕的演进，推动了社会生产力的发展。铁犁牛耕这种简单的劳动工具，导致的结果便是古代的农业生产更多的是一种自给自足的家庭模式，男耕女织成为主要的家庭分工形式。这种相对独立存在的简单分工形态，更适合推动农业向精耕细作的方向发展，随着耕作工具的不断改进和提高，古代经济也在缓慢地向前发展，生产力也逐渐在提升。

但是这类分工形态具有天然的封闭性，很难进行扩大再生产，也无法推动大范围的社会交换，进而阻碍了商品经济的发展。同时，受制于当时的交通通信水平，以及很多时候存在地方封建割据的状态，农业社会的市场交易范围本身就非常狭窄，大多数仅仅停留在村落之间，以及城市与附近的农村之间的小范围市场交易。农业生产在相当长的时间里并没有本质性的飞跃，基本上是自给自足的状态，无论是分工方式，还是分工后各部分的专业化生产水平，都停留在较低的程度。

当然，农业社会这种家庭内部简单分工的体系，也并不是一成不变，而是在缓慢的发展历程中不断细化。在传统的"男耕女织"模式中，逐渐分解出更多的专业工种，参与的人也逐渐增多。有学者研究称，明清时期，棉纺织业行业内部的分工逐步细化，一些主要工序的专业化分工开始出现。例如，棉纺织业的一些工作，如轧花、弹花、纺纱、织布、印染、踹布、工具制造等，都逐渐形成了相对独立的手工业部门。

社会分工除了在工作流程本身的分解细化，形成更多新的专业化工作环节以外，在地域上也逐渐开始分化，最典型的是城乡之间的分离。马克思在研究英国工业革命之前毛纺织业的发展过程中发现，在15世纪，英国已经开始出现毛纺织业的城乡分离趋势,农村的呢绒商在靠近水车的地方生产布坯,而城市的呢绒商基本不再涉足这个环节,而是主要负责后期加工,从农村采购大量的白坯进行起毛、割绒、轧光、染色等加工工序,再出口给具体的销售商。由此一个简单的产业分工链条就逐渐诞生了。

同样,针对棉纺织业,通过对清代文献的研究,也有学者发现明清时期也有了初步的城乡分工现象,与英国类似,农家生产出来的棉布,除了自己使用的以外,大都被专门的商人采购运送到城镇进行集中加工,之后再运送到全国各地销售。像染色、踹光等棉布加工业已经不在很多农村地区开展,而是大都集中在苏州等较为发达的城镇进行。

无论是中国的棉纺织业,还是英国的毛纺织业,都从最开始简单的分工逐渐细化发展,逐渐从乡村的劳作分离,集中于城镇,形成了新的行业。农业社会男耕女织的简单分工体系发生了演变,不同的生产者开始承担不同的分工角色,将一个原始的产业培养成初具产业分工雏形。于是,分工1.0向更加复杂全面的分工2.0模式迈进,也是向真正具有社会化大分工意义的工业时代迈进。

1.2 分工2.0:"单一专业化"的工厂螺丝钉

雷锋有一句名言:"做一个螺丝钉,哪里需要去哪里。"一般人都将之理解为这是对革命事业的忠诚。当然没错,不过这句话也可以从另一个角度来想,让一个人做螺丝钉,显然这是在工业时代开始之后才会出现的,或者说,这是人类从农业文明过渡到工业文明之后才会普遍出现的身份变迁。那么,在这样一个变迁中,人的身份有了哪些新的特征?与之相关的价值承认及可能存在的问题又有哪些呢?

1.2.1 "羊吃人"带来的身份变迁

提到人类从农业文明向工业文明过渡,以及随之而来的人的身份转变,就不得不提英国历史上有名的"羊吃人"运动(也叫"圈地运动")。

15世纪末，随着新航路的开辟，全球的商业贸易重心逐渐从地中海转移到北大西洋沿岸。英国正处于大西洋航运的中心线上，对外贸易发展迅速，羊毛出口和相关的毛纺织业得到了快速发展，因此，英国的羊毛价格也随之水涨船高，养殖业成为最赚钱的行业之一。在巨大利益的诱惑下，英国的农场地主开始大规模地圈占土地。一开始只圈占公有土地，后来逐渐又圈占小农户的土地。最终造成的结果是英国全国一半以上的土地都变成了牧场。在圈地运动中，原本依靠耕种生活的农民被赶出自己的土地，从此丧失生活来源，只能跑到城市里成为廉价劳动力，因此，这被称为"羊吃人现象"。

　　在农场主肆意圈占土地的过程中，英国王室发布的一系列限制性的禁令在客观上反而进一步助长了"羊吃人"趋势。为了让那些被驱赶出土地家园的农民快速安置下来，英国国王颁布禁令，一方面限制圈地运动不要太过激烈，另一方面又强迫那些被赶出家的农民接受城市里工资低廉的工作。凡是有劳动能力的游民，如果不能在规定的时间里找到工作安稳下来，都会受到严厉的惩罚。例如，第一次被抓住四处流浪，可能就会受到鞭打，然后被送回原籍。如果第二次被发现，就要被割掉半只耳朵。发现三次，就会被处死。后来，政府又颁布新的法令，规定凡是四处流浪者，如果在一个月内没有找到工作安稳下来，就会被卖为奴隶。如果逃走被抓，就会被终身判为奴隶。

　　在英国亨利八世和伊丽莎白两代国王统治期间，有大批失去土地被迫流浪的农民被处死。英国农民的数量越来越少，失去土地的农民为了避免被进一步迫害，只能进入城市，进入到生产羊毛制品等其他手工场，接受薪水极低的工作，变成资本家的廉价劳动力。18世纪之后，英国最终实现了圈地合法，英国农民的数量减少到了历史最低点。

　　今天，站在历史的长河中，回望几百年前人类社会的这段历程，虽然充满流血、痛苦甚至牺牲，但是在客观上，英国的圈地运动是一种推进历史发展的事件，更具体地说，是有力推动了当时在英国还不算强大的资本主义经济形态的发展。早期资本主义经济发展最需要的无外乎三个条件：一是广阔的销售市场，二是充足的原材料供给，三是大量的廉价劳动力。很显然，圈地运动不仅为农场主扩大农场规模、提供更多的羊毛原料，同时还为工场主提供了前所未有的廉价劳动力。从而在客观上极大地满足了早期资本主义经济的发展需求。

　　当然，农场主和工场主需求的满足并不是关心的重点。我们注意的是，与其说圈地运动代表了资本主义经济在发展初期血淋淋的原始积累，不如说是伴随社会生产力的进步，原初的农耕文明开始向工业文明过渡，与此相关的则是人的身份的变迁，即大规模地从农民（分工 1.0）的身份向工人（分工 2.0）过渡，尽管这一过渡时常会伴随流血的代价。

到这里，就逐步明晰了分工 1.0 之后的又一个概念——分工 2.0。与前者相比，以工人身份为代表的分工 2.0 有着更加明确的内涵：现代社会分工流水线上确定的劳动角色。而以农户为代表的分工 1.0 则相对更加丰富：一个农民可以通过耕种、捕鱼、放牛等不同的方式获得维持生计的资本，而且即便是在其中的一种方式下，他也可以扮演不同的角色。在分工 2.0 的状态下，虽然不能说工人除了在流水线上的工作别无所能，但扩展到社会层面上，他能够赖以生存的技能及可承担的身份的确少了很多——在他生命的大部分时间，他就是一个工人，而且这也可能是他最重要、最引以为傲的。

当然，以上所说的从分工 1.0 到分工 2.0 的过渡并非单纯指的是时间维度上的，或者可以说，时间只是其中的一个维度而已。两种分工状态并非截然分开，尤其是到了现代社会以后，我们仍然可以发现分工 1.0 和分工 2.0 共存的状态，甚至是在同一类人或者说同一个人身上仍然有共存的状态。

在现代中国的一个特殊群体——农民工身上，分工 1.0 和分工 2.0 就是一种共存的状态。在作为农民的时候，他们是家里的"多面手"，他们在自家的土地上可以扮演不同的角色，他们大多过着自给自足的小农生活。有一天，他们决定要背井离乡，只身踏入城市，加入到一个个钢铁水泥构成的生产线上，他们就是在进行一种身份的转变。没有了自给自足，没有了靠天吃饭，没有了熟悉的乡音和土地的味道，他们像是一片片无根的叶子，飘到了这个城市里，飘进了一个庞大的陌生集体中。他生活的世界一下子从"熟人社会"变成了"生人社会"。他甚至一天 24 小时都生活在工地上，但那不是他要生活的地方，那里的人也没有一个是自己真正的"熟人"，他彻彻底底变成了一颗"螺丝钉"。或许他在工地上还有几个比较熟悉的老乡，但这也根本改变不了他作为一颗"螺丝钉"的身份。

所以，如果想要更加深切地了解分工 1.0 和分工 2.0 之间的差别、转换及二者之间的共存，就有必要对当下中国的农民工群体及与之相关的城乡二元发展的社会现实有比较深入的了解。

国家统计局的调查结果显示，截至 2015 年年底，我国农民工的总量大约为 27747 万人，比上年增加 352 万人，增长 1.3%。他们进城务工经商，跨地区流动就业，大中城市的建筑、纺织、第三产业等许多重要领域都活跃着他们的身影。

由于长期实行城乡分割的政策，我国的城镇化发展严重滞后于工业化。从新中国成立到改革开放前的 20 多年里，我国城镇化水平从 12.6% 上升到 17.9%，年均上升 0.2 个百分点，城镇化进程基本处于停滞状态。改革开放以来，城乡二元经济体制开始受到冲击，城镇化步伐逐步加快，到 2015 年我国城镇化率已经上升到 56.1%，比改革开放初期增加了接近 40 个百分点。但即便如此，仍然滞后于国民经济的发展和工业化的进程，与经济发达国家的差距依然很明显。

改革开放期间，随着我国国民经济快速发展和工业化进程加快，第二、第三产业规模迅速扩大，形成了对劳动力的新需求，同时放开对农民生产经营，包括流动就业的限制，这就不可避免地带来大量的农村劳动力通过各种途径进入城市就业。另外，老百姓面朝黄土背朝天干了数千年，一直都生活在贫困线以下，付出了很多却从未获得足够的价值。当现代工业带来的工作机会在等着他们时，大家自然会积极投身进去。所以，从某种意义上说，作为农民，解决了他们的温饱问题，作为城市打工者，则满足了他们想要收获更多价值的愿望。

1.2.2 异化与单向度的劳动者

还是回到前面提到的"螺丝钉"。做一颗螺丝钉，加入大规模的集体协作，固然可以创造和收获更大的价值，但是，对于很多人来说，一辈子大部分时间只能做一颗螺丝钉，或者说，在做螺丝钉时，他仅仅是一个随时可以被替代的"工具"，而不是一个真正自由、自主的"人"。

德国法兰克福学派著名的思想家赫伯特·马尔库塞在其享誉全球的著作《单向度的人：发达工业社会意识形态研究》中批评了工业化的生产模式普遍存在的对人的自主性的剥夺。马尔库塞认为，虽然发达工业社会有可能达到实现人意志自由这样一种目标，即"机械化和标准化的工艺程序可能使个人的精力释放到一个未知的、超越需要的自由领域。人类生存的结构本身就会改变；个人将从劳动世界强加给他的那些异己的需要和异己的可能性中解放出来。这时，个人将会自由地支配他自己的生活。如果生产机构能够组织起来，并致力于满足生命攸关的需要，那么，它的控制还是充分地集中起来为好；这种控制并不妨碍个人的意志自由，反而会使它成为可能"。但是在现实中，实际情况却恰好相反，技术不但没有实现人的自由，反而限制了人的自由。

马尔库塞在对工业文明的批评时提出了一个很重要的观点，社会化大生产的进行、工业化和现代化的完成，使得在物质生产领域内的技术组织方式转移到了私人生活和公共生活领域，社会生活被纳入了技术管理当中，由此形成了全面管控的社会。在全面管控的社会中，个体面对的所有生活都不是自由的，都受到一种极权主义的压迫。在这里，意识形态不仅没有终结，反而越发隐蔽地存在于社会生活和个人生活当中。"在富裕和自由掩盖下的统治就扩展到私人生活和公共生活的一切领域，从而使一切真正的对立一体化，使一切不同的抉择同化。技术的合理性展示出它的政治特性，因为它变成更有效统治的得力工具，并创造出一个真正的极权主义领域，在这个领域中，社会和自然、精神和肉体为保卫这一领域而保持着持久动员的状态"。

马尔库塞是从哲学的层面对与现代发达工业文明有关的社会现实进行了全方位的批判，具体到社会分工领域，就表现为现代工业文明对人的身份的束缚。用马尔库塞的概念来说，这就是"单向度对人"，用马克思的话来说，这就是人的身份的"异化""物化"，也就是说，人被彻底束缚住，距离自由自主的状态越发遥远，越发成为一个"物"。

反映这种生活状态的典型例子就是卓别林的电影《摩登时代》。影片中流水线工人每时每刻都在重复着一个动作，仿佛就是一部"活着的机器"。时至今日，流水线依然在现代工厂里存在，"活着的机器"仍然在忙碌着。下面是网上流传的两首出自富士康工人的诗，先来感受一下他们的工作状态。

（之一）《流水线上的兵马俑》

沿线站着

夏丘

张子凤

肖朋

李孝定

唐秀猛

雷兰娇

许立志

朱正武

潘霞

芮雪梅
这些不分昼夜的打工者
穿戴好
静电衣
静电帽
静电鞋
静电手套
静电环
整装待发
静候军令
只一响铃功夫
悉数回到秦朝

（之二）《我的工友们之"发哥"》
你总是双手撑着腰
年纪轻轻的小伙子
给工友们留下的印象
却仿佛一个怀胎十月的女人
饱尝了打工生活的艰辛后
说起往事，你总是微微笑着
尽管这笑藏不住辛酸、苦涩
七年前你独自一人
踏上深圳这片热土
意气风发，信心十足
迎接你的却是冰雪
黑夜，暂住证，收容所……
几经波折，你进了这家世界头号代工厂
从此站立，打螺丝，加班，熬夜
烤漆，成型，打磨，抛光
包装机台，搬运成品
每天一千多次地弯腰直腰

拉着山一般的货物满车间跑

病根悄然种下而你一无所知

直到身体的疼痛拉着你奔向医院

你才第一次听到了

"腰椎间盘突出"这个新鲜的词组

每当你笑着说起这些病痛和往事

我们总被你的乐观感动着

直到年底聚餐，醉醺醺的你

右手握着酒瓶，左手竖起三根手指

哽咽着说：

"我还不到三十岁

还没交过女朋友

还没成家立业

这辈子，就算完了"

（以上摘自知乎，作者@陈啊，网页链接：https://www.zhihu.com/question/39328076/ answer/85403776）

如果你觉着诗歌的体会还不够真切，那么请看另一位亲历者的讲述：

每天早上被闹钟吵醒，浑浑噩噩地起床上班，到了车间，同事们很多都没有睡饱，女生们有说有笑，男生们开点荤笑话。

当机器被启动时，大家各就各位，开始了马不停蹄的工作。就这样一直做个不停，有时还有机会说说话，这样工作会感觉时间好过一点，当然有些岗位离人远，没有人陪你说话，那样日子很煎熬，一天到晚除了工作上的，其他一句话都没有说出来，说出来也是自言自语。

时间一长，感觉想死！一个人被安排到角落里面作业的时候，心里真的很压抑，很想杀人！

那段在工厂里面工作的日子，我感觉自己已经不是人类了，而是一台不断为老板创造价值的机器罢了。又或者可以说是牲畜。那段日子，我感觉自己的肉体和心灵都饱受煎熬，晚上睡觉时耳朵也因为机器噪声太大，而开始耳鸣了，腿由于长期站立血管开始露了出来，后来才知道这是下肢静脉曲张（俗称老烂腿），这个病是体力劳动者最容易得的病。

当发工资的时候拿到了那微薄的薪水，心里感慨万分，好歹也是自己每天早出晚归辛辛苦苦挣来的血汗钱。

每天起得比鸡早，睡得比狗晚，吃得比猪差，干得比驴多，日子每天过得很忙碌，但是一天下来感觉自己其实什么都没有做一样，每天都是这几个动作，每天都是在设定好的轨迹中工作，其实在工厂干一年时间的生产工人和干一个星期的生产工人是没有区别的。

望着工作岗位上一个又一个年轻的同事辞职离开这个工厂，心里面很不是滋味，但是又会来一群新的同事。这个工厂除了老板，少了谁都没有什么。

心里面一直觉得工厂是"反人类"般的存在，因为它违反人类的天性。当然工厂也不是一无是处，它为国家的快速发展贡献了一份力量，给人点事做。

办完离职手续，我想我以后会去哪里呢？没有学历，又没有学技术，除了跟其他几个年轻人一样再去其他工厂，也真的不知道该去干什么。

（以上摘自知乎，作者@幽灵，网页链接：https://www.zhihu.com/question/35694125）

看到这里，你是否有了些许切身的体会？不过请不要着急表达自己对这类劳动者的悲悯和同情，因为实际上我们都是同类人。

车间里的流水线工人，为了完成某种庞大、复杂的工程，被切割、分散在流水线的不同位置。同样，对于现代社会的大部分白领工人来说，他们同样在经历着类似的生活状态，只不过程度和表现形式不同罢了。

众所周知，现代社会越发讲求分工和分工的细致化，因为这样显然会提高工作效率，创造更大的集体价值。在这样的理念引导下，现代学科教育也越来越崇尚细致分工、务求实效。我们在经历过艰苦的高中教育之后，被放到一个个不同的学科体系中，从本科、硕士到博士，学科划分越来越细，自己的本事越来越"高精尖"，而与此对应的，自己的工作选择也越来越窄。进入职场，与流水线工人一样，我们面对的同样是一个个团队协作的场景，每个人各司其职，每个人坐在格子间里埋头工作，每个人只做自己分内的那点事儿……

马尔库塞意义上"单向度的人"指的是谁？我们似乎都是。但这种即便获得了更大价值认可的身份，却明显伤害了个体的自主性。"螺丝钉"固然可贵，但并不是最好的归宿。我们，还需要更进一步的身份革命。

第 2 章

新经济时代的分工 3.0 革命

2.1 从分工 1.0 到分工 3.0：分工的演变逻辑

在信息经济时代，伴随互联网的出现和持续发展，诞生了众多新业态。共享经济、平台经济、闲暇经济……这些我们之前从未听说过的词汇，在最近几年以势不可当之势走进了绝大多数人的生活。新技术催生了新的经济形态，也向我们展现了一种完全不同于以往的分工模式。

2.1.1 分工 3.0：人与人的商业连接是如何建立的

几年前，当你还在抱怨打车难的时候，今天在传统的出租车队伍之外快速兴起了一支租车服务队伍，以滴滴快的、Uber 为代表的第三方服务平台，借助其平台优势，将社会上各种分散的资源整合起来，为用户提供各式各样的租车服务，各种专车、顺风车、大巴车服务应有尽有。不仅在规模上能够匹敌传统的出租车队伍，服务方式更加多样化和人性化。

国内的第三方互联网约车平台滴滴、快的均起步发展于 2013 年左右，而让人印象最为深刻的莫过于 2014 年年初双方开始的"烧钱大战"。补贴最高峰时段，滴滴、快的给乘客提供 10～20 元不等的补贴，很多用户因此都将出租车变成了上下班出行工具。"烧钱大战"一直到 2014 年 5 月才告一段落，双方烧掉近 20 亿元。尽管许多人认为"烧钱大战"是滴滴和快的为了圈用户使出的野蛮竞争行为，但不可否认，经过这一场轰轰烈烈的战役，用户确实建立了使用互联网约车平台打车的消费习惯。尤其是年轻群体，许多人再也不会像以前一样站在路边招手等车，而是在出门之前先下单叫车，等待出租车师傅开车"上门接人"。

"烧钱大战"之后，滴滴、快的重新调整战略策略，都将重点放在了单价更高的专车市场。2014 年 7 月 8 日，快的推出"一号专车"；紧接着，8 月 19 日，滴滴也推出"滴滴专车"。如果说之前"烧钱大战"阶段依然只是着眼于提高传统出租车市场的资源利用效率的话，那么之后的这波"专车"浪潮则是真正将社会上闲散的个人交通资源充分整合起来，形成一股足以匹敌出租车"正规军"的互联网约车服务。当前，滴滴已经从最初的出租车打车软件成长为涵盖出租车、专车、快车、顺风车、代驾及大巴等多项业务在内的一站式出行平台。在这一整套服务中，滴滴并不直接参与面向乘客的出行服务，而是为各类出行资源提供一个统一的出入口，做好技术平台、服务支撑和合规监管，让数量庞大的服务提供方和需求方自行交易。

当然，滴滴的眼光远不止于此，既然是互联网公司，当然得有更具互联网特色的玩法。2015 年滴滴、快的合并之后，随即宣布推出"智能出行平台"，采用大数据手段进一步优化配置资源，并将用户的个人消费信息与城市商业信息对接，让交通真正融入用户的生活。2016 年，滴滴又与 Uber 中国合并，一个更加庞大的互联网约车服务平台已经成型。设想一下，如果你周末去某商业街，滴滴就可以根据你过往的消费行为识别出你有何种消费偏好，消费档次又是如何，去哪类商店购物的可能性最大。然后，滴滴就可以将相应商家的促销信息推送给你。经过这样一系列的整合，作为一个纯粹的互联网服务平台，滴滴已经可以将数量异常庞大的社会资源整合起来，精准推送到每一位用户手中。因此，从某种意义上说，滴滴提供的已经不是简单的"中介服务"，而是以交通出行为核心，在用户的多个生活消费层面提供连接服务，而这类连接服务，在互联网出现之前是不可想象的。

未来 90 后新生活的状态，就是谁买车谁就已经 Out 了——滴滴总裁 柳青

如今，像滴滴这类通过互联网渠道整合社会资源，提供服务的平台已经如雨后春笋般涌现出来。衣食住行的各个领域，只要你有需求，基本上都能借助互联

网平台获得快捷、个性化的服务。拿起手机，随手一按，二十分钟后一份香喷喷的午餐就摆在桌上了。出门游玩之前下个单，一会儿工夫洗车的师傅就能到家。如果你是个爱美的女士，借此工夫还可以叫一个美甲师上门服务。

类似上述例子数不胜数，但它们都有一个共同点，都是通过互联网平台聚集社会分散资源，使无数个体能够参与到服务网络中，他们要么是作为服务提供者（如顺风车司机），要么是作为一个消费者（如顺风车乘客），而且在不同的服务场景和不同的平台上，每个人承担的角色又是多样的。时下被广泛探讨的"共享经济"（Sharing Economy）就是这类新经济模式的典型代表，前面提到的滴滴、快的、Uber 的例子，也都属于共享经济的范畴。

共享经济，就是人与人之间通过共享某种资源满足供求双方所需、创造价值的商业行为，或者更严谨地说，是指利用任何有价值的闲置资源、零散时间、特殊技能创造新的价值的经济模式。共享经济之所以在当今社会大行其道，核心就在于互联网技术的革命性出现使得现实中需求和供给的匹配变得更加容易和低成本，并且依靠其规模优势和信息相对透明，让用户建立起足够的信任，这样数以百万计的人可以把房子和汽车租给完全陌生的人。正如马云在总结淘宝为何能成功一样，第一是靠支付宝建立的信任机制，第二是靠互联网平台带来交易成本的大幅降低。满足了这两条，社会上大量"小而美"的服务提供者和大量有"个性化需求"的用户之间才能建立起健康的商业连接，无论是像淘宝这样的以 C2C 模式为主的电子商务，还是像滴滴顺风车这样的资源共享经济，才可能持续、健康地发展起来。

回到本章的主题，我们将以共享经济为代表的新型商业行为理解为在信息经济时代出现的又一次分工革命，分工 3.0 革命。

与之前两种分工状态不同的是，在分工 3.0 下，作为个体的生产者被大规模激活，通过某个平台参与到生产和消费的网络中来。而且，正如前面所述，大量分散的供需双方之所以能够建立起商业联系，就是因为以互联网为代表的新一代信息技术的出现极大地拉低了供需双方（或者更准确地说，是人与人之间）的交易成本。我想租一辆高档汽车外出游玩；我是一个美甲师，可以在工作之余为有需要的人提供上门美甲服务，我是一个健身教练，愿意为有需要的人提供一对一指导服务；我想找一个懂得室内插花的老师给我指导插花艺术……所有这类供需双方，如果是在前互联网时代，可能要花费非常大的信息沟通成本才能寻找到满意的交易对象，以至于大多数供需都无法实现。但在今天的移动互联网时代，只需打开手机，发布一个消息，或许几分钟的时间就可以迅速筛选出满足自己需要的信息。只有当交易成本足够低的时候，相对分散的供需双方才有可能建立商业连接。

此外，互联网经济天生的"规模效应"又让人与人之间的连接成本越发降低，当一个平台的用户越来越多时，对平台提供方来说，每个用户带来的边际成本是递减的，而收益则是稳步增长的，甚至是边际递增的，这在客观上造成的结果就是，平台规模越大，平均交易成本就越低。中国社会科学院信息化研究中心的姜奇平认为，之所以这样，是由生产力决定的。工业生产力与信息生产力最大的不同在于，工业生产力下的产品在使用上，不可复制（指不可非排他性使用、非竞争性使用）；信息生产力下的产品在使用上，可以复制（技术上可以非排他性使用、非竞争性使用）。在工业生产力条件下，实物资产只能使用一次（如实体房子），如果出让使用权，只能收一次租金；在信息生产力条件下，无形资产（如苹果、百度的开发工具），可以让无数人同时反复使用，可以从不同使用者（如APP开发者）那里收取租金。

至此，分工3.0的内涵已经比较清楚地呈现在读者面前了。以下几个关键词有助于我们更加准确地把握什么是分工3.0：互联网平台、去中心化、分散的个体、较低的交易成本。另外，还需要指出的是，依附于互联网平台之上的各个交易相关方，在不同的交易场景中，每个人扮演的角色也不一样。对任何一个人来说，在不同的交易网络中可以扮演多个角色，在上午可以是一个顺风车司机，下午就可以变成一个快递员，晚上就可以是一个健身教练，在不同平台之间切换，角色也就随之不同。这样就形成了一种"多人协作、多角色参与"的分工格局，也给分工3.0模式下的互联网商业联系带来了异常灵活、个性化的内涵，这也是分工1.0和分工2.0两个模式所不具备的独特之处。关于这一点，在以后的章节中会有详细讨论。

2.1.2 分工模式演进的驱动因素

以上结合社会历史现实，讨论了在不同的时期，伴随技术和市场的进步出现的三种分工模式。那么，这三种分工模式的演变有没有内在逻辑？或者说，能否用一个理论统一这三种分工模式的演变，这种演变又反映了何种社会发展趋势？

接下来就尝试研究这一问题。

"分工"是古老而常新的话题。几百年前的亚当·斯密首次正式提出了有关"分工"的理论。在《国富论》中，亚当·斯密用制造扣针的分工解释了为什么分工可以提高生产效率。有了分工，一方面是生产效率进一步提升，另一方面促使人与人之间有了交易，因此，分工是市场经济的基础，也是市场得以实现最优配置资源的手段。

按照现在经营的方法，扣针的制造分为十八种操作。我见过一个这种小工厂，只雇用十个工人，这十个工人每日就可成针四万八千枚，一人一日可成针四千八百枚。如果他们各自独立工作，不专习一种特殊业务，那么，他们不论是谁，绝对不能一日制造二十枚针，说不定一天连一枚针也制造不出来。——亚当·斯密《国富论》

现代经济学中有一个基本假设——理性人假设，即认为作为经济决策的主体都是充满理智的，既不感情用事，也不盲从，而是精于判断和计算。在经济活动中，理性的个体所追求的唯一目标是自身经济利益的最优化。如消费者追求的是满足程度的最大化，生产者追求的是利润最大化。这是我们分析一切经济行为的基础。

理性人假设以及比较优势理论告诉我们，个体追求自身经济利益的最优化的手段，就是要通过市场实现资源的最优配置。如果你擅长的是种植小麦而不是打铁，当你需要一把镰刀的时候，对你来说最优的选择就是用你种植的小麦与擅长打铁的人交换镰刀，而不是自己打一把镰刀。理想状况下，每个人都做自己擅长的事情，通过交换各取所需，这样就能实现资源的最优配置。

市场是优化资源配置最有效的手段之一。但是市场是有效有段，并不意味着组织不应该存在，并不意味着所有商业行为都需要通过市场调节，这是罗纳德·科斯的交易成本理论回答的问题。科斯反问，如果市场的主意如此美妙，为什么还需要企业？为什么不能让所有人互相提供服务，用市场和契约来解决一切？

科斯的发现是，存在巨大的交易成本，使得企业在某些情况下与市场比较具备相对的经济优势。交易成本就是在一定的社会关系中，人们自愿交往、彼此合作达成交易所支付的成本，人—人关系成本。市场可以优化资源配置，但是人与人的市场交易也是有成本的，如果通过市场交易付出的成本高于获取的收益，那么这种交易就是不理性的。或者用另一句话概括，市场并不是万能的。

市场交易成本的存在解释了为什么组织会存在。科斯把企业内部的行政指令运作花费的成本看做"内部交易成本"，把企业在市场上购买/出售服务/产品过程中采购和营销费用看做"外部交易成本"，当这两个成本相等时，就是理想状态下企业与市场的边界。克莱·舍基在《人人时代》一书中将这个边界称为"科斯地板"。

举例来说，如果企业的内部交易成本低于外部交易成本，那么企业应该适当扩大规模，部分生产经营应当更多通过内部管理运作而不是外部市场交易实现，如企业每年需要做市场调研，在暂不考虑调研结果质量差异的情况下，如果招聘市场调研人员的平均成本低于向外部机构购买服务的成本，那么，对这个企业来说，自己招聘员工开展市场调研就是更加合理的行为。

与科斯地板相对的，舍基还有趣地介绍了什么是"科斯天花板"："当一个组织成长得非常快，它可能达到科斯理论中隐含的临界点，到某个点上一个机构不可能继续成长并维持正常运行，因为那时管理企业的成本将吃掉全部利润率。你可以把它理解为'科斯天花板'，超出这一点，组织将不复存在。"（克莱·舍基）

依据"科斯地板"与"科斯天花板"的内涵，一旦企业的外部市场交易成本逐步下降，科斯地板也随之下降，科斯地板与科斯天花板之间的范围比之前更大，企业的规模弹性更大。不过依照交易成本理论，在理想状态下，企业的组织应当随着科斯地板的下降而逐渐变小。交易成本理论很好地解释了外部市场与内部市场（企业）之间如何协作，实现资源最优配置（见图2-1）。

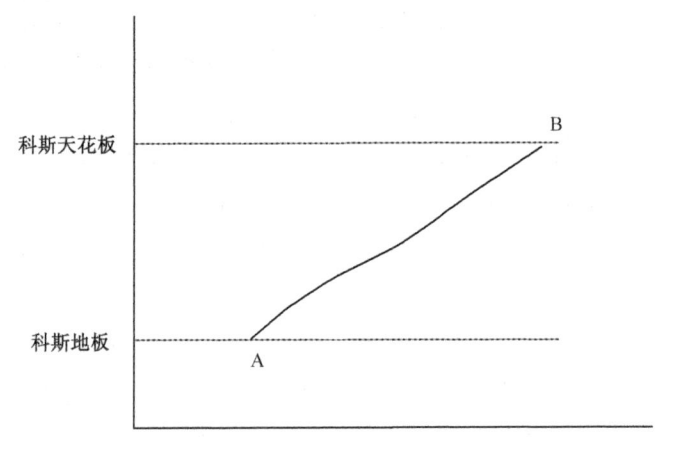

图2-1 科斯地板与科斯天花板

为方便讨论，暂不考虑组织人数的变动给科斯天花板和科斯地板带来的微弱影响，而将它们简化为一个相对固定的值。在科斯天花板和科斯地板之间，一个组织的内部交易成本就随着它的人数的增加而增加，一旦接近或达到临界点 B，那么组织将无法长期维持自身的存在［注意，这里讨论的只是组织的一般情况，有些组织（如各种非营利性组织）有其特殊性，或许会突破科斯天花板。但对一般的营利性组织（企业）而言，科斯天花板就是一个无法逾越的红线］。另外，随着组织人数的减少，内部交易成本也会降低，一直到达内外部交易成本相等的临界点 A。理想状态下，为实现成本最优，一个组织的规模应当保持在 A 点而不是在 B 点或者其他点。当组织的边界恰好处于科斯地板时，实现了内外部交易成本的最优，因此，在这个意义上我们说组织内部及组织与外部市场之间，实现了最优的"分工"。

分析到这里，有必要给本书所讨论的"分工"概念的内涵做一个界定。所谓"分工"，指的是社会中一个基本生产单元的内外部市场的分界点。"分工"描述了一个生产单元（可以是单个或多个人组成）在生产活动中的资源配置状态，一般情况下有"内向型"和"外向型"之分。"内向型"分工的生产消费活动更多以"自给自足"为主，即更少参与外部市场化交易；"外向型"则与此相反，无论是生产环节，还是消费环节，都更多与外部市场联系。下面通过科斯的交易成本理论（或者更准确地说，用"科斯地板"和"科斯天花板"这两个概念），并结合社会现实中的技术和市场发展，来解释从分工 1.0 到分工 3.0 的演变逻辑。

在分工 1.0 阶段，即前工业时代，由于生产力水平较低，市场化条件不够完善，社会中的生产消费更多属于"自给自足"。例如，在农业时代或更早的时期，社会中的基本生产单元是相对分散的个体农户。无论是生产资料（包括土地、农具等）的获取，还是生产活动的组织分工，或产品（农产品）的消费，基本都是由各农户自己完成的。虽然在这些活动中伴随有少量的市场交易（如购买农具或买卖农产品），但是整体来看，在以生存为主要诉求及外部环境（气候、生产力水平、外部市场不成熟）复杂多变的形势下，农户的生产消费活动主要依靠自身或家庭成员，且不会过多参与到外部市场交易。

如果用交易成本理论来解释，那么可以说这一时期的科斯地板非常高，即组织（一个农户也可以视为一个简单的组织）的外部交易成本高，多以内向型为主。另外，由于这一时期社会整体的生产水平较低，绝大多数组织的科斯天花板非常低，因此，大规模的组织非常少。相对较小的生产单元之间的商业联系也较少，基本处于相对松散的状态。

进入到工业社会以后，伴随生产力水平及市场化程度的进一步提升，分工进入到 2.0 阶段。两次工业革命带来的直接变化就是，蒸汽机、煤炭、钢铁、石油、电力、无线电等新型生产要素出现，人类的劳动效率大幅提高，引起了手工工场工业向工厂工业的转变，开创了大机器生产的时代。此外，由于机器大工业生产的产品已经不再满足于国内市场，需要销往更广阔的世界市场，工厂所需要的原料也来自世界各地，这就在客观上极大地促进了世界贸易的范围和规模迅速扩大，全球第一次逐步实现了大规模的协同，使得世界市场逐渐形成。当然，世界市场的形成在客观上直接得益于交通、通信技术的变革，蒸汽机、轮船、火车的出现大大改变了交通运输条件，电话、电报等信息沟通技术的快速发展也使得全世界的联系更为紧密，沟通成本进一步降低。

可以说，在工业时代，伴随全球的技术变革和进步，组织的外部交易成本大幅降低，科斯地板下滑到一个较低的水平，外向型的组织日益增多，工厂或企业一方面大规模从外部市场购买生产资料，另一方面大规模向外输出产品和服务。另外，由于这一时期生产水平的提高，组织的价值创造能力大幅提升，科斯天花板上升，一个组织可以承载的人急剧增加（多则成千上万）。不过，我们也应该注意到，这一时期的科斯地板还不够低（与今天相比），一个组织的存在仍然需要大量的内部交易成本维持，因此，这一时期真正强大的组织基本全是规模巨大、人数众多的大型工厂或企业。这类组织可以说是"内外兼重型"。

走到今天，也就是到了信息时代以后，分工正式进入3.0阶段。互联网的飞速发展使得人类的沟通、协作成本被史无前例地大幅降低。足不出户，知晓天下事，人类真正实现了无处不在的办公、沟通和交易。全世界任何互联网所及的人都可以参与到任何可能的资源整合中来。关于这一点，可以当前正在大行其道的互联网金融为例再做解释。

很多人不明白为什么互联网金融能够给传统金融机构带来这么大的恐慌，其实究其原因，在很大程度上是因为互联网上的各种"宝宝"们可以极大地降低甚至消除传统金融机构中存在的许多交易成本。在传统金融交易中，融资难、融资贵等问题比比皆是，其中原因之一就是交易成本极高。这些成本包括时间成本、信息收集成本、人员开支成本、网点建设成本、日常运营成本（房租、水电、设备等），以及签约成本、信用等级评价成本，等等。另外，交易手段的网点依赖性增加了额外的交易成本，技术和市场的垄断增加了交易的垄断成本，而大量的融资需求得不到满足又增加了寻租成本。然而，在互联网金融出现以后，传统金融行业中的这些数不清的交易成本被大规模消解掉。在大数据、云计算和移动互联网的支撑下，互联网金融可以成功实现交易的网络化、去中心化、脱媒化，打破了信息的不对称性，弱化了交易中介的作用，摆脱了对大量专业人员和物理网点的依赖，极大地降低了交易成本。"宝宝"们的交易成本较低带来的一个直接结果就是它可以与数量异常庞大的个人用户建立起连接。如果你只有100元，在银行的系统中可能根本无法购买理财产品，但是可以把这100元放在余额宝获取理财收益，而且随时存取。为什么可以这样呢？因为在支付宝这样的互联网金融平台上，存取只是一个简单的行为，交易成本几乎可以忽略不计。

因此，在信息时代，技术的进步使得组织的外部交易成本得到了极大的降低，科斯地板相较前一阶段进一步下降，组织与市场界线被进一步拉低。原先藏匿于科斯地板之下的无数个个体得以与组织间进行更多的市场化交易。于是我们看到，众多小而美的组织如雨后春笋般大量涌现（最为典型的就是作为个体组织的淘宝卖家），这类小组织多是寄生在大型平台之上，小组织与大平台、小组织之间及不同平台的小组织之间存在着大量的外部市场交易。

2.1.3 一张图看懂分工1.0、分工2.0和分工3.0

在分别解释了1.0、2.0和3.0三个分工模式及其背后的驱动因素之后，现在有必要从整体上对三者进行更加直观的对比分析。为更加形象地展示三种分工模式之间的不同，首先用一张图来进行解释，如图2-2所示。如果将个体视为一个基本的生产者（产品/服务提供者），那么图2-2就反映了在三个分工的不同阶段，个体与个体之间及个体与组织之间的分工协作关系。

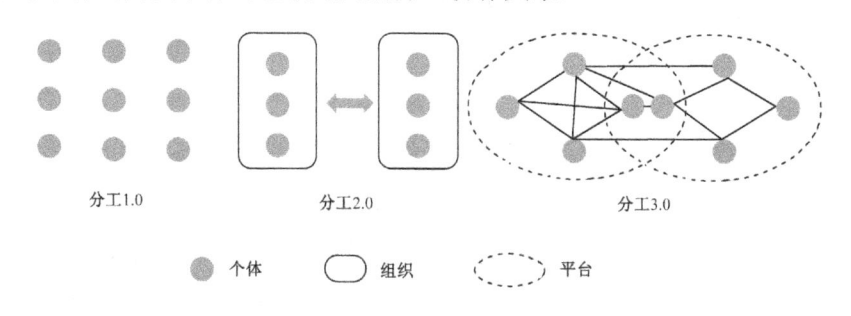

图2-2 三种分工模式下人的协作关系

首先，在分工1.0阶段，大规模的生产组织非常少，多数生产单元为自给自足的个体/个体户，典型的为一个个相对分散的农户，生产和消费均以自给自足为主，相互间的市场交易行为较少。在这个意义上，可以将分工1.0称为"分散式分工"，对应的这一阶段的经济模式则是"分散式经济"。

进入到分工 2.0 阶段，随着技术水平直接带来的生产效率的快速提升，以及市场环境的成熟和进步，以大中型工厂为代表的生产组织涌现出来。相较于农业社会，工业社会在生产关系上的一个显著变化是个体结束了相对分散的自然状态，共同结合为一个个规模较大的生产组织，个体不再倚重农业生产作为养家糊口的手段，而是普遍进入到工厂企业，参与到大规模的协作中来。这类规模较大的工厂企业，对内部员工有着较为严格、集中的管理（每个人都各司其职，不能越俎代庖，也不能随意变换自己的角色定位），另一方面，不同企业之间也进行较多的市场分工和交易。在这个意义上，可以将分工 2.0 称为"集中式分工"，对应的这一阶段的经济模式则是"集中式经济"。

到了分工 3.0 阶段，以互联网为代表的新一代信息技术催生了分享经济等新型商业模式。通过高效的互联网平台的整合，越来越多的个体重新表现为一个独立的生产单元，但这已经并非分工 1.0 阶段的自然分散状态，而是依托于一个平台进行商业联系，彼此沟通协作程度非常高。个体也摆脱了此前在分工 2.0 阶段单一的角色定位，即任何一个个体，在不同的交易链条或者是交易链条的不同阶段，可以是服务提供者，也可以是服务消费者。此外，分工 3.0 还兼具前面两种分工模式的特点，即对个体的人而言，一方面相对分散，每个人都作为相对独立的生产单元参与到交易网络中；另一方面又相对集中，所有相对分散的个体都依附于某个互联网平台，但个体与平台之间的关系已经不是分工 2.0 阶段工厂企业与工人之间的那种强连接，即通过严格的劳动雇佣关系和内部管理在一定时期内将个体与组织间的关系固定下来，而是一种共生、共赢的合作关系。在这个意义上，可以将分工 3.0 称为"平台式分工"，对应的这一阶段的经济模式则是"平台式经济"。

总结以上内容，用表 2-1 展示三种分工模式在几个维度上的不同。

表2-1 三种分工模式比较

分散式	集中式	平台式
生产水平低下，市场不成熟	工业革命带来机器生产，效率大幅度提升，为大规模协作生产奠定基础	新一代信息技术带来沟通成本进一步降低，互联网使得人与人可以建立起普遍的商业连接
自给自足，自我占有	外部市场购买，自我占有	整合社会资源，不再占有，而是共享
内向型	内外兼重型	外向型

2.2 分工3.0的模式

正如我们在前面所说,"分工"在本质上反映的是社会资源的流动方式与人们之间的协作关系。任何分工体系所描述的核心,都是人与人、人与资源之间连接的网络结构,以及实现连接所依托的中介渠道。随着互联网技术的日益成熟,人们不再仅仅依赖于地点确定的"工位"与时间确定的"上班打卡"来保证紧密的分工协作。作为"平台式"经济的代表,以互联网平台为核心分工媒介的新型分工范式正在破土而出,进而驱动了人与人、人与资源间连接方式的改革与进化。

2.2.1 分工媒介的演进

图2-3所示为从分工2.0到分工3.0的媒介演进。

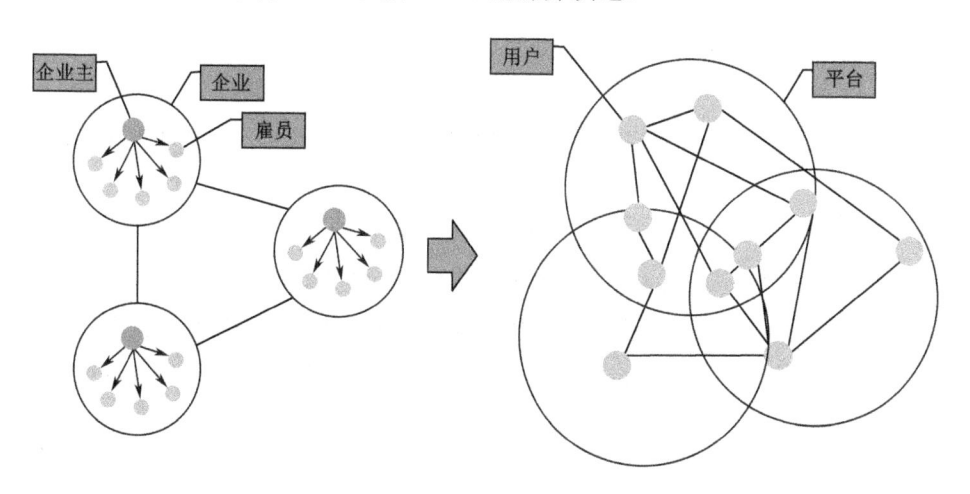

图2-3 从分工2.0到分工3.0的媒介演进

在分工2.0时代,企业是具有垄断地位的分工媒介。任何个体想参与到社会大分工中来,必须先"入职",也就是说,需要进入或者成立一家企业,靠老板定义职位、靠用工合同确立分工关系。在此种分工模式下,人只能以企业为边界,在有限的范围内实现高效的分工与协同；而全社会的大协同则是以企业节点为连接的"产业链"。产业链中的各环节分工界限清晰且独立，生产者和消费者的职能分离，独立承担各自的工作。换句话说，在这个时候，企业内部人与资源之间的"强连接"、产业内部企业与企业间的"弱耦合"合构成了分工 2.0 时代的总体分工范式。

随着技术的进步，支撑个体参与社会分工的媒介也存在着泛化的趋势，互联网平台作为新的分工媒介在越来越多的领域中开始得到应用。从出行领域的滴滴、Uber，知识分享领域的在行，住房分享的 Airbnb，到外卖美食领域的饿了么等，上至精神世界知识分享诉求，下至每日三餐的最底层物质要求，每一个领域互联网平台都不曾落下。互联网平台解决了以往出行高峰期打车难、遇难求助无门、旅行无房住、饿了无食吃的用户痛点。

如前所述，如果说分工 2.0 是以企业为核心分工媒介的"集中式"分工模式；那么，分工 3.0 则是以平台型企业为主导的"平台式"分工模式。显然，由企业主导的分工演进到平台主导的分工，是社会进步的一大特征。传统企业的本质是"能力转化平台"，即通过相对封闭的生产模式，将自身已有的能力与资源转化为社会价值。而作为互联网平台，其核心价值可被归纳为"能力开放平台"，即除了自身创造价值外，更强调开发自身大规模开放，从而连接社会自由资源，由原先的"闭门造车"转变至"开放共赢"，这主要表现在以下两个方面：

一方面，平台运营商将自身能力（数据能力、渠道能力、营销能力等）通过互联网平台作为载体向社会开放，并以此为"磁石"吸引合作商与其产生自发式、松耦合的协作关系。通过撬动并聚合更大规模的社会资源，平台运营商才能够实现更大规模的协同与共赢（比如阿里巴巴建立淘宝平台，用户在淘宝平台上开淘宝店）；另一方面，被平台吸引来的用户群体也可以将平台作为媒介。凭借向社会开放自身能调动的资源与能力，用户在实现自身盈利的同时也将自身价值融入进平台。通过这样一种双向的方式，用户和平台运营商之间就形成了一个双方共赢的有利局面。

当从更宏观的视角来看待这个问题的时候，就会发现，以平台为媒介的分工范式打破了原有的"雇主—员工—消费者"的固化分工关系。在这种新型分工关系中，每个人携带自身全部的能力与资源通过框架式协议"接入"平台，成为"平台用户"而不是签订确定性的用工关系，比如河狸家美甲师、化妆师等均是以单独个体户身份接入平台，作为"自由职业者"。用户以平台为沟通媒介与交易媒介，达成双方相互间的实时协作与交易，此时用户的"消费者"与"制造者"界限也被打破，每个用户都可以在协作体系中拥有多个身份，而不是一个确定性的职位（正如滴滴平台，用户既可以担任司机这种"制造者"身份，又可以在限号日中选择打车这种"消费者"角色，切换随意自如，非常方便）。对于商家而言，以平台为协同媒介的优势在于企业获取商机的成本将会更低。

当然，平台式经济分工媒介的优势远远不及如此。新的分工范式还有以下显而易见的效率优势：

（1）新的分工范式促使用户从人的分工转变为角色的分工，避免了多维度价值的浪费。在滴滴的顺风车平台上，任何拥有驾驶技能和车辆的自由人都可以成为滴滴司机。此刻他是坐在办公室格子间辛苦码字的IT"民工"，另一刻他就变成了驰骋在马路上的滴滴司机。以往许多科幻小说中描写的"身兼数职"时代已经在不经意间来到你我生活当中。

（2）平台高效的数据连接能力使得社会分工规模扩大。在平台式经济模式下，从先前的本地分工拓展到全球化分工已经不是梦想，平台型企业具备显著的规模优势。万科的万享会活动就是平台型企业规模优势的最好证明，其推广的活动也翻开了营销界的新篇章——预示着社会化营销传播时代的到来（关于这一点，下文会有详细说明）。人们都知道，1的N次平方是个小数，但没有人会低估1.1的N次平方。企业规模扩大的速度也是如此，它甚至可以超出大多数人的想象。

（3）平台型企业凭借低廉的信息成本连接多方用户，支持碎片化价值兑换的同时，更好地催生了分工体系的专业化程度。正如共享平台那样，利用时间碎片化的特点实现了有车共享、有衣同穿、有食齐品尝的经济现象，昭示着共享经济时代的悄然来临。同样，众筹外包也是挖掘了人们在日常生活和工作中产生的功能碎片特点，开拓了新的生产模式。

2.2.2 分工模式的演进

随着互联网平台型业态日臻成熟，分工3.0的平台式经济范式也亟待从出行、快消等"先驱阵地"向更多领域进行拓展与延伸。在新的分工模式下，随着对个体能力的复用与对产业链中各环节边界的融合，社会整体分工的精细化程度得到了无以复加的提升，资源配置效率也随之提高。

为了解析这种新的分工模式，我们将从消费侧与生产侧两个维度进行展开。消费侧，顾名思义，指的是生产价值链中面向价值端的营销与配送等环节，距消费者更近；而与之对应，生产侧则是面向价值创造端的投资与制造环节。

根据传统经验，价值链中的各个环节都应该是互相独立少有交集的，就像人们也很难想象办公室的白领、奔走于城市之间的销售员、在厨房大展身手的厨师甚至安心相夫教子的家庭主妇之间会有何种生活轨迹交集。但随着分工 3.0 语境下的"松耦合"与"角色分工"理念铺展开来，身兼数职已慢慢成为常态。对传统企业消费侧的营销与配送方式、生产侧的生产与投资方式的颠覆，正悄悄拉开序幕。

1. 消费侧分工模式的演化：从单向销售到网络扩散

传统企业的营销与配送形式是从点到面的发散形式。商家根据自身产品制作出针对特定群体的广告内容，之后在各个渠道上进行发布（如电视、报纸、杂志、公共交通系统、楼宇等），覆盖范围越大越好。理想状态下，看到广告的用户群体庞大且复杂，构成了用户金字塔模型的最底端基数。如同金字塔模型的下行趋势，庞大的用户群体会有少部分转化成消费者，完成与企业之间的交易行为。

传统的企业营销逻辑为单向、树状传播。营销信息主要以广告为主流载体，从商家端推送到消费者端。这种模式流程虽然合理，但是中间环节有很多"黑箱子"般的细节，如消费者为何选择交易行为或消费者的基本属性，等等，企业却不得而知。传统广告界常说："企业主有一半的营销费不知道花哪儿了"。这正是道出了企业主的心声。不仅营销方式如此，传统的企业配送模式也存在极大的浪费。传统的配送模式是企业在固定期限统一派单至仓库，仓库在核实派单信息后，由派送员统一从仓库将产品派发至全国各地。统一派发虽然优势（易于管理、分类和统计）明显，但在这种模式下，从用户购买到用户收货的中途时长与体验受制于企业的物流体系的直接投入，往往为企业带来不少额外负担。

随着分工 3.0 模式的出现，商家与消费者的分工关系发生了天翻地覆的变化。此种范式下，消费侧新的分工结构为社会化网状传播（见图 2-4）。原本完成交易行为即与企业中断关系的消费者通过"接入"开放式的分工媒介（如微信、微博、APP 平台）也可以加入商品营销与配置的过程中来，与企业的关系也不再是以往"交完钱就拜拜，售前似亲娘，售后似大爷"的尴尬局面。商家与消费者分工关系变化的同时也迎来了营销手法的变革。传统营销手法从原本的单一性、地域局限性的推广方式（如树状结构逐层逐级推广）演化到依托于社交软件、自媒体的网状信息扩散。

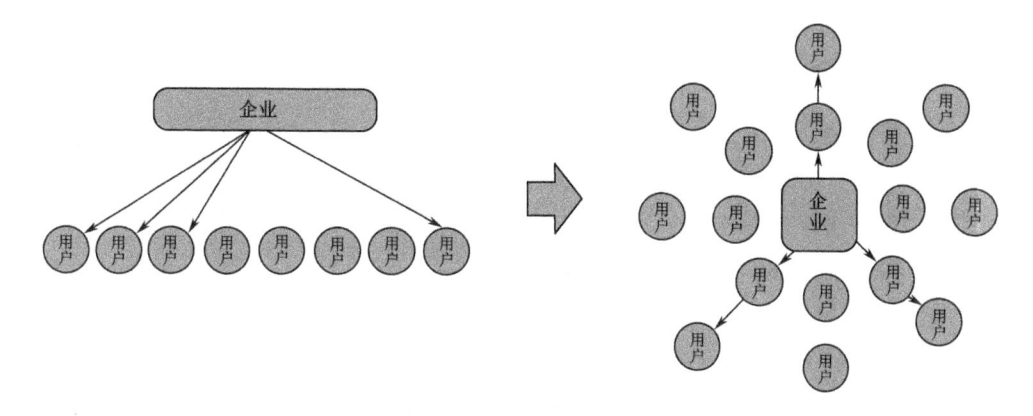

图 2-4　消费侧分工模式的演化

换句话说，社会化营销与此前一对多营销不同，它更注重人际互动，营销者与消费者便没有了明显的界限。社会化营销是一种集产品功能、体验和参与于一体的分工 3.0 版本的营销手法。消费者在购买此产品后，与产品的关系并未中断，相反，如果消费者对于产品的满意度足够高或者产品的潜在营销收益足够吸引人，那么，此类被吸引的消费者也当之无愧地加入了产品营销者行列中。在这种模式下，消费者与营销者并无明确的边界：消费者参与购买变为潜在营销者，而营销者在足够了解产品后也会产生购买欲望变身消费者。这也很好地解释了为何近年来口碑营销、社会化传播越来越被企业主们所重视。

大众所熟知的房地产公司万科就设计了基于"人人都是经纪人"的万享会活动，即通过微信平台和个人朋友圈将楼盘情况以放射式传播形式宣传推广。如此一来，用户既是消费者又是营销者，购买楼盘的同时又可以在推荐朋友购房成功后得到一定比例的交易佣金，这是对社会化营销的最好诠释。同样，滴滴、Uber 在进行营销推广时，基于微信端的优惠信息也要通过消费者分享朋友圈或发送至好友的方式才有效。而当由第一波消费者传达的优惠信息转移至第二波消费者时，又将会掀起第二轮的优惠转发大潮。如此下来，从第一波基数用户开始传到第 N 波用户的时间花费与营销花费并不大，但是覆盖用户范围之广和数量之多是传统营销手法无可企及的。相比传统营销，社会化营销以社会大众为营销源，各自向外辐射传播，传播速度快、实效久、覆盖面广、成本低。

同理，在新范式下，企业配送方式也焕然一新，摇身变成了"社会化配送"。

社会化配送的特征很明显：参与社会化配送的群体大而分散、配送者与消费者界限模糊、劳动力资源利用率较高。派发模式由原先集中配送情况下以中心向外的辐射式派发模式变成网状式。简单来说，社会化配送不再像原先市场上的做法那样，先集中配送，即产品从仓库分拣后统一由配送人员分派至各地，而是利用了实时数据共享机制实现分发配送。同时，第三方公司和个体配送员的"接入"也使得配送系统更为灵活。例如，系统可以检测到此时此刻离用户最近的配送员接单情况，如果配送员处于无单状态，系统会自动推荐用户使用此配送员的配送服务。如此一来，社会化配送一方面节约了用户时间，另一方面也省去了配送员往返仓库至用户地址的时间成本。

出行共享平台 Uber 推出的 Uber Rush 配送平台便是新型配送方式的最优体现。在 Uber Rush 平台上，任何人员通过审核即可成为 Uber Rush 快递人，只要在规定的时间完成订单，便可得到相应的报酬。在此共享化平台中，任何个体均可以成为快递人并且快递请求会被共享平台派单给附近的快递人。中国本土也不甘示弱，借势推出了社会化配送平台——人人快递。人人快递在很多细则上与 Uber Rush 不同，比如无须审核就可成为快递人员、快递人员通过抢单方式接到订单。国内外两大平台游戏规则不同，但思路是相同的。平台都希望借助共享配送模式让更多的人参与其中成为快递人员，这不仅极大地提高了资源利用率，也提升了运输效率，进而更好地实现了资源优化配置。

2. 生产侧分工模式的演化：从垂直产业链到网络生产云

与消费侧的改革类似，分工 3.0 范式也引发了生产侧的分工模式改革。传统来说，产业链分工是泾渭分明的，从上游的原材料企业、中游的加工企业到下游销售终端的任何环节，每个企业的角色都是固定而有限的。在传统模式下，由于每个企业之间的信息门槛较高，以及多级交易模式的资源限制，整个产业链间往往只能实现相邻节点间的信息协同，难以做到全产业链的联合生产。因而，在突发情况下，如果链条中的任何一个环节出现了问题，整个产业链都会处于停滞不前状态，损失惨重甚至瘫痪。

如图 2-5 所示，在分工 3.0 范式下，生产侧新的分工结构为基于云平台的开放式云生产。在开放式云生产模式中，生产链条中的每个环节构成元素不再单一，既有可能是数量不定、规模不一的自发连接的企业，也有可能是大量的优质匹配个体。无论是个体还是企业，均以云平台作为沟通与协作媒介，进而实现整个产业链网络化、动态化的连接与协同。在动态化的协作中，生产链条运作很灵活，单一的环节出现问题也不会影响到全局效率，相比传统生产模式，稳定性更强。

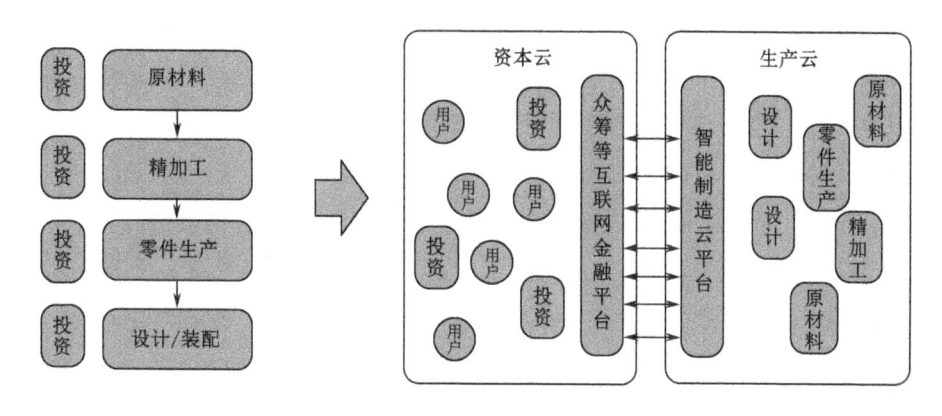

图 2-5 生产侧分工模式的演化

以传统的外包服务为例，企业与第三方公司之间是雇佣关系。在规定期限内，如果第三方公司交付让甲方满意的产品，那么，其中的商业合作风险将会急剧增大。但是分工 3.0 范式下的新外包服务——众包则可以有效地减少这一风险。正如上文所言，众包生产模式中任务都是由个人或小微企业承担，劳务关系也是简单的合作联盟，因此，生产成本低、企业风险分散。举例来说，想象一家拥有 6000 多名音频节目制作人员的公司其体量会有多大？即使是与多家音频外包服务公司有合作，想必拥有如此强大制作能力的传媒公司也为数不多。但是，分工 3.0 范式下的新外包服务却打破了这个传统观念。

北上广深的许多"地铁族"们每天人手不离的"喜马拉雅 FM"，是国内目前最大的音频分享平台，其中音频节目创作者达 6000 多名，用户数量突破 2 亿。喜马拉雅 FM 就是利用了新的外包服务理念——原本由公司内部专业配音者做的事情改为由社会大众来做。在喜马拉雅平台中，音频提供者可以享受无限制地将作品展示给社会大众的资源优势，同时社会大众也可无条件收听任何自己喜爱的音频。此种方式一举两得，令双方受益。实际上，众包生产模式受益最大的不仅仅是音频制作者，更多的独立创作者正在形成联盟，试图寻找新模式下对自身最有利的游戏平台。

网上兼职平台 ELance 就是一个为买方和卖方提供平台的典型案例。其上入驻的全球用户高达930万，其中大约370万为企业主。虽然用户体量庞大，但是ELance的运营模式是简单清晰的：首先由企业发布任务至平台并竞标，随后企业会根据用户简历选择合适人选，之后企业与中标用户达成协议。分工3.0范式使得企业与用户之间的沟通成本大大降低，也从另一个侧面更直接地提升了企业与用户相互的满意度。从以上两个案例中可以得出结论：众包模式将企业内部工作转移给社会大众，既提供给大众另一个创造价值的途径，又极大地降低了企业的运营成本。

除了众包外，资本领域的众筹模式也随着互联网金融的大潮得到了迅猛发展。"众筹"简单来说就是降低融资门槛，依靠大众的力量进行资金筹备。因此，众筹模式中，借方与贷款方参与者数量众多。不同于以往个体集资投融资门槛高，众筹投融资方看中的更多是创新与创意。例如，美国最大的众筹平台Kick Start，其为创业者发布项目获得筹资款，并在众筹成功后给予支持者一定的项目优惠。国内如京东金融近期也推出平台众筹产品——三个爸爸空气净化器。这款空气净化器先后获得了3732位支持者共1100万元的众筹款，远高于预期的50万元。众筹成功后，平台会以超低价格将不同产品回馈给不同筹资等级的支持者。阿里巴巴也推出了淘宝众筹平台，可以预见这种众筹模式将越来越得到人众的认可。在这种模式下，对于创业者而言，创新项目资金筹集更为容易，而对于有一定富裕资金的个体投资者来说，又多了一个更低门槛的投机做生意的渠道。借方和贷款方各取所需，彼此交融，这就是众筹模式的魅力所在。

分工3.0范式下的分工媒介与分工模式有了天翻地覆的变化。对于消费侧和生产侧的意义很大。表2-2总结了分工3.0平台式经济范式在消费侧和生产侧对传统的经济形势的影响。

表2-2 分工3.0给消费侧和生产侧带来的影响

分工3.0范式的特点	消费侧	生产侧	优势
分工媒介演化	从人的分工转变为角色分工	以企业为核心转变为以平台为主导	加速分工体系的专业化程度，社会分工规模扩大
分工模式演化	从单向销售到全网络扩散，规模效应显著	由垂直产业链变为网络生产云	企业指数效应模式爆发式增长

2.3 分工 3.0 带来四大社会新生价值

一个新的分工实现的前提,是社会上的各类资源在人群中有了新的流动和分配。这些拥有新资源的人群,自然将产生一系列新的工种,承担新工种的人也会形成新的身份,新的观念与关系模式。分工 3.0,是比前两次分工革命更为深远和宏大的变革,彻底改变了工业革命以来几百年形成的社会生活基本结构,也随之带来了各类新生价值。分工 3.0 的意义,不仅仅停留在科学技术革新层面,也不仅仅是企业生产经营的层面,而是一次社会结构的重塑,一次思想观念的蜕变。

2.3.1 分工革命是一次范式转移

每一次分工革命,都会带来全新的社会资源的组合与运行方式,形成一个个新的社会单元。可以把不同时代的分工体系筑造的这类结果看做一种社会范式结构,它主导了当时的所有社会资源的分配方式、生产流程及社会关系,每一个人在这种范式结构下,都有自己相应的位置和功能,去共同参与到社会经济的运行体系中来。

提到范式一词,相信很多人都不甚了解。不过,对于 20 世纪的科学与哲学领域,"范式"一词背后代表的思想给了全世界极大的观念冲击和全新的认知维度。范式,英文为 Paradigm,该词源出于希腊文,含有"共同显示"之意。由此引出模式、模型、范例等概念。

20 世纪中期,美国的科学哲学家托马斯·库恩出版了《科学革命的结构》,该书带来了对于科学进展与社会影响的新的思考高度。其中,库恩认为,每当一些重大科学成就出来之后,就会随之形成一系列的内外部各种因素的重新组合与融合,逐渐形成了一种保证这一科学成就发展的一整套运转机制,也包括由此产生的科学思想和先定观念。这一切要素构建出来的整体结构,库恩引用了"范式"这个词。在谈到这个词的用法时,他说"按既定的用法,范式就是一个公认的模型或模式,这一方面的意义我找不到更合适的用语,只能借用'范式'这个词。"

库恩认为，范式是一个科学部门达到成熟的标志，也是从事这一类科学活动的人，或曰科学共同体，所需要遵守的一般性原理、模式和范例。任何一个常规科学都有自己的范式。所谓"常规科学"，他指的是那些坚定地把一种或多种已获得的科学成就作为基础的科学研究。这些科学成就为某一学科提出一整套规定，提出一些典型的问题及其解答，它们在许多科学经典名著中得到明确的表述。在科学实际活动中某些被公认的范例（Examples）——包括定律、理论、应用及仪器设备在内的范例——为某一种科学研究传统的出现提供了模型，都是科学的范式。

那么，什么又是范式转移？

如果新的科学革命导致了原来的科学体系的基本假设被改变甚至颠覆，就会出现范式转移，其本质是原有的那些构成要素被改变，结果便是从原有固定的一整套科学机制、方式乃至于观念，转变成为新的科学机制、方式乃至于观念。

库恩通过整理分析人类历史上的众多科学革命的发展历程和影响，总结出了一条规律：前科学时期—常规科学—范式—反常—危机（非常态）时期—科学革命（范式转移）—新范式。可以从这个变化的轨迹中看到，当后来的科学研究，发现了一些超出原来范式结构之外的现象，那么这些"意料之外的新现象"，便成为改变传统范式结构的导火索。

这类例证在科学发展史上可谓俯拾皆是。例如，哥白尼通过观察天体运行的现象，发现了从前托勒密"地心说"的错误所在，并提出了"日心说"理论。他有一句名言："现象引导天文学家"。正是发现了过去科学范式中无法解释的新现象，才导致一个新的科学理论的创设，最终促成了天文学的彻底变革。这种变革不仅仅体现在科学的认知上，更体现在人们观念的重构，进而引发了社会组织层面更大的变革。

正因为面对这些新现象、新问题，原有的范式无法给出合理的解释，无法将其纳入到自己的体系中自圆其说，因此，使得原范式在新的实践活动中十分不适应，出现了"反常"，逐渐积累成为范式的"危机"，正是在这种危机中，现实实践催生的新思维、新概念、新范式就会应运而生。

2.3.2 分工2.0范式：金字塔和中心化

前文已经表述，在工业时代的生产活动中，我们的分工是基于产业链进行的，在每一个细小的环节都能够尽可能做到专业化和标准化，最终形成固定的产品形态。推而广之，可以说在过去的200年里，社会各个层面的发展都遵守着高度确定的一套运行规律，即通过细致的分工、标准化的操作、严格量化的控制，形成一整套流水线一般的生产与运行体系，伴随着这种分工体系，也形成了人与人之间的基本关系结构。不仅如此，还有与之相适应的一系列思维观念。这一切要素都构成了过去主导我们思考、工作和研究的范式。这类范式的特点，即是金字塔的社会组织结构和中心化的资源控制方式。

人类社会从农业经济时代开始，逐渐形成了各类资源趋于集中化控制的一种特点，伴随而生的则是金字塔形社会结构的出现。这种结构经过工业革命的锤炼，已经大规模地覆盖了现代社会的几乎所有领域。比如，我们生活中的各类用品都是由一些特定的企业所提供，相比大众群体而言，在提供什么、怎么提供等方面，企业拥有最多的话语权和主导权。而在公司里，领导者拥有更多的业务决策权力，用于赏罚的财务权力，而大部分中基层员工，是要按照上级的命令来做事情。当然，在更广大的社会范围内，我们受到的教育也是由专业的教育机构——学校来提供，学校里的专家教授，掌握了更多的知识和信息资源，而学生群体，是被动地接受他们的培养。

一言以蔽之，谁掌握了更多关键性的资源，谁就在与其他人的关系互动中占据主导地位。当某一领域中大部分的资源掌握在少部分专业组织和机构中时，这些组织和机构就构成了社会关系中的那个"中心"。而大部分的人是这种中心资源的需求者，他们与中心形成了互动关系，更多的是为中心服务，形成各自的分工。由此社会各领域均形成了自上而下的金字塔结构，规定了所有人的分工和关系范式。

那么，传统工业社会中，我们的关系和分工角色都有哪些？传统工业社会中的六个角色和三类关系如图2-6所示。

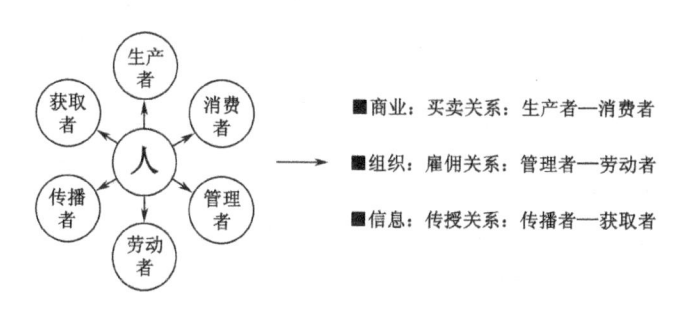

图2-6　传统工业社会中的六个角色和三类关系

从商业活动角度，我们彼此是一种买卖关系，有生产者和消费者两类角色。

从组织活动角度，我们彼此是一种雇佣关系，有管理者和劳动者两类角色。

从信息活动角度，我们彼此是一种传授关系，有传播者和获取者两类角色。

1. 买卖关系：生产者和消费者

生产者是指提供某种产品或者服务的一类群体，他们的生产工作为整个社会提供了丰富的物质和精神生活的资源保证。消费者是购买这种产品和服务的群体。生产的目的是满足消费的需要，而消费也进一步促进生产规模的扩大和产品优化。我们既是某一个产品或服务的生产者，同时也是其他产品和服务的消费者。

2. 雇佣关系：管理者和劳动者

在一个组织内部，一定有专职负责管理工作的人群，他们统筹规划一些生产经营活动，制定工作目标，分配给下面的劳动者相应的资源和任务。而受到雇佣的劳动者，需要根据管理者的要求，从事生产、研发、营销、服务等各项工作。我们在一个组织内，要么是思考如何更好地利用手中的权力去管理好下属，要么就是等待接受来自上级的指令开展工作。我们往往身兼管理者和劳动者这两类角色。

3. 传授关系：传播者和获取者

脱离开商业经营与组织管理，从更大的社会层面看，我们每天都生活在充满各类信息的空间中，需要每天都挖掘新的信息，创造新的知识。通过手机、广播、电视或者面对面地交流等各类渠道，既是某一类信息的传播者，也是其他类信息的获取者。这两类角色，也是我们每天无时无刻不在扮演的角色分工。

无论你处于人生的哪一个阶段，无论是从事一份什么工作，可以肯定的是，你都在社会上扮演着一个甚至几个必要的角色，参与到这些个角色所对应的社会分工体系中。在不同的情境之下，我们扮演着不同的角色，承担着不同的分工，并能够在这些角色中随机切换，进入状态。

三种基本的关系：买卖关系、雇佣关系和传授关系，在本质上都可以看做某类资源的供需关系。买卖关系中的核心资源，即企业提供的产品和服务，背后是占据关键性的生产资料；在雇佣关系中，确保管理者能够指挥劳动者的核心资源，是金钱和权力，往往以薪酬奖罚、职位升降等形式呈现出来；在传授关系中，维持传播者和获取者的资源是那些重要的信息和知识资源,体现为掌握了社会舆论的话语权。

根据对核心资源的掌控程度不同,在相关各方群体之间有了不同的分工角色,构建了金字塔形结构(见图2-7),塔尖上的群体能够掌控核心资源,由近到远形成不同的分工和彼此的关系。

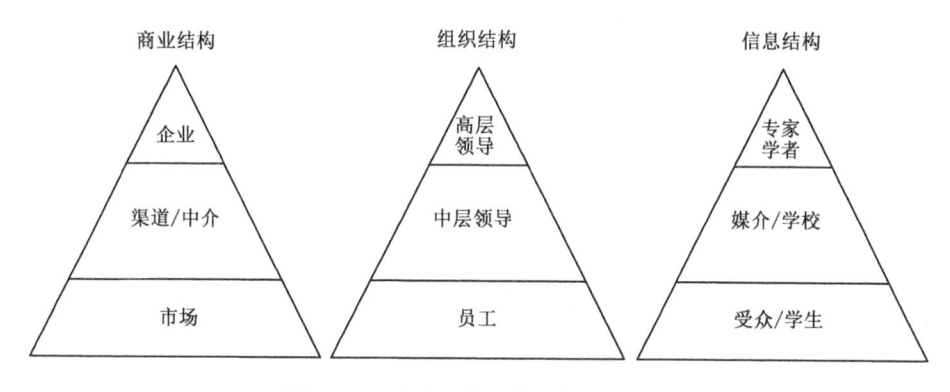

图 2-7 三个金字塔形的社会关系范式

2.3.3 分工 3.0 范式:新分工、新身份、新观念、新关系

这种看似坚固的金字塔组织结构,在面对全新的技术革命冲击之时,已经开始出现变化。这种变化伴随着科学技术的发展,正在从慢到快地体现出来,特别是当互联网为代表的信息技术涌现之后。

互联网的本质是解决了连接的问题,当技术上万物连接成为可能时,存在于物体之上的信息,就可以实现最大范围的流通与交互。我们设想,连接就如同建立了一条信息管道,可以互联互通。通过这个管道,让彼此不相关联的两个主体,比如两家企业、两个部门、两个人产生互动,你知我,我知你,你我共享各类资源,实时互动,这将会带来更有效的协作配合,产生 1+1>2 的神奇效果。

从科学革命的机理分析,互联网带来的最直接的是广泛的连接技术,这种连接将打破以往的范式结构中的封闭、割裂与边界,实现不同层级、不同群体的交流与融合。互联网等信息技术,大幅度降低了信息流动的成本和市场交易成本,作为工业时代的标志,这种壁垒森严的金字塔结构无法阻止信息的快速传播,自然也无法阻止越来越多的资源从塔尖向塔底流动,一个新的分工体系开始形成。

中心化和金字塔是农业文明到工业文明的发展结果，它强调着控制、标准、统一、确定的思维定式，而分工 3.0 带来的去中心化和金字塔塌陷的趋势，则是一个强调合作、个性、多元、融合的世界，这是一个范式转变的过程，也是一个社会进化过程。表 2-3 所示为三类金字塔形社会关系范式对比。

表 2-3　三类金字塔形社会关系范式对比

主要领域	核心资源	形成关系	分工模式
商业	产品/服务	产销关系	生产—销售
组织	权力/资金	雇佣关系	命令—执行
社会	信息/知识	传授关系	传播—接受

库恩将常规科学在稳定运行时期的科学研究比喻为"解难题"。因为在一个成熟范式能够起到指导全局作用的阶段，所有的科学命题都是在一种高度确定的条件下进行的，也就是问题都是有解的。

1. 新分工：资源重新分配带来新的工种出现

互联网带给我们的最直观感受，是过去能够垄断各类资源的塔尖开始大面积松动，处于中心地位的主导者被边缘弱化，手中的资源开始向塔底部流动，一个去中心化的新趋势已经摆在每个人的面前。

在这个向塔底基座流动扩散的过程中，关于信息、产品、权力等各类资源逐渐从中心分散到大众手中，拥有了新一波资源，也就形成了新一轮的广泛分工，催生了一批新的职业，如自媒体、网络主播、兼职快递员、专车司机等。表 2-4 所示为分工 3.0 带来的社会范式变革。

表 2-4　分工 3.0 带来的社会范式变革

领域	原有关系范式	新的变化	新的工种模式
商业	产销关系	消费者话语权增大，生产者的工作一部分转移到消费者手中，消费者参与到生产过程中	产品体验师、粉丝群
组织	雇佣关系	组织扁平化和分权化，高层掌握的企业资源流向基层员工，一线拥有决策权，内部开展创业	自组织、创客平台
社会	传授关系	社会化传媒和知识民主化，个体拥有信息的传播渠道，每个人都是信息源	自媒体、个人专家

（1）商业领域：企业从纯粹的内部设计和生产，开始走向外部合作与众包，

更广泛的社会资源参与到新的生产分工中，企业与市场的边界在打破，生产者和消费者的角色在相互融合，随之产生了专注于用户体验的产品经理和体验师职位，同时，一些消费者成为产品的粉丝群，参与到企业产品优化的环节中。

（2）组织领域：如今组织的扁平化和分权化趋势日益加强，高层手握的决策权开始逐渐下放到中基层手中，企业正在变得更平台化和开放化，一些小型团队成为企业内自组织模式，能够根据外部环境变化，自主决定生产经营活动；与此同时，内部员工和外部创业者已经不再是界面分明的两个工种，创客这类新工种出现，内部创业成为趋势。

（3）信息领域：过去的知识和信息这类资源被学校和媒体机构等少数专业组织所掌控和垄断，大多数人只能是被动地接受对方所传授的东西。如今，这个坚固的壁垒也被互联网的开放所打破，网络课堂让受教育权全民化，自媒体能够做到百家争鸣，个人专家可以借助互联网平台传播自己的见解，并借此盈利，成为新的工种。

2．新身份：个人承担角色的多元化，出现了"斜杠青年"

从分工 3.0 的图例中可以看到，在互联网为代表的信息技术的推动下，分工在两个方面有了新的突破：一个是对于任务本身能够有更细化的分解，过去只能交由专门人才或团队、企业专职负责的工作，如今可以进一步打散分解成众多小而专的小微工作包，通过互联网平台转移到个人、团队或企业之外的参与者中，形成众建。

另一个重大而具有革命性的突破，则是对人自身的身份有了拆解。在工业时代，绝大部分人都具有固定和唯一的职业。固定代表你只能是属于某一个组织的成员，比如一家公司，你需要遵守合同规定，付出自己的体力和智力劳动。而唯一意味着你很难同时是两个企业的员工。广而言之，在分工 2.0 时代，一个人对应一份工作，拥有一个职业身份，彼此是一对一的关系。

但如今我们会发现有着很多有趣的现象，当 Uber 司机在路边搭载一个乘客，Airbnb 的房东把房子租给陌生的外国游客，甚至"在行"上一些技术人员在咖啡馆分享一个小时自己的产品经验，我们该把这些人的工作如何定义？

互联网让人与组织的关系更加松绑，个人自由获得了极大的释放。围绕每一个个体，逐渐能够形成新的经济单元，也就是新时期的"个体户"，正在大量涌现。

个体的活跃，带来了对时间的自由支配，时间将被细分化，从而造就了更多兼职行为。一个人的标签，不再仅仅就是自己的工作证，会有更多元的身份同时存在于一个人身上。除了正式工作8小时之外，每个人都有权利细分自己的时间，并根据各自特长自由分配这些时间在不同的事情上，赚取多元化的收益。

一个白天的"程序猿"，晚上可以变成钢琴老师，周末可以是健身教练，每个月还能够做创业导师。自身的身份也开始从单一的公司职员走向多元化。在分工3.0时代下，我们将会看到越来越多的人从工业时代的单一契约化身份，逐渐叠加了更多身份，拥有诸多身份和职业，广泛参与到各类生产服务环节中。让个人多方面的专长得以发挥，并创造出新的价值点。

于是，我们形象化地称之为"斜杠青年"。这个名词正是形容一个人具备多种职业身份，拥有多个不同的工作。"斜杠青年"不仅仅是在一些励志鸡汤类文章出现的傲娇说辞，更可能会成为主流上班族的一种新标签，成为如今众多组织内的人员所向往和努力的方向。

郭德纲说，不想当厨子的裁缝不是好司机，不再是一句相声包袱，而将成为一个现实。厨子、裁缝和司机，完全可以是一个人的三种职业身份。到那个时候，对于工作的认识，应该会与现在有着完全不一样的认知广度和深度。

3. 新的观念：有限资源流向无限受众，对资源的使用权优先于占有权

资源是稀缺的吗？这是一个经济学的根本问题，直接影响到西方经济学大厦根基是否牢靠。在这里，不去探讨纯经济学理论的内容，而是继续沿着我们的分工思路，去看待人们如何改变对资源的认识。

分工3.0产生的背景，是过去垄断在金字塔尖上的资源开始向下流动，流动到更广泛的人群中。在这个过程中产生了一个问题，那就是，那些核心资源相对广泛的人群而言，依然是比较稀缺的，不可能做到人人都满足。正是在这一背景下，对于资源，人们不再追求绝对占有，而是更看重与资源的连接能力。也就是说，只要在我需要的时候，能够以最快的时间使用上这些资源就可以了。

互联网在这一过程中，保证了这种连接能力的实现。既然能够让所有人都可以快速连接到资源池中，那么资源本身的占有意义也就不是那么大了。于是，无论个人还是企业，都开始从看重对资源的占有，变成追求资源的开放与共享。在互联网推动信息交流高度发达的基础上，这种共享资源的经济模式，不仅节省了企业的成本，而且激发了业务服务的新形态。换句话说，互联网时代，想要的服

务，不一定非要去买。

分工 3.0 时代，是从独占型经济转型为共享经济的时代，是人们对于有限资源不再强调占有所有权，而是强化连接能力，让资源的使用效率成倍提升的时代，这种共享经济，能够让更多人参与到分工的红利中来。

由于互联网能够让消费者和生产者快速对接上，使得市场中原本非常分散，个体规模非常零碎，看来微不足道的力量得以迅速、高效地整合起来，进而形成强大的生产力，"众筹"如此，C2C 电子商务如此，Uber 专车司机、Airbnb 房屋出租，以及"自由快递人"等都是共享经济下的新型分工模式。

4．新的关系：个人对组织的依赖减弱，合作联盟替代契约雇佣

传统的雇佣关系存在的问题是，个人发展的目标和组织整体的目标难以达成一致，这个时候，个人利益往往要让位于组织利益。越来越多的企业员工，在长时间的工作中产生了压抑、不满、失望等情绪，是因为组织存在本身，已经制约了个体自由的发展，长此以往，打工仔们肯定会不甘于此，而频繁跳槽。

相反，如果跳出这种常规思维的窠臼，畅想一下理想情况下的个人与组织的关系，应该是什么样子？

可以肯定的是，这是一个更加趋向于平等和自由的关系模式：既鼓励员工发展自己的个人关系网，培养企业家似的主人翁意识，而不是唯利是图的跳槽者；又可让公司拥有更多的主动权，但又不把员工当做可任意支配的资产。这种新的关系，只有在个人拥有更多可支配资源的前提下才能够实现。

世界最大的职业社交网站 LinkedIn 领英创始人里德·霍夫曼，一直是推动建立新型个人与组织关系的倡导者，他认为员工脱离组织之后，依然可以为组织带来某种服务，这是一种人脉资源，相当于公司与员工相互投资的模式。既能保持双方的灵活自主，同时还能合作创造出丰富的智慧宝库，推动企业与社会的繁荣发展。在他的《联盟——互联网时代的人才变革》一书中，对这种联盟性质的新关系有详细的阐述。

这种新的联盟关系的出现和发展，本质上是员工的去雇佣化。也即是，员工不再需要找一个企业，签署一份劳动契约，作为企业的一名职工，遵守各种制度要求。相反，个人或者小团体，与大企业之间，完全基于需要解决的业务和项目而开展合作。

去雇佣化实现的前提，就是我们一直所说的资源的广泛流动。资源流向大众

群体之后，产生两个效果。对于个体员工而言，如果自身能够掌握更丰富的信息和知识，拥有更多的决策权力，那么对组织本身的依赖性也就会越弱化。同样，企业也可以更广泛地去寻找优秀的合作伙伴，参与到自身业务的分工中来。比如，很多工作可以通过"众包"的模式，让更多拥有专业能力的人和团体参与进来，而不需要自身雇佣大批人力去从头至尾生产。

互联网消除了信息的不对称，不仅大大弱化了企业的组织结构，而且建立了广泛的连接，任意一个人，都可以通过互联网连接到它所需要的资源。分工3.0，最终的体现是激活每一个个体本身，自身成为一个具有价值转换能力的专业生产单位，更多地参与到越来越细化的社会分工中去。

大胆去想象一下，也许未来的世界，将是一个组织消亡，个体主导的网络协作体系。每一个人都是一个生产单位，能够产出特定产品和服务的某种模块单元，通过高度发达和智慧的网络技术，让无数个这样的个体实现高效的组合，将模块有机地拼接形成最终的产品或服务，并通过个体化的传输渠道和分销网络，实现生产—消费的全过程。

当分工走向一种极致的时候，就是世界万物的沟通、交易和合作成本趋于零，也就不再需要组织（企业）的内部资源整合，完全是社会化的分工协作即可满足所有的市场需求。

第 3 章

人人都是金融家

2013年注定是我国互联网和金融业发展史上备受关注的一年。在这一年的6月17日，支付宝余额宝功能正式上线，创下不到10天用户数突破百万大关的奇迹。余额宝诞生后，财大气粗的银行顿时慌乱了手脚，大喊"狼来了"。而与银行的慌乱对应的，是马云在多年前说过的一句话"银行不改变，那就改变银行。"如此看来，马云的这个预言是要实现了吗？

不管你是否认为马云能改变银行，但实际上自2013年开始，以余额宝为代表的各类互联网理财产品横空出世，引起了广泛关注、争议和讨论。李克强总理也在政府工作报告中形容2013年和2014年我国互联网金融的发展是"异军突起"，可见其产生的社会效应足够巨大。那么对银行来说，余额宝到底抢走了它们的哪块奶酪？显然，首先是无数个散户的资金。自从余额宝上线，一时间，坊间"10倍银行活期利息""散户理财神器""支付宝躺着也能赚钱"的议论甚嚣尘上。对广大散户来说，余额宝内的资金能随时用于网上购物、支付宝转账等支付功能，其所获收益又比银行活期存款更高，真正实现了平民理财，懒人理财。同样1万元，通过银行的活期存款一年的收益仅有50元，而通过余额宝一年的收益可以达到300~400元，收益比活期高出近10倍。谁还会把钱放在银行等着"贬值"呢？

虽然在余额宝上单个人贡献的资金并不算高，但众人拾柴火焰高，人多了，规模效应自然就起来了。以下2013年的两组相关数据已经可以说明一些问题：

余额宝合作方天弘基金公司2013年11月14日称，截至当日，天弘增利宝（余额宝）的规模突破1000亿元，用户数近3000万。天弘增利宝成为国内基金史上首只规模突破千亿元关口的基金产品，在全球货币基金中排名第 51 位。

中国人民银行发布的《2013 年 10 月金融统计数据报告》中显示，当月我国住户存款减少 8967 亿元。2013 年第三季度，招商、民生和中信三家银行存款环比增速分别只有 0.25%、0.26% 和 0.71%，均不足 1%，宁波银行和建设银行存款环比增速分别为 -1.58% 和 -0.27%。

一升一降，余额宝带来的影响有多大已经显而易见了。

3.1 从"富人游戏"到"平民玩法"

如今，互联网金融俨然已经成为全社会的热点，各式各样的互联网金融"玩家"也早已不是新鲜事，尤其是在"互联网+"和"互联网金融"出现在李克强总理政府工作报告中以后，互联网金融更是成为体现我国互联网经济发展成色的试金石，互联网金融也成为众多互联网公司竞相布局的必争之地。热点归热点，在热点背后，还是有必要思考，互联网金融为何能吸引到如此多的草根用户，它与传统的金融市场有着怎样的相同和不同之处，参与到各式各样互联网金融分工链条之后，广大的"斜杠青年"又被赋予了哪些新角色？互联网金融能否向我们预示一个未来"人人金融"时代的到来？本章将尝试从前面介绍的分工变革的角度回答这些问题。

3.1.1 金融：与风险相伴的富人游戏

1. 金融的本质是什么

对现代人来说，金融是非常熟悉的概念，但要问金融的本质是什么，可能很多人很难说清楚。陈志武先生在《金融的逻辑》一书中简单、准确地描述了什么是金融的本质。"金融的核心是跨时间、跨空间的价值交换，所有涉及价值或者收入在不同时间、不同空间之间进行配置的交易都是金融交易。"那么人为什么有跨时间、跨空间的价值交换需求？这主要是因为自古至今人类的生活一直充满着风险和不确定性，为了应对这些风险和不确定性，人与人之间就有必要进行一定的交易协作,降低每个人生存的风险。"有一点是肯定的,不管是古代,还是现代,单个人生存下去的能力是很低的,天灾人祸、身老病残时都需要其他人的帮助。所以,为了能够更顺利地活下去,也为了生命的延续,个人必须与其他人进行跨时间、跨空间的利益交换,即人与人之间的金融交易是人类活下去的必需。比如,原始社会时期,人靠打猎、采掘野生果菜养活自己,那种生产方式下,个人时常会数天猎不到动物,如果不是在部落之内人人共享猎摘成果(亦即部落成员之间隐性地进行跨时间的价值交换),许多个人很快会饿死。"

从这个意义上讲,今天所谈的金融,与人类自古以来的协作互助活动都是一脉相通的(即便是在原始的物物交换时代)。随着社会经济、技术能力的发展,尤其是货币出现以后,人类为了更好地协作和防范风险,现代意义上的金融活动开始逐渐出现。今天所熟知的保险、债权、银行等金融产品或金融机构,早在几百年甚至上千年前就有了最初的萌芽。这些金融产品之所以能够出现,都是为了应对人类社会生活中的风险和不确定性,对单个人来说,可能任何细小的风险都是致命的,所以,大家选择协作起来,风险共担,这样就能摊薄风险发生时给每个人产生的不利影响。

所以,从人最基本的社会协作的属性上来说,金融是与人的生活和生命延续有关的基本需求。在最原始的阶段,许多人都会与金融活动相关。张家兄弟想开饭馆,因为手头资金不够,找来李家父子借钱,并承诺无论经营情况好坏,一年后连本带息一并归还。在这样一个活动中,张家兄弟拿自己未来的收益换来今天开店创业的资本,而李家父子则将今天并不急用的闲钱借给张家兄弟,并获取一定的可预期的未来收益,并且双方共同约定,风险由张家兄弟承担。这就是一个最基本的金融活动场景,而在这个场景之中的张家兄弟和李家父子,则是简单意义上的金融活动参与者。

2. 金融需要"搅局者"

如果说金融的产生是为了应对人类社会生活中的各种潜在风险,那么在实际操作中,金融活动也具有极强的风险厌恶性,集中表现在对市场和信用风险,以及操作风险两个方面。一般认为,银行业的准入门槛较高,这是为何?其实主要原因在于银行从业者面临着非常高的市场和信用风险,在日常经营活动中又面临着诸多操作性风险。如果不具备很强的风险管理能力,很难获得市场准入。以银行为例,如果银行的交易方之一(客户)由于种种原因,不愿或无力履行合同条件，从而构成违约，那么在这种情况下，银行或另一方客户就有可能遭受巨大的经济损失。一旦发生这种情况，直接或最终的后果承担者很可能就是银行。为了应对这种种可能的信用风险，对银行来说，就需要通过各种内部管理手段强化客户管理，降低信用风险发生的概率。

如果说信用风险更多是外部客户造成的，那么操作性风险则是由于金融机构自身的原因。由于内部人员操作失误，或者是由于不完善或失灵的程序导致损失的风险，就属于操作性风险。而且相对于信用风险，操作风险涉及面和造成的损失可能更大、更难以恢复。

因此，无论是对内还是对外，金融机构都面临着较高的风险。为避免各种风险的发生，金融机构就需要花费大量的内部成本（关于这一点，后面会有更多论述）。不过需要说明的是，从历史上看，金融机构的诞生并不必然意味着交易成本的上升，最初的时候可能恰恰相反。一方面，金融机构的存在本身是为了满足不同人之间的金融交易需求，另一方面也是为了降低交易成本。以银行为例，如果所有有金融需求的个体自行交易，风险不好控制，交易成本也非常大（在互联网出现之前，的确如此）。

像银行这样的金融机构的出现，的确在一定程度上缓解了匹配成本、信息不对称带来的道德风险和逆向选择问题。通过金融机构，借贷双方不直接达成交易，存款人直接将款项存入银行，而借款方则从银行而非直接从存款人获得资金。银行作为金融机构，可以对借款人进行专业监督和审查，由于审查借款人的数量非常多，使得银行专业化、程序化，这就产生了规模经济，规模经济的出现自然降低了成本。因此，可以说，金融机构的出现在客观上降低了人与人交易的外部成本，但同时由于风险控制要求，内部交易成本也在不断增加。

由于以上两个因素的存在，即较高的内部交易成本和对风险的极度厌恶，大部分以盈利为目的的金融机构在筛选客户时的倾向性就很明显了。在同样的收益预期下，金融机构肯定更加偏爱成本低、风险较低的客户。以我国为例，大部分商业银行都偏爱各类国有企业这样的大客户，小微企业客户要想从银行拿到贷款则很困难。原因很简单，规模小且非国有的企业在银行看来就意味着信用风险较高，除非没有其他的更好选择，否则银行很难选择风险高的小微客户。同样的道理，对个人投资者来说，由于银行的内部交易成本高，个体获取投资收益的门槛也较高。如果你手里只有1000元，很难想象你可以从银行购买像样的理财产品。

所以，从某种意义上说，现代社会传统金融活动的高门槛决定了它其实就是

"富人"间的游戏。一方面,银行喜欢的是有大额本金的个人或企业,另一方面,它们喜欢家大业大的企业。在这样的市场环境下,个人和小微企业客户注定是要被边缘化的。虽然政府一直在引导金融机构给小微企业提供更多的金融支持,但是市场归市场,在理性的市场选择下,这个局面很难被彻底改变。除非这个市场突然跳进了一只鲇鱼,依靠全新的服务模式,或许才能真正解决这一问题。

金融行业期待变革,期待这样一位"搅局者"的出现。

延伸阅读:众人的协作分工与"保险"的兴起

人类社会从开始就面临着自然灾害和意外事故的侵扰,在与大自然抗争的过程中,古代人们就萌生了对付灾害事故的保险思想和原始形态的保险方法。我国历代王朝都非常重视积谷备荒。春秋时期孔子的"拼三余一"的思想是颇有代表性的见解。孔子认为,每年如能将收获粮食的1/3积储起来,这样连续积储3年,便可存足1年的粮食,即"余一"。如果不断积储粮食,经过27年可积存9年的粮食,就可达到太平盛世。

公元前2500年前后,古巴比伦王国国王命令僧侣、法官、村长等收取税款,作为救济火灾的资金;古埃及的石匠成立了丧葬互助组织,用交付会费的方式解决收殓安葬的资金;古罗马帝国时代的士兵组织,以集资的形式为阵亡将士的遗属提供生活费,逐渐形成保险制度……

公元前916年,在地中海的罗德岛上,国王为了保证海上贸易的正常进行,制定了罗地安海商法,规定某位货主遭受的损失,由包括船主、所有该船货物的货主在内的受益人共同分担,这是海上保险的滥觞;在公元前260年—前146年布匿战争期间,古罗马人为了解决军事运输问题,收取商人24%~36%的费用作为后备基金,以补偿船货损失,这就是海上保险的起源;17世纪,欧洲文艺复兴后,英国资本主义有了较大的发展,经过大规模的殖民掠夺,英国日益发展成为占世界贸易和航运业垄断优势的大英帝国,为英国商人开展世界性的海上保险业务提供了条件。

现行火灾保险制度起源于英国。1666年9月2日,伦敦发生巨大火灾,全城被烧毁一半以上,损失约1200万英镑,20万人无家可归。由于这次大火的教训,保险思想逐渐深入人心。1677年,牙科医生尼古拉·巴蓬在伦敦开办个人保险,经营房屋火灾保险,出现了第一家专营房屋火灾保险的商行,火灾保险公司逐渐增多，1861—1911年，英国登记在册的火灾保险公司达到567家。1909年，英国政府以法律的形式对火灾保险进行制约和监督，促进了火灾保险业务的正常发展。

保险从萌芽时期的互助形式逐渐发展成为冒险借贷，再发展到海上保险合约，又发展到海上保险、火灾保险、人寿保险和其他保险，并逐渐发展成为现代保险。

（摘录并改编自：《金融史其实很有趣》，赵涛、彭龙 著）

3.1.2　互联网金融缘何能撕开一道口子

让我们再想一下2013年年底我国刮起的那股"互联网宝宝恐慌症"，很多人会大呼过瘾，但也不禁会问，以余额宝为代表的互联网金融理财工具为何能在传统银行的巨头霸占的行业中撕开一道口子？

从根本上来说，互联网宝宝之所以能在短时间内"横行中国"，呈"异军突起"之势而让银行业大惊失色，主要是因为互联网金融采取了完全不同于传统金融机构的商业模式，或者用互联网的说法是，二者的玩法和游戏规则不一样。正如一个安静的池塘里，鲤鱼、鲢鱼、草鱼各自相安无事，这时候突然跳进来一个凶神恶煞、怪模怪样的鲇鱼，自然会引起一阵惊慌。然而，这仅仅是一个开始。

1.区块链技术让传统银行"消失"？

现代银行业诞生于17世纪末，以1694年的英格兰银行出现为标志，过去的三百多年，除银行业以外，几乎所有的行业都已经面目全非。然而，银行业却岿然不动，即使是在移动支付如此流行的中国，银行的作用也不可替代。这是因为，传统意义上的银行其社会职能中除了支付结算，更重要的是创造信用。因此，似乎来势凶猛的无现金移动支付改革也无法将其替代。

但是，就在2013年，全球领先的IT技术咨询公司埃森哲在一份报告中预测，到2020年的美国，传统银行将失去35%的份额，四分之一的银行将消失。2014年初，《失控》的作者凯文·凯利在一次演讲中更指出，"20年内，传统意义上的银行将会消失。"

我们知道，传统银行有三项基本业务：负债业务、资产业务和中间业务，此外，庞大细密的服务网点、数以百亿张的信用卡以及银联系统，构成为一张庞大的金融网络。然而如今，上述六项均遭遇来自银行业以外的新技术的挑战。为此，埃森哲在报告中对未来银行业的进化提出了四个方向，即：服务无网点化、消费支付移动化、金融服务垂直化、金融信用人格化。

被称为数字经济之父的唐·塔普斯科特（Don Tapscott）最近指出：影响人类文明与进步的新的机遇正在到来，这既不是社交媒体、不是大数据、也不是人工智能或机器人，这就是数字货币的底层技术：区块链！真正影响或者颠覆传统银行业的技术，也许恰恰就是区块链。

为此，让我们先了解一下互联网蓬勃发展的今天所伴生的两个现实问题：①数据的产权与保护机制；②如何从"信息网"过渡为"价值网"。

数字内容并不像物质那样是守恒的，所以当我发给你一张照片、传给你一首歌曲的时候，我自己并没有失去。所以社交网络上的内容被一传十、十传百地扩散着，并导致信息爆炸。

然而对于资产而言，没有人会愿意要复制品，如果我给你100元，那就就必须要有中介机构证明：我自己不再拥有这100元。为此，现在我们只好依赖于银行和政府、大的社交网络平台、信用卡发卡机构等，请他们进行身份核查、结算和记账，以期在经济活动中建立信任，并进行这种交易的认证。也就是说，目前的互联网充其量还是个"信息网"，如果没有传统金融机构和第三方平台运营者等的介入，尚无法成为传递价值的体系！

表面上看，这种风控系统似乎很有效，但因为他们都是集中化管理的，这意味着他们更容易被黑客攻击。像银联、各地政府、支付宝、微信支付等都在这方面吃过苦头。银行和平台创造信用的基础是客户数据。然而，互联网蓬蓬发展的今天，关于数据资产的所有权和使用权问题不仅涉及个人隐私，而且直接影响银行乃至互联网公司的运营逻辑与营利模式。

与此同时，这种集中化管理模式又将数十亿人排除在全球经济之外。例如，那些没有足够的钱去银行开户的人们。同时，他们也延缓了我们经济运行的速度。在电子邮件只用1秒钟就能环游世界的今天，一笔资金的流转却需要走好几个小时甚至几天。当资金从一个银行转入同一个城市的另一个银行，这些公司的佣金颇丰，单是跨国汇款就能抽成10%～20%。最大的问题在于，这些中介机构还占有了我们的数据，这意味着我们自己不能把因自身行为所产生的数据货币化，或者用来更好地管理我们自己的工作与生活。我们的隐私也因此容易受到侵犯。然而最大的问题是：他们不对等地侵吞了信息化时代的慷慨馈礼——我们自己所创造的数据财富。

不远的将来，我们不单有传递信息的互联网，还将有传递价值的互联网：试想有一个巨大的散布于全球的账本，运行于千百万电脑之中，每个人都能使用其中的信息。在这个帐本中，任何种类的资产，从钱到音乐都能被存储、转移、交易、互换并加以管理，不需要有权势的中介存在，版权将会得到技术性的保护，那将会怎么样？

2008年的一场金融危机，激发了一位或一群自称中本聪（Nakamoto Hitosi）的匿名人士，在一篇论文里设计了一种基于比特币这个加密货币之上的数字货币协议。这个加密货币可以让人们在没有第三方的情况下，仅通过分布于网络空间的分布式数据库以及基于古老的"拜占庭将军算法"的智能合约技术来建立信任、并进行交易。

这个时候，我们再来谈谈具有革命影响的区块链技术。区块链的基本逻辑其实非常简单，当一笔交易发生时，原始数据会被像香槟一样同时注入到香槟塔中的所有杯子（分布式数据库）中（见图3 1）,这时，如果有某个杯子声称其中的红酒非常甘美时，所有的其他杯子就会抗议其说谎，因为它们明明接收到的都是香槟而不是红酒。此时，如果想把所有杯子中的内容加以篡改为红酒，则是一个几乎不可能完成的任务。这就是基于智能合约一致性的不可抵赖特征。

图3-1　香槟塔模型

区块链技术利用了信息在网络中可以低成本、高效率传播的原理,其应用将最终解决由金融机构或垄断性大平台作为中介才能实现价值传递的问题。区块链通过多中心化、去中介化的商务逻辑将解决两大问题,一是互联网从信息网到价值网的转型,二是数据资产生产者与所有者以及使用者的归一性问题。区块链可以让我们自己管理和拥有自己数据资产,而不需要第三方。

无现金的移动支付体系和基于区块链的信用管理模式等的应用,促致埃森哲和凯文凯利都坚信:有三百年历史的传统银行业的经营模式将在廿年内消亡。这个进程如同 20 年来邮政信函业务的衰落一样。1997 年,中国曾经获得 1999 年第 22 届万国邮政联盟大会的承办权。在接下来两年的筹备工作中,一些专家曾一再指出:廿年之内,邮政的信函业务将走向衰落。当时,很少有人相信这是真的。然而,事实远非如此。信息技术的汹涌浪潮,使社会处于变革的浪潮之巅,传统企业在衰变、大企业在裂变、小企业在巨变;传统社会秩序被瓦解、传统商业逻辑也被推倒重建,国家、行业、企业、个人都被卷入其中!所以,信息化中的"化"俨然成为"无处不在、无所不包"。

毋宁质疑,区块链的应用与普及最终将打造起 P2P(Peer to Peer)的分享经济下的互联网金融细分平台,并对传统金融体系进行颠覆性的重构。如果用第 2 章提出的分工 3.0 的解释框架,那么就可以说,在依托区块链多中心化的分工 3.0 模式下,相比传统的金融机构,互联网金融的垂直化平台使得金融交易的成本(同时包括内部交易成本和外部交易成本)被大幅降低,内外部市场的边界被进一步拉低,从而更进一步激活了外部市场个体(相对分散的无数个用户)与多元化组织(中小金融机构)的商业连接。

2. 互联网金融平台如何降低交易成本

传统金融机构的交易成本有哪些?以银行为例,一般情况下包括一个银行组织得以存在、运营所需要的基本内部成本,如人员开支成本、网点建设成本、日常运营成本(房租、水电、设备等),这些都是非常刚性的成本。此外,银行的内部交易成本还包括信息收集成本、签约成本、交易维护成本、信用等级评价成本等,这些成本是在与客户发生商业联系的过程中必须付出的。还有一些成本则是隐性的,如客户经理对客户一对一服务的过程中,难免会付出一些低效率成本。作为金融机构,风险管理成本及坏账处理成本等是必须承担的。最后,许多金融机构的交易手段对物理网点依赖性还增加了额外的交易成本。以上交易成本是维持其作为金融机构运作的必要成本,很难得到根本性降低。

在互联网金融模式下,上述交易成本就会得到大幅降低。很多人会认为互联网就是各类应用和APP,其实,关键在于其底层的技术能力,如云计算、大数据技术的进步和应用,彻底改变了互联网作为"另外一种玩法"的身份。也正是在这些技术的支撑下,互联网金融平台能够成功实现金融交易的网络化、去中心化、脱媒化,打破了信息不对称,弱化了交易中介作用,摆脱了对大量专业人员和物理网点的依赖,极大地降低了交易成本。

第一,互联网金融平台大幅降低了金融交易的部分刚性成本。金融机构的网点建设成本、人员开支成本、日常运营成本及签约成本等成本,在互联网平台上得到大幅降低,"花更少的钱,办更多的事"。从客户的角度来说,金融交易线上进行,降低了客户的时间成本、上门办理的交通等额外费用、中介成本等。在互联网金融模式下,交易方式通过互联网进行。对金融机构来说,既减轻网点、人员和配套费用等的巨额开支,也可以实现一对多的服务,显著提高交易效率,降低资源浪费成本;对客户来说,不必跑网点、不必排队,实现随时随地的交易,节省了额外的开支和时间成本,而且互联网金融本身的去中心、去中介的性质导致中介环节的弱化,节约了中介交易费用和时间。

第二,互联网金融的信息处理方式降低了金融交易的隐形成本。金融机构的信息采集处理成本、客户信用评级成本、风险管理成本等成本,也降低了客户由于信息不对称支付的额外成本等。互联网金融模式下,大数据和云储蓄技术作用于信息处理,打破了信息壁垒,降低了信息的不对称性。一方面,金融机构可以以极低的成本,快速收集云量的客户信息,并进行精准的筛选分析,增加信用评级的可信度,降低信用评级的成本,加强数据管理的灵活性,降低交易维护成本,增强风险的准确度和敏感度,减少交易的风险管理成本;另一方面,客户不但不必四处奔波寻找交易渠道和对象,而且交易信息沟通充分、交易透明,定价完全市场化,可以实现最优交易,从而降低信息不对称带来的额外成本。

第三,多元的产品组合降低了金融机构的客户开发成本、坏账处理成本、风险管理成本等,也降低了用户的机会成本等。互联网金融的特点之一就是产品的多元性,对金融机构来说,一是可以有效吸引客户,增加客户黏性,减少传统手段,如不正当竞争等增加的额外支出;二是通过多元的产品组合能够满足不同客户的不同需求,减弱需求变动刚性带来的较高坏账率,降低坏账的处理成本;三是多元的产品组合可有效实现风险的分散,稀释风险的破坏力,同时增加了应对风险的灵活性。产品种类的多元性可满足客户对持有产品的预防需求、支付需求和投机需求,避免了传统金融产品品种单一可能带来的交易损失。同时,产品期限的灵活性,使客户自由决定持有时间,可以随时赎回,实现在不减少收益、增加成本的前提下,对最优金融行为的执行,从而降低了交易的执行成本和机会成本等。

最后,互联网金融打破了技术的垄断性、市场的垄断性和客户的垄断性,使技术、市场和客户充分共享,产品趋于同质性、市场更加开放、客户群充分分散,降低了交易的垄断成本等。

正如第2章的描述一样,每一次分工演进的重要标志就是交易成本的大幅降低。互联网金融平台就是平台式经济的典型代表,其出现也标志着互联网行业分工从2.0到3.0的演变。在分工3.0模式下,互联网金融平台彻底激活了原先被边缘化的无数个体参与者。也就是说,与以往以"高大上"为特性标签的传统金融机构偏爱"白富美"的本能相比,互联网金融从诞生之日起就在投融资两端倾向服务于理财需求不能被满足的普通人群和得不到银行贷款的中小微创业企业。

互联网金融快速吸引了传统金融巨头(银行)忽略或者无法触及的边缘市场,即无数个个体散户。这类普通人群的基本特征在于个人所拥有、能够支配的资产数量较小,但是这部分人群的数量庞大,尤其是在贫富差距不断扩大的国内更为显著。而在融资端,由于金融体制固有的问题,使得银行嫌贫爱富的本性暴露无遗,导致中小企业一直深陷融资难、融资贵的两难问题旋涡中。

而在市场上,收益较好且安全性高的银行理财产品,动辄最低5万元的消费金额,其过高的投资门槛,显然对于资产流动性较差的普通人群是欠缺吸引力的。殊不知,这类人群有着几千元或几百元的闲钱,眼看着通货膨胀不断而无计可施。偏爱国有资产的银行贷款业务,因中小微企业较高的风险和较低的收益率,使得银行的贷款变得异常困难。而互联网的草根特性使得金融理财不再是"高帅富"专属,甚至出现了人们将定期存款从银行中拿出存入余额宝的现象,这已经是对银行存款业务的直接冲击了。

传统金融服务组织往往为了满足客户服务需求,不得不建立足够多的营业网点,这构成了其运营成本的重要部分。即便这样,在很多情况下,人们仍然为寻找银行或证券公司的营业网点而费尽周折,这也极大地影响了很多客户主动到营业网点办理业务的积极性,制约了金融业务的发展。而新兴的互联网金融企业则不一样,利用网络平台,人们可以足不出户,通过轻点鼠标即可完成业务办理;

互联网金融企业没有铺设现实网点的成本压力，可以把更多的资源投入到服务质量改进和新业务拓展中。同时，未来人们使用手机等移动智能终端来体验金融服务将成为趋势，这将更提升金融业务的发展空间。

此外，传统金融服务名目众多的收费项目，一直被社会公众所诟病；无论是小额存款管理费，还是异地存取款手续费等，都被认为是明显的不合理收费。然而，以银行为代表的垄断性行业特点，使得客户不得不为这样的收费买单。而在互联网金融平台上，情况则完全不同，其利用互联网技术实现全面的互联互通和高水平的电子化服务，让用户可以尽情享受"免费午餐"，这必然会让更多的用户放弃传统金融组织而使用互联网金融企业的服务，这就会给服务类收费占收入重要部分的银行巨头们带来直接的利润影响。

传统金融组织层级众多，业务流程复杂。很多时候，客户的业务申请需要长时间、多部门的审核才能实现，这既影响了客户的服务体验，也制约了业务的发展。然而，这种长期积累的科层制管理模式和企业结构，在短期却很难改变。相对于传统金融组织的"千斤重"，新兴互联网金融企业则是"轻如鸿毛"。利用网络平台，互联网金融企业实现了扁平化的运作模式，客户能够与业务部门进行最快速、最直接的沟通，这就保证了客户业务需求最快速的响应和满足。

长尾效应的提出者克里斯安德森认为，长尾效应的优势在于数量，将数量众多的非主流要素进行累计的叠加，将会形成一个比主流市场还要大的市场。在以数量与贷款金额/资产总额为坐标的分布图上来看，普通人群与中小微创业企业显然处于"小而美"的长尾部分。就实例来看，余额宝在诞生之后短短一年半的时间里，4900万的用户量、2500亿元的资金规模显然是最佳的证明。

如果说从长尾效应的角度说明了互联网金融是如何吸引无数个草根用户的，那么之所以能够如此，从根本上说，是因为互联网金融采取了一种完全不同于传统金融机构的玩法，即依托于互联网平台，传统中为了实现金融中介功能的许多刚性成本在新的平台上瞬间降低甚至消失。玩法不一样，彼此的境界当然就不同。移动互联网异军突起之后，"颠覆式创新"这个概念迅速火爆。与一般的所谓"微创新"相比，"颠覆式创新"是指在微创新的基础之上，"由量变导致质变，从逐渐改变到最终实现颠覆，通过创新，实现从原有的模式，完全蜕变为一种全新的模式和全新的价值链。"

3. 互联网金融的"范式革命"

与"颠覆式创新"类似，英国哲学家托马斯·库恩在其《科学革命的结构》

中提出的"范式革命"也可以解释互联网金融的玩法和传统金融机构的玩法是如何不同的。库恩认为，常规情况下科学家都是在一定的范式内进行的，这种范式正如比重、波长之于物理学，星球轨道、周期之于天文学，物质酸性、结构式之于化学，等等。随着人类实验、思考、发现的不断进步，一旦原有的科学范式不再能解释新的发现，那么就会出现范式的革命，这种革命性的改变往往会带来科学的巨大进步。借用库恩的这种解释框架，似乎可以说，依靠互联网平台的巨大信息传播优势，互联网金融实现了商业模式的"范式革命"。

因此，当大数据技术的应用使互联网平台能够以极低的成本甚至是零成本处理海量数据的时候，传统机构顿时大喊"狼来了"似乎就不奇怪了。这种场景正如刘慈欣在其科幻作品《三体》中描述的"降维攻击"一样，描述了一种高级能力对低级能力的打击。"你努力想，用尽所有想象力去想，如果一个来自其他星系的文明攻击你，哪种攻击是最有威力的？"而这种攻击不是物理的，也不是化学的，而是哲学范围的攻击。"歌者"随手抛下了一张"二向箔"，整个银河系的三维空间奔腾汹涌地流入二向箔，塌缩成一个二维平面，三维结构被碾压在二维平面之上。同时，这一降维过程是全息的，所有的三维信息被保留在碾压后的二维空间里。

至此，在分工 3.0 模式下，关于传统金融连接与互联网金融连接模式的不同，已经有了比较详细的了解，表现为以下三个方面的变化：第一，金融交易场景从线下走到了线上。第二，金融交易环节大幅降低，效率更高。第三，由于以上两点，互联网金融使得无处不在的交易得以实现，如图 3-2 所示。

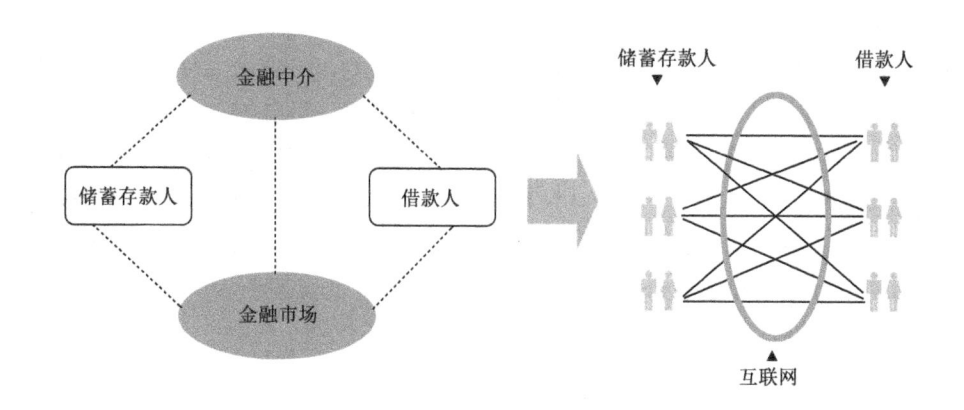

图 3-2 从传统的金融交易到互联网时代的金融交易

互联网金融正深刻改变着传统金融行业的"游戏规则",这种改变体现在业务创新、用户拓展等多个方面,这样的改变也必将给未来金融行业的发展带来新的机遇。

第一,用户基础扩大,业务发展和创新空间增加。互联网上最为活跃的用户是以"80后、90后"为主的年轻群体,在传统金融业务领域,他们受限于消费能力和信用限制,一直是金融业务的边缘客户。在互联网金融时代,这些年轻人所具有的互联网知识和使用习惯,使其成为互联网金融最佳的业务体验者和口碑传播者,他们对互联网金融业务的使用必将通过其社会关系(如父母、同学、朋友等),再依托于当前流行的社交网络媒体迅速向社会传播。

针对这些年轻用户的专门性互联网金融业务开发成为互联网金融业务的重要创新领域,比如我国的一个互联网理财平台——有利网就推出了专门针对在校大学生的投资优惠计划,为大学生提供较高的风险保障,吸引大学生将手中的闲置生活费或零花钱进行投资。这些年轻用户还具有十分巨大的成长潜力,一旦成为互联网金融业务的固定用户,随着其年龄和收入的同时增长,必然会给互联网金融业务的发展带来更大的市场空间。

第二,在互联网平台上,可以实现基于大数据的客户信用精准分析和评级,为小微金融发展创造条件。信息是信用形成和金融交易的基础,信息不对称是金融风险的主要根源。互联网金融业务所带来的最大改变就是基于互联网的对用户资金往来、货物交易和消费历史等方面的全面而详尽的电子化数据记录。这就为受限于信用评估的小微金融发展创造了条件。

从投资信贷来看,在传统金融行业,小企业由于信用限制和缺乏抵押物,往往难以从传统金融机构获得融资支持,但在电子商务环境下,"通过互联网的数据挖掘,可以充分展现小企业的虚拟行为轨迹,从中找出评估其信用的基础数据及模式,为小微企业信用融资创造条件"。从消费信贷领域看,金融机构可以为那些受限于信用限制,但又具有稳定而良好的网上消费记录的客户提供更多额度的消费贷款。淘宝的"余额宝"最新开通的信用透支功能,正是基于用户消费信用的互联网金融消费信贷业务。

第三,新技术应用与投资理财相结合,改变公众的财富管理模式,促进金融行业的整体进步。在我国,由于缺乏完善的全民信用体系,公民金融理财服务知识水平整体偏低,再加上传统财富观念的限制,普通民众投资理财的意识和积极性都极为不足,金融理财的发展水平一直较低,这与我国当前世界第二大经济体的全球经济地位极不相符。然而,信用体系的建立、金融知识的积累和财富观念又非一朝一夕所能改变,但互联网金融的出现为改变这样的金融行业发展瓶颈创造了机遇。

基于互联网金融业务办理和投资理财活动,极大地降低了民众参与金融活动的时间成本和经济成本,而且更低门槛的互联网投资理财产品让民众获得了更多体验金融理财业务的机会。特别是当前随着移动互联网的兴起,通过使用智能手机平台上的移动金融服务 APP 应用,用户可以随时随地关注金融信息,办理投资理财业务。

与此同时,互联网为用户提供了更多的信息获取渠道,降低了由于信息不对称而对投资理财业务的风险预期。以当前发展最为迅速的网络社交媒体为例,用户可以在社交平台上实现与金融机构官方账号或专业客服人员的实时互动。相对于传统金融行业,互联网金融能够为用户提供更加公开、透明的服务体验。表 3-1 所示为互联网金融和传统金融服务的比较。

表 3-1 互联网金融和传统金融服务的比较

比较项目	传统金融	互联网金融
交易场所	线下	线上
交易成本	高	低
交易门槛	高	低
交易对象	相对单一	多样化
交易链条	单线条	多线条
回报方式	注重收益	物质收益和个性化收益

3.2 新工种:"小白"式的理财高手

对所有金融机构来说,实现金融交易、获取利润的第一步就是能够吸引尽可能多的存款。以银行为例,存款就是银行的利润来源。银行用一定的成本获得存款(客户的存款利息),然后用高于这个存款利息的贷款利率将存款贷给需要的人,获取利息差额赚钱。所以,银行的核心职能一方面是吸收存款,另一方面是想办法把钱贷出去。不过相比较而言,一般情况下,与吸收存款相比,对外放贷的难度要小很多,毕竟社会上等着贷款的个人和企业一直都在排着队。

毫无疑问，对银行而言，吸引现金流充裕的大客户是最优的融资方式。我们常会看到，每年各大银行都会动用各种手段开展全员营销，争抢优势客户。但另一方面，在社会通胀率比较高的时候，也就是"负利率"出现的时候，银行对社会资金的吸引力则会大幅降低，因为这时候企业和居民都不愿意把钱存在银行。这会进一步增大银行的融资压力。在这种情况下，银行争抢大客户的手段可谓无所不用其极。几年前，网络上曾曝出某家银行"存50万元送50克金条"的消息，可见银行对资金的饥渴。尤其是在年底的时候，各大银行经常不约而同打响"揽储战"。许多银行甚至下达了"全员"指标，要求每个员工承担数十万元不等的融资任务。这些都是银行对资金需求饥渴的写照。

但是正如在前面描述的一样，在银行面前，大客户吃香受追捧，而那些草根储户则无法受到足够的重视。对这些人来说，在银行理财的门槛一直很高。高额的内部交易成本把银行的无数个潜在用户拒之门外。草根搞理财？对不起，还需要等待"鲇鱼"的出现。

3.2.1 从客户思维到用户思维

由于行业门槛较高，许多金融机构都具有一定程度的精英意识。这种精英意识虽然可以让客户产生信任感，但是，对金融机构来说，不利于它们建立起真正的"用户思维"，尤其是在互联网金融大行其道之后，这种对立和差别变得更加明显。

随着市场的逐步开放，以及竞争的日益激烈，金融机构逐渐放下了以前高高在上的姿态，开始以较低的姿态面对客户，提出了"以客户为中心"。虽然这在思想观念上已经是一个巨大的改变，但是传统的这种"客户思维"和伴随互联网兴起的"用户思维"仍然有着很大的差别。

从本质上来讲，"客户思维"背后体现的是一种商业交易的意识，而"用户思维"体现的则是一种服务意识。如果说前者是在凸显自己与客户的平等、尊重，那么，后者则在一定程度上通过"自我矮化"更加凸显了"用户至上"。

在传统行业，如果拥有了大批量的用户而无法从用户身上获取利益，那么许多人就会认为这样的用户是没有任何意义的。2012年，就在移动互联网刚刚起步、尚未崭露头角的时候，我国互联网大佬就想当然地认为移动互联网很难有成熟的商业模式。为什么这么说呢？因为李彦宏认为由于手机屏幕较小，传统桌面互联网经济的商业模式在手机屏上很难实现，所以，即便当时移动互联网已经拥有了大批用户，但是变现前景依然不被看好。同样，也是在2012年，美国号称"互联网女皇"的玛丽·米克（Mary Meeker）也在其互联网趋势年度报告中认为，探索成熟的商业模式将是移动互联网能否自我证明的关键。

虽然李彦宏和玛丽·米克都是互联网圈内人物，但是在严格意义上，他们当时的观察视角都还停留在前移动互联网时代。在移动互联网真正兴起之前，他们还不认为"拥有用户就是拥有一切"。所以，"用户思维"早已不是传统的"客户思维"，也不是指望着从用户身上赚取收益的思维，而是一种服务意识的真正建立，这种意识超越了商业利益，超越了平等交易。在这种意识的引导下，用户在潜意识中对服务产生了一种超预期心理，服务提供者也被激发出无限的创造力和想象力，使他们能够创造无下限、超预期的服务体验吸引用户。在移动互联网时代，有了用户，就有了一切，不是你去找钱，而是钱自会源源不断地来找你。

两种截然不同的思维，决定了像银行这样的金融机构和互联网企业有着不同的套路，当然也会有完全不同的结果。所以，如果让我们说互联网金融与传统金融机构在理念上的区别，那么就可以说互联网金融采用的是升级版的"客户思维"，是从彼岸到达了此岸，从天空降到了地上，从商业交易变成了合作共赢。

3.2.2 从互联网第三方支付开始

虽然在2013—2014年我国的互联网金融"异军突起"，但冰冻三尺，非一日之寒。在以余额宝为代表的互联网理财工具诞生之前，已经经历了相当长时间的用户习惯培养。

最近十几年，伴随我国互联网的快速发展，电子商务也逐渐走入千家万户。一般来讲，电子商务主要有三个流程：信息传递、货币支付、商品配送，而货币支付支付是连接其他两个环节的关键。如果线上支付的问题不解决，电子商务就不可能取得今天的成绩。

在诞生之初，淘宝商业模式的独特性，就是通过支付宝这样的第三方互联网支付工具在完全陌生的买卖双方之间建立了充分的商业信任。马云常说，信任是电子商务最关键的一步。作为第三方支付工具，支付宝通过其支付平台在消费者、商家和银行之间建立连接，起到信用担保和技术保障的作用。采用第三方支付的方式，可以约束买卖双方的诚信交易行为，保证交易过程中资金和物流的正常流动，增加线上交易的可信度。这就是马云口中所说的商业"信任"的建立。

可以说，淘宝的快速发展直接得益于支付宝的出现。在支付宝出现之前，消费者对 eBay 的付款方式有一定的不适应，同时对淘宝这种 C2C 的交易也天然存在一种不安全感。那时候，中国的电子商务刚刚起步，商业信任远没有建立起来。在这种"不信任"的商业环境下，交易双方很自然的行为逻辑就是，买家没见到货不会给钱，同样卖家不见到钱也不会发货。支付宝在其中承担了担保角色，只有买家确认了收货，卖家也确认这笔交易以后，这笔钱才会正常支付给卖家，所以说支付宝也起了一部分担保作用。这种担保交易使整个淘宝的业务能够快速发展起来，能够使买卖双方至少在资金上能有一个所信任的第三方机构提供的服务。

支付宝在陆陆续续为淘宝提供支付业务之外，还开拓了更多其他领域，如给很多机构提供代发代扣业务，把淘宝的业务推动到各个平台，当当、大众点评等都是采用支付宝这个渠道进行支付的。接下来，淘宝逐步开始有了淘宝保险，消费者可以在上面买保险、买车险，再往后，淘宝想做的一件事就是淘宝理财。那时候的计划就是淘宝要以开店的形式引进银行和基金公司，使其在淘宝能够卖理财产品。当时的设想是在淘宝建一条网上金融街，能够让大家在购物消费的同时，也能在淘宝内部实现消费者在普通银行可以办理的业务。在这个前提下，扩大了支付宝的支付范围。

3.2.3 草根理财大显身手

第三方支付链条搭建完成以后，提供互联网理财这种增值服务就是水到渠成了。结合此前余额宝由支付宝衍生来看，互联网金融企业在理财领域的创新，多发端于第三方支付的增值服务，这也印证了之前对第三方支付是互联网理财基石的判断。金融是整个商业的血脉，而支付则是金融交易环节中的"最后一公里"，是基础的金融服务，第三方支付在让支付更快捷的基础上，很自然地就会延伸和叠加金融及营销的增值服务，余额宝的出现就是典型的代表。继余额宝后，腾讯联合华夏基金推出"活期通"（现在是微信旗下的"理财通"），百度发布"百发"理财产品……国内互联网巨头悉数加入互联网金融市场争夺战。

而与这场争夺战相伴而生的，则是无数个来自草根阶层的理财"小白"用户被吸引进入互联网理财的大潮。现如今，对许多年轻的工薪阶层来说，每月发工资后就将钱存入余额宝这样的互联网理财平台已经不是什么新鲜事儿了，如果你还放在银行活期账户里，可能就是很 Out 的行为。

北京有一位 27 岁的女白领小欢，在 2015 年元旦期间收到了 2 万元的年终奖。小欢公司的年终奖发放是有严格核算制度的，并且与业绩直接挂钩。小欢说，自己的年终奖来之不易，所以，她更关注如何通过年终奖理财，获得更好的收益。于是，在年终奖到手之后，她就把所有的收入全部放进余额宝中进行理财。其实这已经不是小欢第一次这么做了，从 2014 年开始，每个月的薪水一到账，她就立即全部转到余额宝中，收益至少比活期储蓄高出 1 倍。随着存的钱越来越多，虽然她感觉单一进行宝宝类理财并不是最佳方式，但看到同事在股票市场赔赚不定的纠结状态，她又感觉自己的理财方式至少稳妥，也能让自己保持良好的心态。小欢只是一个普通的销售人员，并没有多少专业的金融理财知识，更缺乏风险规避经验，在这种情况下，作为金融"小白"的小欢，余额宝这种互联网工具为她提供了一种简便、稳妥的理财渠道，也让她收获了此前在银行活期储蓄中从未享受过的理财收益。

可以想象，像小欢这样的无数个草根"小白"用户加入到互联网理财队伍中，带来的是多么大的资金聚集。虽然每个人投入的理财资金不多，但是这种汇集数以亿计用户的国民行为，在客观上产生了巨大的示范效应，一是对全民进行了理财教育，让所有人都知道理财并没有很高的门槛，普通人都可以参与进来；二是通过这种方式，来自无数个草根的闲散资金以极快的速度和极低的成本聚集起来，并由此在某种程度上改变了我国长久以来的金融市场格局，甚至在客观上起到了"倒逼改革"的效果。李克强总理在 2015 年政府工作报告中直言互联网金融"异军突起"，可见其给全社会带来的巨大影响。

至此，我们已经从分工 3.0 的角度，对以余额宝为代表的互联网理财工具如何通过大幅降低理财门槛让无数草根民众成为"理财高手"进行了比较充分的解释。请记住这一切的逻辑起点：互联网第三方支付。下面通过图 3-3 来介绍一下在一开始的时候，互联网理财工具是如何从第三方支付工具衍生出来的。

有必要再次强调以下几点，尤其是在我国当前的社会环境中，互联网理财工具能够"异军突起"并产生广泛的社会影响力，是在这几个因素综合作用下的结果。

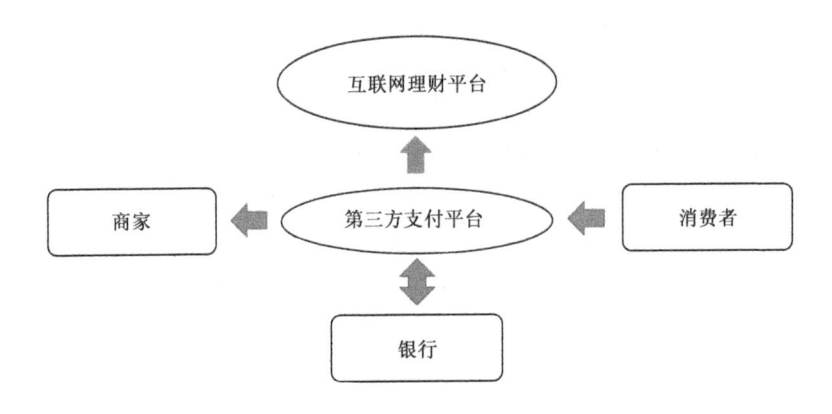

图 3-3　互联网理财作为互联网支付的衍生品

第一，商业思维的变化，从客户思维到用户思维。这是绝大多数新兴互联网服务的共同基础。在传统的商业模式中，买卖双方在某种程度上是一种"二元对立"的关系，"买"就是"买"，"卖"也只是"卖"，二者泾渭分明。互联网经济兴起之后，传统的这种"买卖关系"变成了一种"服务关系"，通过这种"服务"实现价值共赢。第三方支付既不是买方，也不是卖方，而是连接买卖双方的中介，是一种服务。同样，由它衍生出的互联网理财也是一种新型的服务，通过高效的信息技术手段将海量的小额闲散资金聚集起来，形成规模效应，实现价值增值和共享。

第二，互联网理财工具的兴起与我国电子商务发展密不可分。如果没有最初的电子商务企业筚路蓝缕，在我国金融和互联网商业环境都不是特别好的情况下大力推行第三方支付工具，那么就很难想象之后的理财工具能够大行其道。冰冻三尺非一日之寒，"互联网宝宝"的大行其道是经历了长时间的用户和市场沉淀后，自然而然的结果而已。

第三，互联网理财不是为了理财而理财，是基于对用户消费习惯的高度黏合，能够实现高度的生活化、日常化，并且具有一定的社交属性。正是有了支付宝在各种应用端的用户和消费习惯的培育，余额宝的成功才可以说是"水到渠成"，也只有通过各种各样贴近用户生活的消费场景的建立，才能对用户产生足够强的黏性。阿里巴巴的统计数据显示，"从余额宝转出的资金中，61%用于购物消费，31%用于信用卡还款，还有8%用于水电煤缴费。"正是由于这些细小的与老百姓日常生活紧密相关的金融服务，才能够真正对用户产生黏性，面向"上亿"的海量用户、"低成本、高效率、高频次"地提供个性化服务才能成为现实。

延伸阅读：余额宝——全新的金融服务场景

抛却当前的概念之争，回到最基本的事实和案例：多少年之后，人们会越发确信，所谓互联网金融，甚至于所谓"信息时代的新金融"，其在发展初期的一个比较完整的样本，可能正是余额宝。

新环境：脱胎于电子商务、互联网经济与传统金融的融合环节。也即，有了淘宝，才有了支付宝，也才有了后来的余额宝。只从货币基金角度看待余额宝是不全面的。

新主体：全新的在线金融消费者。在余额宝一周年大数据的统计中，80后和90后共占比为75%以上，生于1990年的24岁宝粉人数最多，占比为6.83%。

新规则：T+0，打通支付和理财功能。看似是规则和功能创新上的一小步，实则是向着"以客户为中心"的一大步。高度生活化、日常化，且有一定的社交属性。从余额宝转出的资金中，61%用于购物消费，31%用于信用卡还款，还有8%用于水电煤缴费。老百姓居家过日子，就是由这样一件件小事所构成的。直到今天的网络时代，面向"上亿"的海量用户，"低成本、高效率、高频次"地提供个性化服务才成为了现实。

海量、小额、高频：截至2014年上半年，余额宝用户数1.24亿，资金规模5741.6亿元。一年累计转入4.96亿次，累计消费和提现8.1亿次，平均每天358万笔交易。这些数据直接反映了社会经济的"毛细血管"中那些频密、高速、海量、细微的流动。

是客户，也是用户："客户"更多反映的是一种买卖关系，"用户"则更多反映了互联网的特色。互联网的产品就是服务，典型如搜索和邮箱。而且由于产消互动效率的极大提高，互联网服务商还可以与消费者实现深度的"产消合一"，比如搜索服务商根据用户搜索行为去改进搜索服务。在这种视角下，传统理财产品与"客户"之间是一种相对疏离、稀薄的关系，而比如"宝粉、压压惊"等词汇，反映的则是余额宝与它的客户之间一种频密互动的"用户"关系。

基于云计算和大数据：受制于传统IT架构的巨大成本，2013年9月余额宝系统"被迫"上线阿里云。一个多月后即首次参加"双11"大促，当天完成1679万笔赎回、1288万笔申购的清算工作。在数据方面，余额宝拥有了百亿元级以上的数据处理能力。余额宝资金流出预测系统每天会定时进行业务预测，平均预测命中率达86%，最高达97%。余额宝的技术实力，在今天还只是少数先行者的能力，但在不久的将来，云计算和大数据将成为所有金融服务商需具备的基本能力、标准配置。

为金融消费者带来全新价值：不是"互联网红利"，也不是"切割存量"，一切都要回归到"与消费者共创全新价值"，这才是余额宝的生命力所在。便捷、生活化、低成本、跨时空……都是如此。

2014年年初围绕余额宝的争议逐渐消退。今天越来越多的金融从业者都开始主动学习和接受关于互联网、云计算、大数据的新技术、新理念、新文化，甚至于新语言体系、新思维方式、新世界图景，努力去理解互联网金融变迁的方向，视之为必然的趋势，并在新空间中追逐着新机会，寻找着新位置。这不是一种短期的现象，它同样是信息时代的"技术—经济范式"得以形成、扩展、"安装"的一部分。

（摘自：《阿里商业评论》2015年第4期）

3.3 新工种：快乐的投资家

2013年，北京市海淀区的一个初创团队推出了一款智能腕表产品——inWatch，具有相机、定制社交、运动APP、通信、云服务等功能。产品不错，但如何获得发展初期的资金支持呢？于是这个团队就来到了一个互联网平台，将产品信息列出来，向那些对inWatch感兴趣的人寻求"募捐"支持，每人从99元到8328元不等。作为回报，每位募捐者会获得数量不等的体验版和正式版的inWatch，先玩为快。这就是时下比较时髦的一种名为"众筹"的投融资方式，也是接下来将要介绍的另外一种资本分工3.0的新模式。

"众筹"的流行开始于美国的KickStarter网站，最初采用"捐赠"模式向民众募集项目资金，回报机制包括提早获得打折产品等，与今天的众筹网类似。所谓"众筹"，顾名思义，指的就是大众筹资，主要通过互联网平台向网友募集项目资金。众筹融资可以聚集众多个人和机构投资者的分散资本，为创意项目和中小微企业提供规模融资。众筹是互联网时代催生的连接社会闲散资金与企业创新发展的一个崭新投融资渠道，对于丰富大众融资、改善企业融资、遏制非法集资等均有十分重要的现实意义。

3.3.1 古代的众筹玩家

其实按照以上对众筹的描述，熟悉历史的朋友应该知道，人类历史上已经有不少类似于今天众筹模式的案例，只不过操作过程并不是通过互联网平台完成而已。

众筹融资本质上也是集资行为，其最早的历史可以追溯至欧洲的大航海时代。当时的欧洲各国兴起海上冒险，探寻世界地理，发展外海的商机。17世纪初，西欧第一大港口阿姆斯特丹的市政厅决定派遣三艘帆船去印度和香料群岛做生意。不过东印度群岛路途遥远，荷兰人此前从未涉足于此，且船队需要筹措一大笔资金，因此，政府非常犯难。有一位议员想到了在当时算是一个非常前卫和大胆的办法：向阿姆斯特丹的普通市民筹钱，但筹钱的方法不是征税，而是出售这支还没有出发的探险队的"未来的收益"，拿票据给市民们做凭证。在船队回程卖掉印度所得的香料之后，市民就可以凭借票据来获得分红。这个方法不但立刻就集齐了一次探险队需要的费用，从而成立了荷兰东印度公司，还使得市民们的金币流入量立刻超出了东印度公司的运作范围。这个事件催生了对现代世界影响极大的两个发明：首先是荷兰政府为了处理现金的周转成立了现代意义上的第一家银行，随后市政厅再次立法决定成立一个机构，让市民们可以买卖手中的船队票据，这就是世界上第一家证券交易所。

荷兰东印度公司刚成立的时候，葡萄牙和西班牙这两个航海老贵族根本就瞧不上，态度鄙夷地觉得荷兰这个玩法未免太 Low，有点胡闹，居然找了1000多号阿姆斯特丹卖菜大妈、烤面包大叔之类的人做股东，简直就是无厘头。可是事实胜于雄辩，面向大众的股票众筹行为，为急需建造大船航行的荷兰东印度公司从普通百姓那里筹集到相当于现在300万欧元的资本，股东中除了路人甲、乙、丙，还有荷兰政府。这家带有些许草根味道的公司于1602年3月20日正式成立，即荷兰东印度公司。这家公司成立5年之后，公司的规模就超过了葡萄牙和西班牙海上舰队的总和，成为风头强劲的后起之秀。到1669年，荷兰东印度公司已是世界上最富有的私人公司，拥有超过150艘商船、40艘战舰、5万名员工与1万名佣兵，股息高达40%。所以说，荷兰人发明的众筹公司，缔造了现代化的公司制度，完全解放了民间资本，使得普通民众分散的小额财富得以资本化，虽不幸成为帝国扩张的工具，但在客观上的确顺手搭建了现代金融生态体系。

作为美国最知名地标之一的自由女神像，它的起源同样来自大众的力量。自由女神是美国的象征，代表着追求自由的美国的至高精神，同时对于远渡重洋来到美利坚的移民者甚或是偷渡者来说，矗立在纽约港口的这座雕像无疑是来自伟大国度的第一个激奋的迎接信号，正如她的另外一个名字"自由照耀世界"。这座承载了自由精神的雕像，虽然今天如此光辉伟岸，建造时却遇到了很多捉襟见肘的尴尬，可正是由于资金匮乏，才使得自由女神像与众筹多次产生关系，使得这座雕像真正成为人民参与的作品。

在雕像建造过程中，法国雕塑家迫不得已采取奖励众筹筹措建造资金。这位雕塑家名为弗雷德里克·奥克斯特·巴特勒迪，在1865年的某天去凡尔赛宫参加宴会，偶遇一位极其崇拜美国的历史学家，显然这位历史学家的痴迷深刻影响了巴特勒迪先生，于是便生出送美国一份百年生日礼物的想法。这份礼物就是一座雕塑，一座巨大、美丽的雕塑。艺术家的天才想法受到政府的冷落，当时拿破仑三世政府甚至警告巴特勒迪要将其丢进监狱。好在该政权很快被第三共和国接手，自由女神雕塑计划才得以最终实施，但政府并没有多余的钱进行资助。

为筹措资金，1876年巴特勒迪把已完成的雕像右手和火炬运到费城的美国百年庆典上去展览，花50美元，参观者就可以爬过约9米高的钢铁台阶站在火炬边缘的平台上。1878年，又将雕像头部在巴黎世界博览会上展出，并通过这种预展形式收取费用。后来还直接发行了一种"自由彩票"，实际上就是通过博彩来筹款，奖品包括一些银盘子、雕塑模型等物品。到1879年，巴特勒迪共筹集到25万法郎。1884年6月，雕像已经完工，巴特勒迪将其竖立在他在巴黎工作室旁的一个庭院里，原计划随后将其拆除并装船运往美国，安装在纽约港旁边那块空地的基座上。然而，在1883年，美国国会投票否决了一项投资10万美元用于修建基座的议案，显然美国人民根本并不欢迎这座女神像，"为什么纽约需要一座'法国人的女神雕像'呢？即使这雕像是免费的！"

这一结果激怒了后来新闻界鼎鼎大名的约瑟夫·普利策——自由女神像众筹第二波的接棒人，自此雕塑底座众筹在美国新闻界拉开序幕。普利策在他的报纸上开辟专栏来为雕像基座募集资金。他写道："巴特勒迪的雕像很快就将以自己的方式照亮世界，但或许该将其改成一座'齐高雕像'，如果这就是我们对来自友好国家的一份珍贵礼物所表现出的态度的话。"在两个月没有停息的文字轰炸之后，普利策众筹到修建底座所需要的20万美元中的135.75美元。第一次众筹以惨淡结局收尾。

1884年9月,基座修建工程因资金耗尽而停顿。要完成这项工程估计仍需要10万美元,对此冷漠的纽约政府仍旧是袖手旁观的态度。约瑟夫·普利策没有气馁,决定二次众筹。这时,距离上次惨败已经过去了两年,他的报纸订阅量增长了100倍以上,这意味着将有数十万人接受"轰炸"。自1885年3月15日开始,普利策连续5个月连载此事,并发出倡议:"这座雕像不是法国的百万富翁们送给美国的百万富翁们的玩物,而是法国全体民众献给美国全体民众的礼物,把它当作你自己的事情吧。"这一次众筹得到了热烈响应,到1885年3月27日,有2535人捐献了2359.67美元。4月1日,普利策趁热打铁发布了一个爆炸性新闻:运载着雕像的法国战舰伊泽尔号即将出发并会在5月8日抵达美国。结果消息一经发布便在纽约乃至全美国掀起了一股风潮,到4月15日,他募集到了2.5万美元,而一个月后又募集了2.5万美元。

功夫不负有心人,在普利策成功的新闻轰炸之后,自由女神像成了席卷美国的头号热门事件,不但众筹活动资金如潮水般涌入,普利策的报纸《纽约世界报》也因对这一新闻事件的实时报道备受追捧,当"自由女神像事件"完美收尾时,《纽约世界报》如同暴发户一般成为整个西半球最受欢迎的报纸。

到1885年6月19日,资金总额上升到了7.5万美元。6月22日,伊泽尔号抵达了纽约,它不仅带来了雕像,也把民众对此的激动之情带到了最高点。最终,在历经约147天的努力之后,普利策终达目标。当天的《纽约世界报》头版头条刊登着:"10万美元,自由神像底座的资金募集成功。"共有超过12万人为其捐款,平均每个人83美分。建设底座的任务平稳地向前推进,并于1886年4月完成,接着开始搭建自由女神像,首先是搭建起内部的钢铁骨架结构,然后再一块一块地搭起外部的皮肤。最终在1886年10月28日举行了由当时的总统格罗弗·克利夫兰主持的揭幕式,雕像正式向公众开放。虽然比原定的1876年7月4日晚了10年,但毕竟成功了。

一个多世纪以来,矗立在自由岛上的自由女神像,已成为美利坚民族的象征,永远表达着美国人民争取民主、向往自由的崇高理想。

从荷兰东印度公司和美国自由女神像的故事中,我们可以发现,其实众筹并不是什么高大上的概念,也不是现代金融的新奇发明,而是早在几百年前就已伴随人类社会不断发展和壮大了。想象在大航海时代,如果你是一个冒险家,想要为一次远航筹集资金,虽然可以去某个王室贵族那里拉赞助,但如果你没这个关系或者能力，把你需要的资金分割成数以千万计的小额票据，向大众征集支持，也是一个不错的选择。众筹这种模式天然具有风险分散、门槛低的特征，对于那些起步低、资金要求不太高的创新项目来说，的确是一个很好的资金筹集手段。

故事讲到这里，那么历史上早已存在的众筹与今天的资本分工3.0到底有什么关系？其实无论是荷兰东印度公司，还是美国自由女神像，历史上的这些"众筹"行为归根结底面向的都是范围相对小、受众相对固定的"有限群体"，或者说，是在"熟人社会"中实现的小范围众筹。根据第2章讲到的交易成本理论，在互联网平台出现之前，由于信息沟通成本相对较高，以及信息不对称导致的逆向选择和道德风险的存在，传统的众筹行为大多被局限在小范围进行，很难面向尽可能多的受众。但在互联网时代，信息沟通效率呈指数级提升，资金供求可以实现快速、高效、准确对接。所以，如果说前互联网时代很多时候是面向熟人、小范围公众（比如一个城市）筹资的众筹属于1.0和2.0阶段的话，那么今天基于互联网平台、面向全球大众的筹资行为可以称为众筹3.0，相应地，对无数个个体散户来说，在众筹3.0出现之前，小额资本投资的门槛极高，在传统的金融市场中很难完成，但在互联网平台上就完全不一样了，你可以快速、准确地找到匹配投资对象，"人人都是投资家"显然已经不再是梦想。

3.3.2 金融界的超级大乐透

今天互联网众筹的商业模式主要有哪些呢？一般来说，众筹分为股权众筹、债权众筹、回报众筹、捐赠众筹方式。

"债权众筹"，顾名思义，指的是投资者对项目或公司进行资金借贷，获得其一定比例的债权，未来获取利息收益并在到期后收回本金（我给你钱你之后还我本金和利息）。"股权众筹"则是指投资者对项目或公司进行股权投资，获得其一定比例的股权（我给你钱你给我公司股份），到期后收回投资并按约定时间获得股息分红等。"回报众筹"是指投资者对项目或公司进行投资，获得产品或服务（我给你钱你给我产品或服务）。"捐赠众筹"说的是投资者对项目或公司进行无偿捐赠（我给你钱你什么都不用给我）。

众筹这种新兴的融资方式获得了不少草根企业的欢迎，对于一家初创公司而言，无论身处哪个行业或销售何种产品，获取持续增长所需资本最好的方式就是产生收入，以及进行利润再投资。当然，说起来容易做起来难。这就是许多创业者向朋友或家人融资的原因。这类投资人将赌注押在创业者而不是商业模式上。通常，这些赌注并不奏效，最后只留下愤怒的家庭成员和破碎的友谊。

遥想当年马化腾在创办腾讯之初，最开始一笔资金投入就是来自家人的支持，这对尚未迈开第一步的腾讯来说，其重要性不言而喻。当然，马化腾比较幸运，在经历过长时间的困顿挣扎之后，腾讯终于一路高歌猛进，势不可当。但幸运者毕竟只是少数，亲人和朋友的真金白银拿出去了，创业者不仅要承受项目的高风险，还要时刻背负着来自亲人和朋友的道义压力。

既然这样，创业者为什么不直接找投资人呢？这的确是一条出路，不过对大多数人来说，想要获得天使投资人或 VC 的关注和青睐实在是过于困难。这些只关注成熟商业模式的投资者基本上不会对那些草根创业人员不成熟的想法有任何兴趣，而对初创项目团队来说，想要向投资人证明自己的商业化前景则需花费较高的成本，因此，双方走到一起的可能性非常低。

相反，众筹则解决了以上这些问题：你只需把一些必要的信息公布出来，然后等待数量众多的"投资者"每人贡献一点资金即可，这样就解决了多数初创企业融资难的问题。目前在美国，众筹只有"捐赠"模式是合法的，证券型的众筹模式还没有得到普及。也就是说，在很多时候，作为一种"融资渠道"的众筹模式既不是我们前面所说的股权融资，也不是债券融资，更像是"募捐"的形式。熟悉维基百科的人应该清楚，它同样是主要依靠数量众多的网民捐赠得以维持运营，而网民能够从中免费获得最新、最全面和最权威的信息就是对投资人的回报，虽然这些信息同样向其他人免费开放。

众筹模式契合了互联网精神，因为它是开放、多元的，能给那些足够好的创业项目最大的成长空间，因为从根本上来说，互联网拼的不是财大气粗，而是创造性的商业模式。而对广大的互联网用户来说，"众筹"并不是严格意义上的投资行为，更像是一个互联网式的"超级大乐透"，每个"众筹客"都是超级大乐透玩家。熟悉超级大乐透玩法的人应该清楚，其"35 选 5 加 12 选 2"的玩法属于双区选号大乐透，简单易懂，一学就会，老少皆宜。另外，玩彩票，既然是"超级大乐透"，大多数的参与者自然都是图个乐，很少有人真正奔着中 500 万元大奖去的。中了大奖当然更好，中小奖也高兴，没中奖也不会懊恼，玩的就是开心。所以，从这个意义上讲，"众筹"和"超级大乐透"之间还是有很多相通之处的。

首先，与其他理财投资行为相比，互联网众筹的门槛较低，可以实现全民

参与，尤其是在前面提到的"回报众筹"。传统商品生产模式是先把产品生产出来，然后进行批量销售以回笼资金，最后利用所回笼的资金投入生产，实现周而复始循环；而回报众筹生产模式则不同，它首先以众筹的方式募集产品所需的资金，然后利用所募集的资金生产出小量产品，在平台上进行体验式营销，并根据用户的反馈对产品进行改进直到满足大多数用户的需求，最后才考虑投入大量生产，并将产品供应给每个投资者（用户）。在产品更新换代日新月异的当下，就某种新型产品来说，回报众筹显然更符合消费者的需求。

相比其他众筹模式，回报众筹具有门槛低、机制灵活、风险低、易成功等特点，可以吸引大量用户参与进来。回报众筹直接与具体的产品或服务挂钩，可直接面向消费者进行预订式销售，能够迅速为创业者募集到理想资金；另外，投资者既是项目投资参与人，也是项目用户，无论在什么情况下，都能获得一项具体的产品或享受一定的服务，也就是最终都能获得一定的回报。

除了回报众筹，其他的众筹模式同样能快速吸引大量的参与者。例如，作为捐赠众筹之一的网络慈善众筹在最近两年的发展异常迅猛。2016 年 3 月，一个来自北京的网友通过某互联网众筹平台发起一个项目，帮助身患急性髓系白血病的同学孙齐敬筹款用来化疗。求助人孙齐敬，今年 26 岁，老家在吉林省辉南县。2016 年新年后返回北京工作时高烧不退，时常流鼻血，经人民医院检查确诊为急性白血病，主治医生给出的治疗方案需要 50 万元左右，这对孙齐敬的家庭来说是个天文数字。眼看无法继续医治，她找到了自己的同学，利用时下火热的微信朋友圈众筹平台，短短一周获得了 6623 人支持，成功筹到善款 25 万元。

其次，互联网众筹的参与方式众多，互动性和趣味性较强。很多众筹本身就是因为"好玩"才吸引了众多参与者，他们追求的就是这种不断去发现新任务、完成新任务的参与感，而不是所谓的项目回报。 今天的众筹就是通过互联网的方式，把你的梦想传递给所有与你有相同想法的人，对于众筹来说，重要的就是参与感。与团购、预售不一样，众筹需要让参与者更早地参与到众筹环节中，就可能会达到事半功倍的效果。通过众筹，企业能够与用户建立真正的沟通，也能够充分了解用户的需求。

美国的 trevolta.com 是一个创业的旅游众筹网站，上面的各种有意思的众筹项目充分体现了作为一种快乐投资行为的"众筹"的乐趣所在。在这个网站上，每个人可以提交自己的旅游梦想，告诉别人自己为什么要去旅行，自己要怎么旅行，凭什么想要大家的捐款。广大互联网玩家会看到一个个鲜活的故事。例如，有两个美国姐妹，她们的妈妈因为癌症3年前去世了，她们希望能征集1700美元，去重走妈妈30年前欧洲行之路。她们给的回报是什么呢？10美元的捐赠可以看她们的旅游博客和照片，或者提出一个挑战让姐妹帮忙完成，25美元的捐赠她们将视频对你说声谢谢……项目需求发出之后，几天时间筹款额已经超出了目标资金。在这个故事中，每个参与众筹的"捐赠者"追求的并不是实际的物质回报，而是能够亲身参与到众筹发起人的行动中来，并通过别人的生活收获彼此协作或者是社交的乐趣。

图3-4所示为众筹的一般模式。

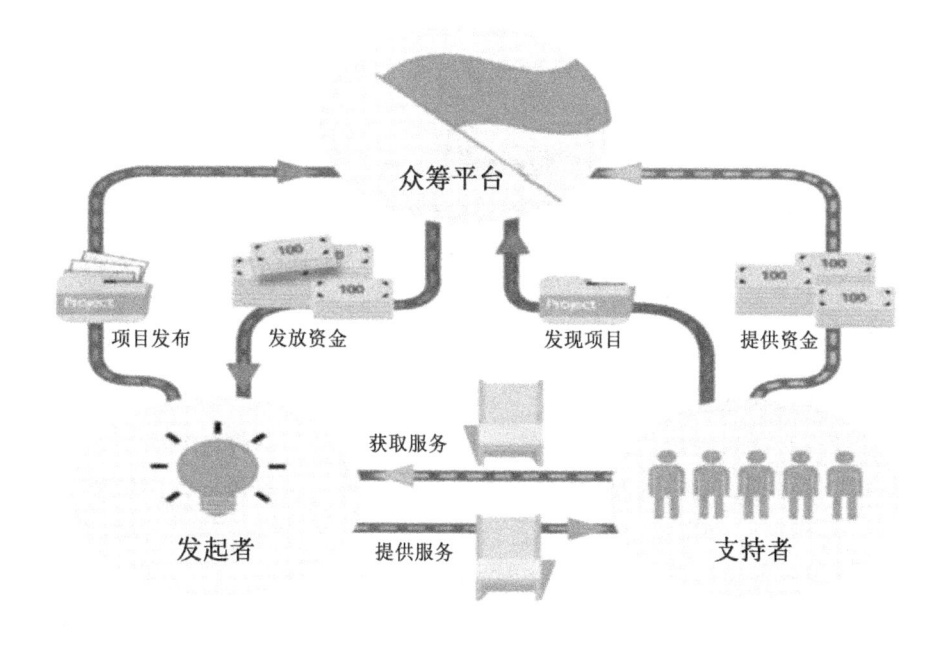

图3-4 众筹的一般模式

延伸阅读：《大圣归来》的众筹故事

89位众筹投资人，合计投入780万元，最终获得本息约3000万元，平均每位投资人可以净赚近25万元。国产动画电影《大圣归来》创造了中国电影众筹史上的第一次成功，用这样的方式让一小撮普通观众赚翻了。作为这次众筹的发起人，《大圣归来》出品人路伟感慨道，这样一部动画电影，能做出一个成功的众筹案例，是很幸运的一件事情。其成功离不开中国电影市场发展良好的背景和移动互联网、社群经济迅猛发展的环境。

2014年12月17日，筹备了近8年的《大圣归来》已经进入最后的宣传发行阶段。相比半年前接手时资金上的捉襟见肘，路伟更开始担心这部缺明星、缺颜值、缺话题的动画片如何吸引观众走进电影院。一时兴起，他在朋友圈发了一条消息为《大圣归来》的宣发经费进行众筹。寥寥数语只是说明了这是一部动画片，预计2015年春节上映。另外，作为出品人的他保底分红。令他没有想到的是，从上午11点50分开始，到下午3点多，已经有超过70位朋友加入了这个名为"西游电影众筹"的微信群。大家参与众筹的金额从1万元到数十万元不等，不到5小时的时间便筹集了500多万元。一个星期之后，《大圣归来》的众筹项目共筹集了780万元，有89位投资人参与。他们以个人的名义直接入股了《大圣归来》的领衔出品方"天空之城"，直接参与到这部投资合计约6000万元的电影项目中。

股权众筹的机制让这89位投资人深度参与到这部电影的宣发过程中，每一天大家都在群里出谋划策、贡献资源。他们成了电影的第一批"铁粉"，不仅在电影上映初期包了200多场，还充分调动各自的资源为电影推广出力。"北京三里屯、上海人民广场地铁口的广告位，甚至远在新疆喀什最大的一块户外屏都是投资人无偿贡献出来的。"在路伟看来，这批众筹出品人带领《大圣归来》走出了最艰难的第一步，成就了营销口碑的起点。

从目前来看，这个股权众筹项目已经收益颇丰。据路伟介绍，剔除1.5亿元的成本（收回6000万元成本对应的票房收入）、3%的税、5%的电影产业基金、发行费用等，投资这部电影的收益率为33%～37%。这个利润收入还要扣除院线和制片方的分成，众筹出品人大约可分得10%的利润。根据猫眼票房的统计，截至2015年8月6日，上映28天的《大圣归来》已经收获了超过8亿元的票房收入。按照上述算法，这89位众筹出品人至少可以获得本息3000万元，投资回报率超过400%。不仅如此，根据合同，在此次股权众筹项目中，投资人不仅可以获得票房分账收益，还将分享《大圣归来》未来的所有收益，包括游戏授权、新媒体视频授权、海外收入分账等带来的收入。

（摘录并改编自第一财经网，原标题为"《大圣归来》逆袭背后的故事：股权众筹是中国电影的一剂新药吗？"）

3.4 新工种：非典型借贷人

3.4.1 人人都为"借钱"烦恼

人生在世，谁都会遇到犯难着急的时候，特别是急需用钱，很多人经常首先会想到向身边的亲朋好友请求帮助。但是钱和感情似乎是一辈子的冤家，谈钱伤感情，谈感情伤钱，相信有许多人曾为亲朋好友间你借我还的事情烦恼过。在我们这个既讲人情又讲面子的国家，这的确是一件难办的事。

中国有句俗话，叫做"借钱容易要钱难"，其实借钱一点儿也不容易，低三下四求人一番，还不见得能借得出。借钱的人经常说的话就是，"但凡有一丁点儿办法，我也不麻烦您了。"但是日子总归得过，一日三餐必须得吃，与饿肚子比起来，面子的事儿也就不值一提了。《红楼梦》中有刘姥姥进大观园一出。明白人都知道，刘姥姥进大观园就是为了"借钱"（事实上，刘姥姥确实是来借钱。日后贾家遭遇劫难，刘姥姥一家对王熙凤女儿施以援手，也算还了当年的债务）。儿子狗儿因为拉不下脸，不肯来，刘姥姥就自己带着孙子板儿"勇闯大观园"。

刘姥姥进贾府，遭遇了种种尴尬事，先是看大门的不让她进去，等到周瑞家的领着她见了凤姐，又遭到凤姐"小人""叫人恶心"等指桑骂槐式的嘲讽谩骂。在凤姐面前，刘姥姥失去了一个老妇人所有的人格尊严，但她依然放低自己念佛道："我们家道艰难，走不起。"人到穷时无自尊，受人欺辱不敢言。所谓人穷志短，在骄奢富贵面前，刘姥姥只有一味地讨好攀附，因为她知道此次来的目的是求人借钱。对于凤姐来说拔根毫毛般的小事，但对刘姥姥却是大如天的事。最终，刘姥姥经历了拒之门外和忍耻受辱的谩骂之后，得到了二十两银子，不仅解决了女儿一家冬季吃穿方面的问题，也基本上够她家维持一年的生计。

刘姥姥其实还算幸运，她心宽耐得住丢面子，面对的贾府也是家大业大，财大气粗，看不上借出的这二十两银子。但即便如此，刘姥姥进大观园，一方面，是她给众人带来了欢乐；另一方面，在这欢乐的背后，却是刘姥姥一家的无奈和辛酸。

我们回到现代社会。随着日常交际范围的急剧扩大，每个人在生活中遇到的人、面对的事情也多了许多。说起借钱，如果说在传统的"熟人社会"中亲朋之间的借钱还算正常，两家人关系比较好，住的也比较近，你有困难我帮忙，我有困难你伸手，就算有人耍赖不还钱，大多也是"躲得了初一，躲不过十五"。但是在一种"半熟人社会"中，如果对面是不知道什么时候拐弯抹角认识的朋友，或者是仅有萍水之交的普通朋友，很不好意思地开口向你借钱，你会借吗？可能就得再三掂量了。虽然说欠债还钱，天经地义，但是在一种既没有法律条款约束，也没有足够强的私人关系约束的情况下，如果对方不肯还钱或者还不了钱，你又该怎么办？这钱不要吧，自己的血汗钱打水漂自然不乐意，执拗要钱，伤了和气也不一定落个好结果。的确，这是现代人的一个痛点，而且这不仅是对被借钱的人来说，对张口求人的那一方，也是一样。"谈钱伤感情，谈感情伤钱"，在"钱"和"感情"之间，孰重孰轻，真的是一个考验人的选择。一个朋友用自己的亲身经历向我们说明了这个道理：

"一个同事来借钱，本是不想借的，家里也有需要。可是多年同事，实在不好拒绝，就借了 2 万元。说好年底还，结果一年拖一年，有借无还。那一年家里要换房子，正好需要钱，必须去讨债。结果第一次去，同事的老婆翻脸说没借过钱，再去一次又说是一起合作生意的，无奈拿出借据才承认。几千元几千元的还，好久才还清。好心借钱出去，原本关系不错的同事反而成路人，真是借钱容易，要钱难！"

莎士比亚有句名言："不要把钱借给别人，借出去会使你人财两空；也不要向别人借钱，借进来会使你忘了勤俭。"莎翁的话固然有道理，但未免也有些极端了，在生存和死亡之间，在借与不借之间，该如何选择呢？相比之下，传说中的犹太人关于"借钱"的理解可能更适合现代人。

在犹太人看来，你可以用其他友善的方式接济你的朋友，但不要借钱给他。犹太人朋友之间很少涉及金钱，他们之间朋友是朋友，金钱是金钱，分得十分清楚，一般不把友情掺入金钱，也不借钱给别人。另外，犹太人是十分自尊的，他们一般是绝不肯向人求助的，即使遇到了困难，他们也是依靠自己的力量来解决，而很少向别人请求帮助。假如一个人向自己的朋友去借钱，那说明这个人已经处于生活比较困难的时候了。有人借钱给他，他就总是感到忐忑不安，见了朋友就感觉很不好意思，借钱人为了避免这种愧疚的心情，一般就会回避自己的朋友，希望自己尽快还钱，这样的朋友就会因为金钱变得很不自在，让人感觉不舒服。

另外，朋友如果也恰好需要这笔钱，但是已经将钱借给别人，而且为了让别人放心，自己一般不会说还钱的时间，这样就是朋友什么时候有了钱，就什么时候来还，一旦自己要用钱了，但是话已出口，就不好意思去要钱，最后反而自己又不得不去向别人借钱，这样大家的心里都不舒服。所以，犹太人之间就心照不宣地达成默契：不借钱给自己的朋友。

正因如此，犹太人认为与其朋友间因为借还钱的事情伤感情，还不如做放贷款，这也是他们几百年的传统。如果自己有闲余的资金，就会把这些钱放出去收取利息，而有人需要钱自然就可以去借贷了。所以，犹太人没有钱的时候，喜欢去借贷，来充实自己的资金或者暂借资金来渡过难关。向他人借贷资金是一种商业行为，这与向朋友借钱的行为是不一样的，这在某种程度上解决了借钱的烦恼。

所以，当有资金需求，而且通过正常的银行等渠道无法快速、及时获取资金支持时，如果有一个能快速满足需求的平台，同时能够为那些有闲散资金的人提供适当的金融收益，快速、安全地匹配供需双方，那将是再好不过的金融产品。这既能解决双方的借贷需求，又能避免所谓的"钱"和"感情"的纠葛和伤害。一直以来，这都是金融领域的痛点，同时也是市场的空白点。一方面是金融监管的需要，另一方面是风险控制的要求，使得这种"合法合规"的金融产品比较难产。相反，在这种情况下各种类似"地下钱庄"的黑市交易反而屡禁不绝。

不过到了互联网时代，随着一种名为"个人对个人"（P2P）的互联网小额借贷交易金融产品横空出世，这一切痛点可能会得到迅速缓解。

3.4.2 "快乐借钱"已经到来

一直以来，个人对个人的借贷需求和行为长期存在。由于个人之间的信息难以对称，前互联网时代的个人之间的借贷往往发生在熟人社会之中，在相互熟悉或彼此信任的人之间进行，因而，其规模和效率受到限制。即便到了现代社会，由于银行业难以为普通个人和微型企业提供充分的信贷服务。传统银行采用抵押担保等谨慎的风险控制方式，这就将没有抵押担保条件或缺少良好信用记录的人们排斥在大门之外，因此，个人对个人的信贷一直很难大规模、成气候地发展起来。

有一点很容易理解，为控制风险和成本，在自然状态下应该存在的人与人之间的金融借贷交易实际上不可能实现，但是在分工3.0模式下，通过互联网平台，一切都不会变得复杂。下面介绍"P2P"。

所谓 P2P，顾名思义，即个人对个人的借贷业务。P2P 借贷的中文官方译名为"人人贷"。中国官方给出的定义是，资金的供需双方在特定的网络环境中建立直接的借贷关系，网络中的每一个参与者都可以发起，通过网络进行信息流通交互，建立一定的规则，对金额、期限、风险、利率等因素进行匹配，签署具有法律效力的电子合同，满足借贷双方的需求并保障双方的权益。这种借贷关系具有以信用为基础、发起灵活、金额较小、利率较高等特点。与传统线下的个人借贷相比，在 P2P 平台上的借贷范围更广、效率更高，而且随着互联网信用机制的更加完善，风险控制也相对更好，可以将这种基于互联网的 P2P 借贷称为区别于一般借贷行为的"非典型借贷"。

冰冻三尺，非一日之寒。P2P 的发展，尤其是在中国的发展，也并非一蹴而就。最早的 P2P，就是简单的个人对个人的借贷业务。P2P 作为一个中介，类似淘宝、58 同城，提供一个信息平台来撮合贷款人和借款人，贷款人和借款人自行对对方进行评判，并完成借贷，P2P 平台从成交的借贷业务中收取手续费，类似信息介绍费。

但是这种模式显然有天然的缺陷，尤其是在信用和监管机制不健全的国家，很容易出现逆向选择和道德风险。于是在下一个阶段，P2P 完成了升级。P2P 平台开始自己去寻找其认为合格的优质的借款人，或者对借款人进行审核评价，出现问题负责追偿、处置。因为有了 P2P 平台参与调查和帮忙处置逾期，甚至可以承担兜底的责任，贷款人心里有点底了。这时候 P2P 平台就从最初的"信息中介"发展为现在的"信息中介+信用中介"的模式，如图 3-5 所示。

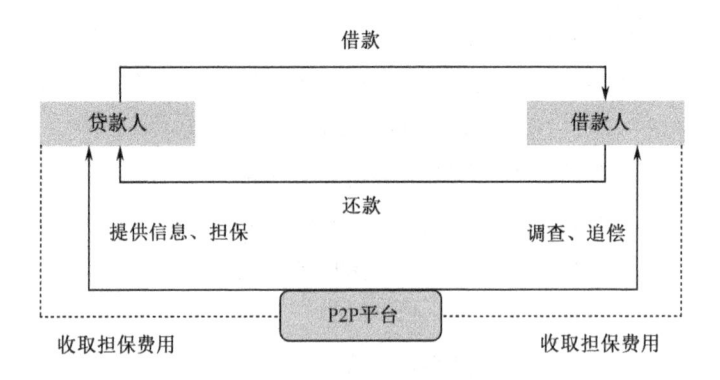

图 3-5 P2P 的服务模式

到了这一阶段，P2P 平台的贷款人和借款人都是小额业务的个人参与者，本质上仍然是个人对个人的借贷业务,只不过与最初的模式相比,P2P平台多担负了一点任务,还有多承担一点风险。在此基础上,P2P平台又着眼于开发一些更具实力的企业借款客户,这就发展到了"P2C"的方式,也就是个人对公司的借贷业务,于是P2P开始变为"个人向企业贷款,企业向个人借款"的模式。

基于我们对新经济时代分工3.0的理解,无论是以上哪种细分模式,P2P都极大地促进了个人参与金融活动交易的可能性和积极性,从而使得无数个体用户更多地参与到互联网金融的链条中,生发出更多的角色分工。在这个时候,无论是借贷的哪一方,都不再纠结于一开始提到的"借钱"的烦恼,而是积极投入这种新型的互联网借贷潮流中,获取前所未有的价值收益。

当然,与其他许多互联网产品或新商业模式一样,P2P平台在诞生之初也经历了野蛮生长阶段,有关各种P2P涉嫌金融违法的事件层出不穷,甚至发生了震惊全国的重大案件。因此,对各类P2P平台来说,合规、合法经营至关重要,这不仅是为广大投资者负责,也是为自己为我国互联网金融的健康发展负责。

近两年,随着监管机构加强对包括P2P在内的互联网金融规范化运营的监管,P2P网络借贷在我国得到了进一步的持续、健康、快速发展。行业研究机构网贷之家发布的《2016年全国P2P网贷行业半年报》显示,虽然网贷行业正常运营平台数量在半年内减少了246家,截至2016年6月底已降低至2349家,但是市场交易规模不降反增,2016年上半年累计成交量突破8400亿元,于2016年5月末突破第二个万亿元市场,历时仅7个月。我国的P2P互联网借贷平台网利宝透露,2016年6月末该平台交易额突破63亿元,半年增长率超58%;用户规模方面,网利宝2016年6月底约是175万人,半年增长率超65%。

前面说过,在2013—2014年刮起的那场互联网"宝宝"狂风中,以余额宝为代表的互联网理财工具正式宣布我国互联网金融的异军突起。那个时候,超过8%的年化收益率迅速吸引了大批草根用户。不过,随着这一波高潮的逐渐降温冷却,近九成互联网"宝宝"的平均7日年化收益率甚至跌破了3%,虽然互联网"宝宝"具有流动性和安全性优势,但由于收益率持续走低,不少草根投资者转而选择了看起来收益更高的P2P网络借贷。

此外,随着主流P2P平台的运营规范性进一步增强,以及整个市场更加趋于理性和健康发展,如今的P2P平台不仅门槛低,而且在风险控制方面相当完备。以P2P平台"顺意贷"为例,其多数理财产品100元即可起投。用户在登录之后,会发现所有的项目内容都是公开的,包括借款金额、预期年化收益。进入后，借款人的情况一目了然，还款来源、抵押物信息都一一在列。较低的投资门槛和不断增强的安全保障，使得越来越多的"兼职投资者"加入到P2P理财大潮中来，成为"快乐借贷"的网络理财行家。

延伸阅读：我与钱多多三十而"理"的故事

我从事翻译工作已经5年了。我的爱好是理财、旅游。我向往自由的生活，这也是我选择做翻译的主要因素。我马上快30岁了，俗话说"三十而立"。现在有稳定的事业，收入也算可以。其实身边的朋友工作都挺拼的，但很多人往往忽略赚钱之后的规划，有的同学选择了买房，这无可厚非。有的同学吃喝玩乐，干脆就享受人生，而我却选择了理财。

曾经有一段时间，我花钱变得大手大脚起来，其实这个习惯并不好。慢慢地开始明白不但要理财，也应该发扬节约的美德，至少不能随便浪费。

我为什么要理财？其实就是想早点实现财务自由，对自己的人生有明确的规划。比如现在的P2P元网贷理财就是一个很好的选择方式。我现在在钱多多网贷平台做投资，比如一笔20万元的投资，利率在15%，这样一个月2500元的稳定收入，积少成多，一年下来，收益还是十分可观的。

理财，不是目的，颐养心情最重要。

我喜欢旅游。蓝色的天空，辽阔的草原，美丽的大海，祖国的大江南北到处留下了我的足迹。旅行的感觉是极好的，就像理财一样，也是一种经历和探索。

在旅行的途中我经常看各种小说，有讲述爱情的，有描述历史的，等等。诺贝尔说过："金钱这种东西，只要能解决个人的生活就行；若是过多，它会成为遏制人类才能的祸害。"我非常认同这句话，现在除了工作、理财，我必须丰富我的精神世界，旅游给了我很多启发和快乐。

钱多多成了我生活的一部分。

钱多多P2P网贷理财平台给我最大的满足是安全、稳健，同时周期非常灵活。客服人员的服务态度也非常好，让我感觉很温暖。钱多多的网页平台特别高大上，操作时看得特别清楚，体验感很强，非常人性化。另外，钱多多的APP平台，操作也十分方便，只要打开APP平台，上面的信息和网站是同步的，无须注册也能看到投标标的，平台向广大网友全面开放。最近我又听说，钱多多平台正在策划方案，要推出更好的产品给广大的网友。

在社会更加多元化的今天，无论你是否已经成功，理财非常重要。提高个人的素养也同样重要，不是有了钱就有了一切，理财是一种生活态度，一种积极向上的精神面貌。

（摘自：新浪网）

我们跟大家分享了在新经济时代分工 3.0 的模式下，金融——这个在传统社会中高门槛、高风险的行业如何被一步步拉下它高傲的身段，走入寻常百姓家，让越来越多的草根用户参与进来。同时，我们也要相信，所有这些在今天看来异常新鲜甚至不可思议的新事物，在未来的某个时候，都将变得微不足道，因为它们已经真正融入到每一个人的生活之中，所有的互联网理财，各式各样的众筹，各种 P2P 理财产品，都将变成人们日常生活中的一部分。

伟大的互联网预言家凯文·凯利说过："最深刻的技术是那些看不见的技术，他们将自己编织进日常生活的细枝末节之中，直到成为生活的一部分。书写的技术走下精英阶层，不断放低身段，从我们的注意力中淡出。现在，我们几乎不会注意到水果上的标签、电影字幕等无处不在的文字。马达刚开始出现的时候就像一只巨大高傲的野兽；但自那以后，他们逐渐缩小成为微事物，融入（并被遗忘于）大多数机械装置之中。"[1]我们今天讨论的互联网金融，讨论的年轻一代互联网玩家变成了前所未有的草根理财高手，所有的这一切，所有在今天看来都是突破性的、革命性的创新，在未来的某一天，都将被卷入未来的滚滚大潮中而不见影踪，因为未来，这都将成为每个人最基本的生活方式，未来将是"人人都是金融家"的时代。

是的，人人都是金融家，这就是我们对未来的金融世界观的判断。这一判断包含两个层面的含义：一是未来将有越来越多的人通过互联网渠道参与到资本分工 3.0 的浪潮中来；二是随着个体的人在未来金融活动中扮演的角色更加重要，传统的处于核心位置的金融机构将有可能褪掉其现有的角色，让位于个体，变为从属的角色。

可以畅想，在未来的某一天，一旦信息完全透明、资金瞬间融通、收益与风险完美匹配，那么今天的许多金融机构将不复存在。而与此相对应的，则是每个人，作为金融交易链条的主体，依靠互联网、大数据等各式各样的工具，快速实现需求对接，而不是通过原有的高门槛、低效率、交易成本巨大的庞大的金融机

---

[1] 凯文·凯利：《失控》。

构。在未来，随着个体的所有身份和信息实现互联网化，每个人在互联网社会中的 ID 都是独立存在的，或大或小，或高或低。当你在创业、购物、旅游、结婚，甚至是临时兑换零钱等金融需求的时候，可能只需要在网络中发布需求，互联网将自动评估你的信用，并自动撮合与你的需求匹配的交易者，这一切，在瞬间即可实现。

总之，在可预见的范围内，"人人都是金融家"，是让金融服务回归"服务"的本质，而不再只是一个个孤立的金融中介的聚合体。未来，将是充分自由的个体"金融家"的联合体，"他们只需'决定'自己的金融需求，后续的所有服务便自然发生。"[2] 表 3-2 所示为互联网金融下的新工种。

表 3-2　互联网金融下的新工种

新工种	工作内容	能力要求
小白理财家	在工作生活之余，利用手头余钱，获取稳定、可期的理财收益	无须太多专业理财知识，有适当的闲钱即可
快乐投资人	结合兴趣爱好，向社会上的众多创业者提供众筹支持	小额投入，以个人兴趣和眼光为先
人人借贷	利用手头闲钱，依靠 P2P 第三方借贷平台，获取理财收益	有一定的理财和风险识别能力，熟悉互联网金融商业模式

---

[2]《互联网金融的未来：人人社会与人人金融》。

第 4 章

知识服务的个体户

知乎、在行、分答……如雨后春笋般冒出来的各类知识分享平台，让我们不再为学习知识而发愁，即使是再冷门的知识，也能在网络上找到专业人士予以解答。知识作为一种资源，正在走向大众化，每个人都具有某种专业知识和能力，也可以借助互联网将自己的知识分享给有需要的人，成为一个提供知识服务的个体供应商；同样，每个人也可以获取其他人分享的各类知识，丰富自己的头脑。

老师、教授这类专业岗位已经不再是知识传播和教学的垄断者，人人都能够成为一个提供专业知识的"专家"，知识传播的分工催生出了一个个非专业的知识共享人，带来了价值创造的新模式。

4.1 知识经济与认识"小时代"

4.1.1 电子书与"古登堡计划"

1971 年，还在伊利诺伊大学就读的年轻人迈克尔·哈特（Michael Hart），获得了学校材料研究实验室中 Xerox Sigma V 大型计算机的使用权限，哈特认为可以做一些更有趣，也更大胆的创造活动，比如，能不能让人们可以更方便地去找书、看书？突然，一个想法进入脑海，假如把已经有的纸质书转化为电子书的形式，通过计算机就可以阅读，是不是会更方便传播和保存呢？

正巧，哈特手中有一本美国《独立宣言》，于是他顺势将这本书录入到了电脑中，并在 ARPAnet 上发布信息说，《独立宣言》可提供下载。就这样，世界上第一本电子书诞生了。那天，正好是美国的独立日——7月4日，电子书也宣告诞生。

与此同时，在哈特的头脑中还萌生了一个更为宏大和理想化的愿景，那就是为全世界的人建立一个公共免费的电子图书馆，将那些版权已经过期的公共书籍一一转化为电子书保存和分享。当然，这项任务如此之大，只能依靠志愿者们来完成。这个宏大工程被命名为"古登堡计划"，主要是为了纪念 15 世纪德意志的活字印刷发明人和出版商约翰内斯·古登堡，正是他大力推广的活字印刷带来了欧洲的印刷革命，并为随之而来的宗教改革与思想解放运动提供了技术可能。

随后几十年，全世界越来越多的志愿者加入到了这个工程中，通过他们的努力，如今已经录入了数万本英文原版书籍，而且在网上公开提供下载，一些冷门和稀缺的书籍都可以在其中找到。2011 年，哈特去世，这位引领时代潮流的先驱，将电子书带入到了我们这个世界中，也将人人参与知识分享的理念化为现实。从这个角度看，他的贡献应该与古登堡一样，被世人所铭记。

电子书出现的意义，已经不在于简单的便于保存、携带和分享这些行为本身，我们应该看到其背后深层次的影响：这是第一次书本上的知识和信息与它的载体能够相分离。内容可以脱离纸张独立流通，在所有人的电脑上都可以得到复制，而不需要印刷出版相应数量的书籍实体。从此书本可以放在一个安静的角落，但知识和思想则能够飞跃重洋，传遍世界每一个角落。

几千年来，人类赖以传承文明的手段，就是这些人类智慧的凝结物，撰写在一本本的书籍上。汗牛充栋的各种经典之作，代表着人类从原始部落，历经农业时代、工业时代一直到如今的信息时代，每一步都包含思考、创造、收获和总结。书籍已经成为我们获取知识、运用知识最主要的工具。我们在评价一个人的知识和智慧水平的时候，也往往会看他的书，并从中得出对这个人学识素养的基本评价。

但是，书籍与知识的密不可分，也带来了很现实的问题，即单——本书籍作为一个实物，是无法被多人同时使用的。即使有了印刷术，提高了复印的效率，让书籍能够大量出版，但依然无法满足每个人随时随地获取它的需要。需要学习某一类知识的时候，只能通过购买或者借阅的形式，获取承载这些知识的书籍。

如果很遗憾，这本书绝版了，或者暂时无法找到，那么学习这类知识的可行性就会大大降低。正是由于这种载体与内容的不可分，导致了知识作为一类具有高价值的资源，在向全民普及和共享的方向上，存在巨大的阻碍。

有了电子书，这个问题便迎刃而解，电子书在复制上简单快捷，每个人无须获取实物的书籍来学习知识，只需要复制下载一份电子书，即可完成阅读。而且这种复制是无限量的，即便是限量版的书，依然可以让其内容行走天下，普惠大众。想学习，无须买书，正因如此，传统的出版业感受到了被颠覆的威胁，而且无能为力。如今读书依然是一项很有"营养"的习惯，只不过，它不再是我们获取知识的唯一手段。

4.1.2　两种认知模式：跟团游和自助游

打开一本厚厚的书，就像走进了一个秘密花园，里面有各类你见过和没见过的景观和植被，遮蔽着各种弯曲的小路。如何能够游览这个花园？书的作者已经给了我们一个选择，跟着他的笔触，就像是跟着一位导游一样，边走边听他的讲解，就这样，走一路看一路，最后顺利到达终点，完成一次参观活动，置于其中的体验是否美好，全在于作者的叙事水平。

书籍本身是一个封闭体，作者要完成一个命题的论述，要写成一个让别人了解的故事，需要处理很多资料和信息，写书的过程，实际上是筛选自己所需要的资料的过程，根据自身的逻辑演绎要求，使用什么资料，略去什么资料，最终形成一个能够在书中逻辑自洽的体系。

经过作者的严格编排，一本书的知识体系，如同一个线路成熟的旅行团。任何读者翻开书，等于是加入到了这个旅行团，接下来就是跟着作者完成既定的旅行而已。跟团游可以让你不费心力去设计旅行路线，作者已经将一切都安排妥当，不断灌输给更多的读者。

可是，我们在多次参加这类旅行团游玩之后，是否会觉得意犹未尽，有些缺失的感受？没错，缺少的正是旅行团无法给予我们的——自由的选择和筛选权力。我喜欢走羊肠小路探索一些未知的领域，而导游却偏偏安排整齐宽阔的大路，我喜欢发现那些意外之喜的经历，而导游只能给我事先安排的成熟节目。不同的人看同一本书，学习同一类知识，最终的收获相差无几。可每个人都有自己的诉求，在书籍这类知识载体中，是无法一一满足的。

在《知识的边界》这本书中，作者戴维·温伯格将这种书籍的思维，形象地称为长形式思维（long-form thought），并且用1859年达尔文写就的划时代巨著《物种起源》作为例子，展示了这种长形式思维的特点。同样，斯宾诺莎用几何学的原理写就的《伦理学》也是一种很典型的长形式思维范例。在哲学层面，这是一种宏大叙事体。每一位读者都有且只有跟着作者，这一思想的导游员，去游历眼前的整个景区。但是，不能选择走哪条路，看哪些风景。因为摆在你面前的只有一条路径，沿途的风景也都已经固定在其中，你看或者不看，它们就在那里。书籍的这一思维特点，决定了我们获取知识只能是在既有的道路中自己去寻找已经存在的那些思想观点，并且加以吸纳和遵守。

只不过在电子书和互联网出现之后，传统的书籍阅读体验就有了一个完全的大转变。在网络空间，没有书与书的那种物理边界存在。每写一句话，每摆出一个观点，实际上都是整个网络中的一个节点，与之相连接的是无数个相关性的话语和观点。通过电子阅读器，可以点击那些感兴趣的词条，连接到更为丰富的网络文库中，广泛查询相关联的背景资料，或者其他人对此事的不同看法。就像在景区旅游的时候，我们不再是依靠唯一的路线图指引游玩，而是自主去探索各种可能的路线，在任何时候都可以转弯离开大路，去走一段崎岖和安静的林间小道，去体验那些没有在书中设定好的意外之景。

当知识冲破书籍的牢笼，进入到互联网自由海洋之中，你会发现，在信息爆炸时代，对于知识的掌握，不仅仅可以通过一本专业书籍，跟随作者的长形式思维进行系统的吸收；还可以根据自己的连接路线，在众多的信息之中，经过自我思考后做出选择和过滤，逐步绘制出一幅只属于自己的知识结构图谱。在这种没有任何规律和要求之下的连接中，我们很容易跨越所谓专业的边界，走进另外一个科学领域，去接触一些之前没有听说过的理论和方法，还有故事。人们越来越多地借助这种网络拓扑结构，去建构自己的知识库，也越来越频繁地与多种学科、多种领域发生着连接和信息交互，不断让我们的大脑空间变得更为多元和复杂。正因为网络的无边界化存在，跨界的现象，从思想到行为都已经成为必然趋势，而且也正在不断创造新的知识节点。

1955年，卡尔·波普尔曾经说过，世界上有两种模式：一种是钟；另一种是云。钟就是内外界线清楚，用不同的零件构成，有分工，可以画出蓝图，可以不断优化，可以复制；云没有一模一样的，没有界线，内外一致，没有分工，无法复制，每朵云都有自己存在的价值。

作为人类理解自然和社会的积累，知识也可以区分为钟和云这两种模式。前者代表精准、确定、可构造的知识，就像数学方程一样，一目了然，清晰无比；而另一种是云，正好相反，无法用准确的语言表达出来，只能是模糊的，能够感知的。我们以往接受的知识和使用的知识，都是钟，而不是云。

但是，互联网让我们认识到更广泛的知识体系，具有很大的复杂性和不确定性，是无法用清晰的逻辑脉络加以明确定义的，是没有固化的规则和套路的。连接的越多，获得的知识和信息也就越多，彼此的关联复杂度也会随之提高，知识是动态的、演化的，知识体系是不确定的，是强调关联的，这正是互联网带给我们的全新的知识范式。

互联网作为一种外力介入进来之后，带给知识的演进以完全不同的模式。当我们能够自由地获取连接和选择权利之后，一个全新的知识结构就已经出现了。总体上具备以下几个特点：

（1）连接和开放。每一种观点都是网络中的节点，与之相连接的是更多的观点，其中有相互对证的，也有相互矛盾的。无论怎样，所有的知识在互联网上都是开放的，也都是共享的。

（2）提供多种选择。每个人都有选择不接受任何观点的权利，因为相比以往，我们在网上总能够找到更符合自己胃口的说辞。我们拥有了知识的投票权，拥有了为自己开拓寻求智慧的私家道路，而不一定要遵循已有的书籍中的那些老路。

（3）没有最终答案。每个人都是知识的创造者，而且每时每刻都在更新。纸质书籍代表着过去知识的总结，而网络则能够让知识时刻保持新鲜；纸质书籍的知识是静止的，是一个终点站，是最终答案；而网络则让知识更像生命体，不断进化，不断生长，永远没有真正的完美答案和最佳权威。

互联网带给我们的是信息的爆炸，海量信息之下面临的最大问题是如何选择和过滤，而传统上，我们面对外部信息更多的是寻找和接受。这是网络化前后对于知识的掌握最重要的一次变化。表 4-1 所示为印刷术和互联网两种知识范式的对比。

表 4-1 两种知识范式的对比

对比项目	印刷术	互联网
知识的载体	书籍	网络
知识体系	静态不变	动态演进
传播方式	系统性	碎片化
发起者	专业领域人士	人人都能参与
与其他关系	孤立的圈子	连接的网络

4.1.3 知识经济和知识分工

管理学大师德鲁克在1994年出版了一本书,名为《后资本主义社会》。他在这本书中预言,后资本主义社会(又称"后工业社会"或"后现代社会")其实应当称为"知识社会"。知识社会最大的特点是不再有"阶级",没有"无产阶级"和"资产阶级"的对立,只有各种知识之间的碎片关系,这些碎片之间不可能形成利益长期一致的任何阶级。

在知识社会中,知识就像被打碎了的花瓶,分成一片片细小的碎片,自由流动到每个人头脑中。这种状况下的知识分布,不再是工业时代的中心化状态,都集中于少数权威机构和专家手中,而是社会上的每个人拥有一小片知识,整个社会系统的运转和文化发展,都是由许多这样微小的知识碎片之间的交流构成的。

联合国经济合作与开发组织1996年发表的一篇名为《以知识为基础的经济》的文章,将知识经济定义为:建立在知识和信息的生产、分配和使用之上的经济。国内的经济学家汪丁丁,在1995年写过一篇关于知识经济的文献综述,这篇文章的标题就是"知识沿时间和空间的互补性",作者试图运用理性的思考,去解释为什么在一个碎片化的知识社会中,我们依然能够彼此强化交流,依然能够以更快于过去工业时代的速度向前发展。

根本原因是,虽然传统的知识体系已经被打破,过去被少数精英所垄断的知识资源正在广泛扩散到大众手中,在这个打破和扩散的过程中,每个人只知道他自己专业里的一小片知识,但在一小片知识与另一小片知识之间,有着内在的互补性。"知识各个局部之间通常存在着互相解释或互为强化的关系",这样就解释了为什么通过分工和专业化能够产生递增的经济收益。

所谓知识的互补性,是相对于替代性而言的,如果一类知识的出现,能够将过去的知识替代,那么就是替代性效应。但在实际情况下,从我们每个人受教育的历程来看,这种完全的替代性是很少见的。我们从小学、中学到大学一路学习下来,先学的知识都是为后学的知识做基础,后学的知识是先学的知识的补充和升级。例如,高等数学虽然比初等数学更为复杂,但不学初等数学的话,是无法学习高等数学的;即使学习了高等数学,初等数学也不可能会被取代,两者之间的关系就是所谓的互补性。至今,绝大多数知识都是具有如上互补性特点的。

如今，过去囤积于金字塔尖的知识资源被打散，知识的分工越来越细致化，但正是因为这种普遍存在的互补性，让人们的分工不会因为过于细碎而显得无法协调。反之，尽管分工变得更细了，但知识的互补性可以让人与人之间的合作能够创造更大的规模收益。

想一想，在过去，什么地方更可能成为掌握知识的权威？一般而言是大学和研究机构，因为这些地方拥有足够多的书籍作为自己的"战备物资"，相比之下，更多的社会群体和个人，在书籍的拥有量上都相形见绌，望尘莫及。谁拥有更多的书籍，谁就掌握了更多的知识资源，也就在知识的构建和传播上，拥有得天独厚的优势，容易形成知识的权威中心。

可在现今，知识的金字塔范式已经出现了明显的松动，有了电子书，我们能够不需要存储书籍依然可以掌握知识；有了互联网，我们能够将自身掌握的那些知识进行传播分享，互通有无。渐渐地，每个人都能够获得其他人愿意分享的知识。于是，原本处于中心位置的那些书籍，其中所承载的知识正在通过电子化的形式，向中心之外的广大范围流动，人们更容易获取原来高不可攀的知识资源。有了知识，每个人都能够参与到全新的知识体系构建和思想认知再造的工作中，这是一次大规模的知识资源的再分配，也是一次关于探索研究、传播创新的再分工。

在这次大分工的过程中，将会涌现出一些新的工种和角色。例如，专为外行人了解本行专业做科普的讲解工作；利用自己的专业技能帮助别人解决问题的一对一导师；通过网络平台参与到一个大课题研究中的分散研究者，这些工作在过去并不是没有出现过。曾经在某时某地，都会有人充当这种临时性的角色，但如今通过互联网，这种临时性角色逐渐形成了一种常规行为，进而演变为一项专业工作，分化出了一种新的分工角色。人人都可以成为专家，人人都能够为其他人提供知识和技能上的帮助。

4.2 新工种：做一个热心的知识分享者

4.2.1 知识分享可以成为一个新工种

当知识不再局限于学校图书馆，信息脱离了纸质书自由流动于网络中，获取知识变得如此简单方便，传播各类知识或者信息的渠道也极其丰富。每个人都可以找到特定的专家，请教任何问题。人人都可以成为某一领域的专家，提供专业见解和认识。从此，走出校园和研究机构，知识分享的范围和内部连接度都大大扩展。

1. 认知盈余和人人分享时代

美国学者克莱·舍基几年前提出的概念——"认知盈余"（Cognitive Surplus）引起人们的关注。简而言之，"认知盈余"就是指互联网让尽可能多的人的自由时间联合起来，结合成一个规模空前巨大的集合体，从而为更为强大的价值创造提供资源禀赋。

其实"认知盈余"的场景是我们非常熟悉的。试想在朋友聚会的时候，房间里有三五个人，每个人都拥有三样东西：彼此不同的知识背景、相对充足的自由时间，以及彼此分享信息的愿望。在这样的环境下，每个人短时间内都会创造并感受到比以往更多的知识/信息。当然，我们无法让尽可能多的人会聚到同一间房子里，但有了互联网，一切都变得如此简单。

从这个意义上讲，作为一种"虚拟存在"的互联网有着巨大能量，一方面，它最大限度地拓展了空间的界限，使得尽可能多的人同时聚集在一起；另一方面，也将无数多的碎片时间连接起来，使得"认知盈余"呈指数级增长。

如今，我们不缺乏信息，缺乏的是筛选信息的时间。以往，对于信息的广泛采集是一个技术性难题，需要花费很多时间获取更丰富的资讯。如今，这方面已经不再是主要瓶颈，相反，当杂乱无章、良莠不分的海量信息向你砸来，如何去甄别和筛选则需要一番功夫。

如今，越来越多的人愿意利用业余时间与他人分享自己的专业知识，在网上帮助陌生人回答他们不懂的问题。这种知识的分享通过网络连接，形成了巨大的集合体，让众多有思想、有知识的人连接在一起，为强大的价值创造提供资源禀赋。这是克莱·舍基所谓的"认知盈余"，互联网带来的新的思想创造和传播的新模式。

事实上，Facebook、Twitter、微博等社交工具的繁荣，都是基于一种"认知盈余"原理。同样，像维基百科、知乎这种网站的出现，也得益于这种碎片化时间的充分利用和广泛交互的实现。早期的微博中，诞生了一批有质量有专业的名博，大都是在各自领域有深耕的业内人士，利用碎片化的业务时间，将自己的专业知识分享给网友，渐渐就形成了若干个专业的知识库，成为一种学习资源在网络上被无数次转载和接受。

知乎这类新的知识分享网站的兴起，涌现出了一批有着优质知识资源和思想认识的专业人才，利用空闲时间，为众多的网友回答专业问题，将分享从一个兴趣爱好逐渐演变成为了一种长期固定化的工作行为，成了一个新的分工种类。

2．每个人都可能成为知识的传播者

相信很多人在童年时代，都读过一套很有名的少年科普读物——《十万个为什么》，这本书早在20世纪60年代便已经出版发行，作者是韩启德。这本书先后有六个版本，发行量累积超过一亿本，是几代青少年的科普启蒙读物。

《十万个为什么》这个书名并不是作者的原创，其实名字本身来自英语。1907年的诺贝尔文学奖获得者约瑟夫·鲁德亚德·吉卜林有一句诗："五千个在哪里？七千个怎么办？十万个为什么？"这里无论是五千、七千还是十万，都是一个虚数，并不是精确的数字意义，而是泛指世界上有如此多的问题等待我们去解答。

如果我们把《十万个为什么》当做一款产品看待的话，首先会注意到的就是这本书的写作构成就是一种问答形式的集合。作者把生活中涉及的各个问题都进行分类整理，发现那些有趣的现象，然后追问背后的科学原理。这种一问一答的模式，非常有利于读者的查阅和阅读。

但是，无论《十万个为什么》如何扩充内容，更新版本，适应越来越快速的科学进步，都无法充分应对读者对于新鲜事物的不断发问。因为知识是无穷无尽的，而作为一本书，总是有固定的版面限制，不可能回答每一个科学问题，相比现实生活中面对的各种问题，《十万个为什么》的回答量仅仅是沧海一粟。

这是纸质书本身存在的短板，在前面的章节中，我们已经叙述过。电子书相比纸质书，有着更为开放的边界，能够更快速地更新迭代。脱离纸质书捆绑的知识资源，也能够大量地自由流动，去往任何一位需要的人那里。因而，可以设想，当把《十万个为什么》这套丛书中的问题点放到网络上，将提问和回答的权力从编书者手中解放出来，给予每一个普通读者，那么可以想象，十万个为什么真的将会衍生出百万、千万甚至亿万个为什么……

Quora和知乎，就是如今互联网时代的"十万个为什么"产品，而提供如此丰富知识的人，不再是专业的编书者，而是成千上万如你我一般的普通上网用户，只不过，利用认知盈余的特点规律，在碎片化的时间中，主动分享自己的知识资

源，兼职扮演了一个回答者的角色。在这个过程中，很多人已经事实上成为了知识的传播者，属于去中心化的人人传播，人人分享模式。

3. 知识分享者也是一份新工种

当我们谈到知识分享的时候，最早会联想到维基百科（Wikipedia）。Wiki一词来源于夏威夷语的"wee kee wee kee"，原本是"快点快点"的意思。维基百科自2001年1月上线成立，逐渐成为一个全球网民用多语言自由编辑的网络百科全书。任何人都可以添加任何字条，撰写释义，同样，也可以对其他人已经编辑的文字进行修订，体现了互联网的自由、开放、参与式的写作模式。

知名畅销书《维基经济学》的作者，是有着"数字经济之父"美誉的新经济学家唐·泰普斯科特。正是在这本书中，他向我们描述了像维基百科这种完全由无数个非专业编书人员，通过个体力量是如何战胜了过去那种专家编撰的百科全书，进而颠覆了我们对于传统知识创造和传播模式的认知观念。

什么是维基经济学？其实它不是传统意义上的经济学理论，更像是一种科学与艺术的结合物，它以四个新法则为基础：开放、对等、共享及全球协作。这些新的规则正在取代一些旧的商业教条。整本书都想告诉读者，有太多的例证表明，只要保证有互联网的连接规模，个人就可以超越以往的工作限制，发挥出更多的能量。

维基百科作为一个平台，让看似微不足道的个体有了展现自己知识能力的渠道，当数以万计的新名词、新事物，在第一时间被编辑到维基百科中，供全世界的人免费使用的时候，这已经是一种知识的分享模式。假如将这些知识作为一种产品和服务的话，那么维基经济学的表现形式，即利用大规模协作生产产品和提供服务。它构成了一个人人共建共享的网络协同社会，这里由在线协作与社会关系网络组成，是人们将个体智慧汇聚，进行大规模协作，生产和分享的社会关系网络。超越一般企业甚至国家范围的全球协作系统，改变商业社会的传统规则。

作为知识分享领域的先驱，维基百科给了很多非专业人士一展自己知识才华的机会。之后有了更多的知识分享平台，知识内容不再局限于一般意义的词条解释，而是基于各种各样的问题导向，变成了问答模式。知识分享作为一个工种，开始走向了更加专业化和精细化的阶段。于是我们看到了知乎这类纯粹的知识分享网站的兴起，以及越来越多的人乐于花时间去分享自己的所见所闻所感。

知乎自从上线以来，一直深受用户的喜爱，特别是那些喜欢了解某些专业领域，但又不愿意花更多时间系统阅读专业书的年轻网民。知乎的理念是与世界分享你的知识、经验和见解，因而，成就知乎这类分享网站的是那些各有本职工作的分享者。

为了保证这种严肃知识分享的纯度，知乎在上线之初，就对注册用户采用"邀请+认证"的制度。特别是在创始人周源，一直坚持要有一个严格的审核环境，用来保证知乎从一开始就能够拥有质量较高的用户群。尤其在回答问题上面，通过严格筛选保留下来的，基本上都是在特定领域有专长的专家用户。为了促进专家认证回答问题，知乎也采用了社交平台都有的用户回馈机制，只要专家回答问题体现出了认真负责的态度，所提供的答案有含金量，自然就会得到更多用户的正反馈评价，得到这个领域高权重用户的认可，成为新的高权重用户。

严肃的知识分享，一定要有"认真你就赢了"的机制保障，越认真越专业的知识分享，越会受到欢迎，从而让整个知乎平台朝着良性的方向运转。与此同时，知乎还在保障回答专业度的前提之下，营造问答的循环热度，而不是一问一答就结束的简短模式。知乎鼓励用户持续产生高质量的问题和答案，而且让各色话题的讨论也保证了高质量，形成良性循环。

目前来看，知乎平台上，作为知识内容的提供方，主要有三类人在扮演这个分享者的角色。

首先，知乎聚集了很多各个领域的大V前来回答问题，这些人同样是微博上的明星，有着成千上万的粉丝，一言一行都能够得到无数转发，影响力很大。自带光环降临知乎，回答问题无论好坏，都能够赚取无数的关注度。

其次，知乎也成就了一批在某一领域有着比较深厚积累的专家，他们在自己的圈子里具有一定的名气，甚至对业内人士来说，他们的名字已经是如雷贯耳，是真正的专家。但走出专业圈子，这些人还没有足够大的社会知名度和影响力，正好借助这个知识分享平台，通过自身专业的回答，获得另一端众多陌生人的认可和赞美。

最后，知乎上还有一些既不是大V，也不是真实专家的活跃用户。他们有足够多的时间泡在网上，善于收集整合各种资料，提供给提问者。有些整合的高手，他们提供的答案无论是内容广度还是思想深度，乍一看都像是一位专家学者。这类人群，也是知乎给予了其能力和爱好释放的平台。

知乎如今成为了国内知识分享模式的代名词，而往前推，知乎实际上是美国Quora的翻版，知乎在一开始推出的时候，也是以中国版Quora自居。2009年，曾就职于 Facebook 的查理·切沃（Charlie Cheever）和亚当·安捷罗（Adam D'Angelo）共同创办了这个知识问答型的互动社区，很快，这个新颖的产品就受到了用户和资本界的热捧，刚刚推出半年时间，Quora 便得到基准资本（Benchmark Capital）公司的投资，估价高达 8600 万美元。

当前，知识分享热已经渗透到了众多细分领域中，比如 Brainly 就是一个专门为学生打造互动学习平台，在这个平台上，每个国家的学生都可以进行知识的分享和互相学习，它通过贡献值、徽章、学科排名等游戏化的元素，对于那些给出优质答案的分享者一些虚拟的激励。而且，每个学科都有管理员，专门负责控制问答的质量和评分奖励系统的公正性。通过问答模式，运用社交形态，在众多具体的问答活动中实现教育的目标。

延伸阅读：周源亲述知乎是如何发展起来的

我们为什么做知乎

知乎是我的第二次创业。我在 2008 年第一次创业，那时候没有创业的知识，我找了当时几本创业的书，但内容全都是叙述传统企业如何改变自己，没有掌握到比较必要的知识。2008—2010 年我没有把公司做成，所以我曾是一个创业失败者。2010 年 8 月，我们决定做知乎，这件事的起因有二：

1. 直接原因：Quora 的兴起

第一次创业失败后，我发现有一个网站非常打动我，就是 Quora。因为这个网站除了关注人以外，还能关注到知识和思考，能产生和沉淀好的内容。但 Quora 不支持中文，甚至连中文输入都不可以，这是驱使我去做的直接原因。

2. 间接原因：联合创始人张亮的催动

2007 年开始，张亮发起了一个互联网极客群体博客，这个网站非常有意思，首先是吸引到了科技界和媒体界的人群；其次是吸引了很多非媒体的人，大家都关注苹果公司的发展和产品，这样一群人产生了很多化学反应。所以，当时我们想着如果人群扩大 100 倍、1000 倍会怎样。

后来，我还在《IT 经理世界》任职的时候，就发起了一个杂志社内部的群体博客 N3，它的流量一个月以后就超过了杂志社网站的流量。

所以，2010年8月8日，我从西藏回来，找张亮聊。他问我：如果我们可以去找一笔钱，你愿不愿意来做知乎这个产品。我说没有问题。第二天，张亮打电话问我：你想法没有变吧。张亮找到黄继新，然后找到了投资方。我们就准备了三张纸。第一张纸：一下午编出来的商业计划；第二张纸：8个月的财务计划；第三张纸：怎么执行我们的计划。天使投资人并非科技领域的，但由于他当时刚成为新浪微博的重度用户，对科技和社交非常有兴趣，于是就投入了150万元天使资金。

在做知乎的时候，我们看到了可以参照的公司，这个和我第一次创业有很大的区别。第一次创业我做的是一个帮助中小电商提供搜索的产品。那时候要从企业端拿到钱是不可能。我做了一个产品想服务于用户，但我本身不是产品的用户，没有用户才能体会到的切肤之痛。但是做知乎时我自己就是用户，从用户的角度能感同身受，能从用户的本质和角度出发。

为什么大家在知乎可以认真回答问题

1. 专业写作门槛的降低

专业的新闻采访要采访很多人，才能写出一篇专业、好看而且每个人能读得懂的文章，这篇文章是由无数个问题组成的。对于一般人而言，这样的操作难度很高。而知乎并不要求你回答所有的问题，知乎只需要你回答自己所关注，而且较为擅长、能够回答好的那个问题即可。

2. 用户自身的社交需求

如果单纯的写作，很多用户并不知道写什么，如果有人提出问题，这时候写一篇文章(解答对方的疑惑)就会很有价值。

这就引入了社交的概念。社交最核心的是表达和被认同。成年人的被认同要么是因为财富，要么是专业背景："这是一个靠谱的律师，这是一个登山的大牛。"通过在知乎的持续分享，每个人都可以完成后者的积累。

在那个时候横向对比，中国互联网没有任何一款产品可以帮助用户完成这个功能。知乎最开始没有社交关系，但有问答关系，我回答了你的问题而且其他人看得见。这个过程是把需求内化到产品上，再放大100倍、10000倍。

开放注册后，如何维护社区氛围

知乎早期是邀请制，不开放注册，用户只能通过邀请进入社区。我们运气比较好的是 2011 年年底拿到了可以让我们活得比较久的 A 轮融资。所以，我们没有着急去做开放注册，这样有利于社区在比较长的时间内得到文化氛围的沉淀。在问答方面，每个领域的沉淀都需要 1~2 年，用户产生内容、关系和量的增长，需要非常长的时间，前期一定会很慢。

2012 年年底，我们给自己提了一个问题：知乎以后要干什么？

我们当时回答是要做一个服务大众的产品。于是，2013 年知乎开放了。我们准备了很长时间。2012 年年底用户数达到 40 万。2014 年年初，增长了十几倍的量。现在是 50 倍增长，有 2000 万用户。有了非常清晰的目标，就要解决这个过程中带来的问题。这时会产生质量下降、被骚扰等问题。但好处是，社区像一个城市。小城市有风情，人多了会带来繁荣，带来变化。

在维护社区氛围上，知乎做了如下几件基础的事：

（1）一定想办法杀掉 spam（垃圾小广告）。

（2）降低低质内容。低质量内容会折叠，很多会有争议。大家熟悉的"知乎神回复"那种不是我们干的，是段子手干的。

（3）反对网络暴力和不友善行为。

（4）保护（知乎用户的）原创。

知乎的终点是什么

知乎是一个供用户分享彼此知识、经验、见解，拓展同行业，甚至跨行业社交关系，并在此找寻到工作和生活新机会的平台。现在，有很多用户在知乎平台上招募自己的创业团队。我认为，用户价值挖掘是我们今后工作的重点。

从商业化的角度来看，一个方向是原生广告，只要不影响用户体验，广告是可以做的。但更重要的一点是如何思考非广告以外的可能。知乎是知识的中枢，最重要的节点是用户本身。用户背后是场景下面的细分，不同场景又产生不同的网络效应。

（摘自：http://www.devstore.cn/essay/essayInfo/1286.html）

4.2.2 做分享的难题：收费还是免费

作为一个全新的分工角色，知识分享者是需要有看得见的激励模式的。这种激励不仅仅是纯粹精神层面的激励，更多的还是获取实实在在的收益。知识商品的变现，决定了知识分享者这类新的分工角色能够长久存在的关键。

知乎虽然很受欢迎，但作为知识分享的平台，如何变现是一个核心问题。如果仅仅维持在依靠知识分享者自身热情的基础上，这种繁荣或许会持久，但绝不会坚挺。只要出现一款功能相似，但能够变现的产品，知乎就会遇到很大的麻烦。这也是为什么知乎在试探着推出值乎这个收费的新产品探探路。

2016年愚人节，火爆的知识分享网站知乎推出了一款新产品——值乎，在这里，大家可以发布短短的几句话，但是将其中最关键的信息隐藏，好比上学时候考试卷上的填空题，让你好奇里面是什么，你想知道的话，就需要付费。

这款应用引得媒体一片叫好声，据说刷爆了朋友圈。虽说从玩法上，值乎很像春节时期微信推出的看照片发红包游戏，不过相比较微信，知乎应该不会仅仅停留在消遣无聊的浅层面上。

毕竟相比豆瓣那种自我享受，独善其身的浓浓文青气，知乎更接地气一些，有着启迪民智，兼济天下的使命感。知乎的口号是"与世界分享你的知识、经验和见解"。既然是分享，就如同传道授业解惑，知识成为了一种产品，由提供者传给需求者，这种供需自然会带来经济上的延伸。

值乎的出现，让原来靠着兴趣和热情来维系的知识贡献者们，开始尝试直接变现的途径。也就是要将自己的思想和智慧，转化成可以收费的商品。由此，让我们开始去思考一个话题，这种碎片化的知识体量与人人参与的分工模式，是否能够让知识商品化实现？

1. 分享虽易，但收费维艰

以值乎为代表的这类简单分享服务产品，虽然赢得叫好声，却不能很叫座。作为兜售知识，或者咨询类产品的个人，不太容易能够获得实实在在的收益，现在的值乎还难以成为一款成功的知识分享商品。

阿里巴巴当初为了给不认识的买卖双方作担保，规定买方不会直接打钱给卖方账户，而是暂存于支付宝中，等到买方确认收货没有问题，再把这笔钱给卖方，如此能够打消买方的顾虑，确保交易的完成。

值乎也运用了这个思路，付费者如果不满意的话，那么发布者将不能拿到钱。可值乎有意思的地方在于，如果最终答案真的不令人满意，这笔钱也无法退给付费者，而是留给了值乎自己。这恐怕会让很多人望而却步，这就好比买了东西不满意，只能退货不退款。

另外，对于知识产品，早前微信的打赏功能也探索了一种变现模式，但与值乎还不尽相同。打赏多少，读者可以看着给，你愿意给多更好，给少也能接受。在值乎这里，发布者给自己的知识明码标价，愿者付费，一律不降价。

我们进商店买东西，也是商家定价，但至少我们可以做两样事情，一个是先试用试吃试穿，能看到效果如何。另一个是可以讲价，打个八折甚至半价都是可能的。但是在值乎上，这两者都是不可能实现的。你若想看答案，就要按照我的标价付费，至于有没有价值，概不负责。

除此以外，这类依靠几句话推送一条知识或资讯的盈利模式，还有一个难以持续化和量化的难题，因为答案一旦公布，即失去了神秘性，也没有了要价权。一个人花 10 元买了一个答案，可以利用自己的社交网络，如朋友圈将答案进行传播。倘若答案有价值，会免费送给其他喜欢的人；如果答案没价值，可以送吐槽和爆料给别人。

无论怎样，都会令其他人不会再有花钱买答案的冲动。因而，复制成本极低，而扩散概率又极大的网络轻知识服务，要想成为一种固有的商业模式非常困难。

但是，这并不意味着人人分享的知识传播模式只能走免费路线。在如今的互联网时代，信息的泛滥，夹杂各方观点的喷涌，让我们对于有效知识的渴求更加急迫。有需求自然会有供给，只不过，供给不可能总是免费的，因为知识的贡献者本身也需要花费很多成本去研究思考和传播。

一切有价值的商品，都应该按照市场规则去定价，都应该获得应有的报酬。只有这样，才能激发那些真正有能力的思想者去继续贡献有用的知识和信息，推动思想市场的良性运转。

从这一点看，值乎做了一个先行试水者，尽管不够成功，但绝不是没有意义的游戏。优秀的思想，配得上金钱的奖励。在奖励的方式上，值乎、在行、微信打赏都在探索中。只有这样，才能保证知识传播的分工 3.0 演进，能够惠及所有人，实现人人共建共享社会的知识宝库。

2. 变现能力是分工持久的基础

如果知识走出金字塔尖，被寻常百姓普遍掌握之后，每个人都能成为某一点知识的专家，提供临时性的分享与传授服务，那么这样的知识商品是不是只能被廉价甚至免费提供？这对于所有愿意埋头研究，发现创造并乐于传播给公众的专家，是否不够公平？

想想如今国内的视频网站，最让人"深恶痛绝"的是什么？当然是点击进去，发现先要看一段冗长的广告。你不能跳过它，因为不是付费会员。相信很多免费用户，在忍受广告蹂躏的时间段，内心都会有一万匹神兽呼啸而过，默默的咒骂那些视频网站只顾赚钱不顾客户体验，真是不讲规矩。

但是我们有没有想过，作为盈利的企业，如果不能从用户端收费，只能从广告商收费。真收了人家的钱，又不给人家好好打广告，那才叫不讲规矩。你要想享受没有广告侵扰的纯影音服务，就乖乖的掏钱去。

虽然我们鼓吹互联网的共享和开放精神，但在这个精神口号的背后，具体实施上还需要照顾到各方的实际利益。共享和开放不代表不收费，共享如果只是简单的白吃白喝，不需要资金，那么也成为不了共享经济。

说到这，我们还是需要回头想一想，免费模式与知识的变现问题。

免费模式被互联网的一批精英玩坏了，也导致大量网友习惯于对一切服务伸手就要，而不愿意为此付出金钱作为报酬。天下没有免费的午餐，经济学的基本规律，以及人性趋利避害的本质，都不会随着互联网等新技术的出现瞬间消失得无影无踪。花钱买服务，花更多的钱买更好的服务，自古皆然。

即使在互联网让知识普及难度大大降低，收费正变得越来越不合时宜的当今，对于那些严谨的，精挑细选的高价值知识，付出一定费用获取，也是有着市场认同度的。国外的专业期刊，如《经济学人》《金融时报》等都有着付费阅读的传统。

想想教授和学者通过讲课、出书获取报酬，多么合情合理。知识变现，本身不是什么新鲜话题，而是古往今来的普遍现象。不想花钱，还要白吃白看，那发布者，只好给你玩劣币驱逐良币的伎俩，因为人家也不能总当圣人，也要为稻粱谋。情怀之类的可以调味，但做不了主菜，普罗大众填饱肚子才会和你谈理想。

从直接受众对象收取费用，提供相应的服务，应该是基本的商业规律。被互联网思维光环打造的所谓免费神技，要么是一种短期的权宜策略，要么就是给用户的精神兴奋剂。在真实世界中，作为知识分享的基本单元，个体的知识分享行为，逐渐成为一个新的工种和新的角色，随之也自然会建立一套成熟化的变现模式，让未来每个具有专业知识的人获得一个新身份，拥有新的价值体现。

延伸阅读：分享模式的娱乐化倾向

2016年5月下旬，一款名叫分答的产品上线，引来众多的关注。分答的玩法很简单，你可以给任何一位你感兴趣的人提问，可以获得对方一分钟的语音答复，只不过需要付钱。孕育出分答的是很有知识分子气息的果壳，其模式可以看成一个加强版的微博，通过引入大V明星，带动粉丝活跃度，再加上有意思的双向激励模式，将娱乐和学习杂糅进了一个知识分享的产品外壳中。

分答，一个娱乐与知识的混合体

分答自从上线以来，持续引领网络话题，成为各种论坛、自媒体的香饽饽。特别是引入王思聪来回答问题，分答立刻迎来了一个小高峰。王思聪仅仅花费30分钟回答了32个问题后，就赚了近20万元。

分答模式中有三个角色：提问者、回答者和偷听者。回答者设定一个自己接受提问的价格，提问者付费定向向某个回答者任意提问，回答者通过最高不超过60秒语音完成回答后，即获得提问者之前支付的收入。这并不陌生，因为先它一步的值乎已经有了类似的模式，分答只不过是化文字为语音，在体验上拉近了问答双方的心理距离。

分答更有意思的功能设计是，回答者的语音答案，可以被任何人花费1元进行偷听，经由偷听获得的收入，将由问题的提问者与回答者共同平均分享。

这个设计彻底与传统的值乎类产品划清了边界，回答者可以赚钱，这不稀奇，而提问者也可以赚钱，只要你的问题足够吸引别人来偷听，就可以既能获得想要的某位人物的回答，还能够让别人掏钱放进自己腰包，世界还有这等美事！

网上流传一个女孩问王思聪：作为亚洲首富的儿子，你的人生还有什么买不起的？结果吸引了超过3000人前来偷听，这一个问题，提问者能够赚入不菲的收入。动动嘴就能吸金的事情，在今天可真不好碰到，能不挤破脑袋进来吗？

过于娱乐化是做知识分享的"坑"

如今再看，分答的严肃知识分享的属性越来越淡，更像一个娱乐味很浓的八卦新闻聚集地。果壳等于是在传统严肃的专业知识分享领域之外，开辟了一个新的战场，只不过这个战场并不孤立，一边通着知识分享，另一边通着娱乐社交。

对于一款产品，我们通过历史惯性给出的定位，往往并不如产品自身的现实表现更有说服力。在我看来，分答已经基本告别了严肃的知识分享领域，越来越向娱乐新闻方向大步迈进。而在分答平台上活跃度最高的不是真正有意义的严肃知识的传播者们，而是娱乐明星和公共大V，看看偷听数量最多的问题，基本上都是与严肃知识无关的闲聊谈资类话题。曾经风靡街头巷尾的娱乐新闻报纸，上面的好多内容，变了个形式，在分答中都能够找到。

例如，王思聪所回答的问题中，被偷听最多的问题，除了上述那个问题之外，还有人问"如果让女孩怀孕了怎么办""啪啪啪最喜欢什么姿势"。我的眼前涌现出了被娱记话筒包围着，不得不回答一系列无聊甚至庸俗问题的那些明星大腕们。

在这个完全开放式提问的场景下，对于严肃知识的关注度，远远敌不过人们对娱乐动态的关注度。就像当老师不在教室的时候，小孩子们肯定会做一些学习以外的小动作，如交头接耳、互扔东西、说说笑笑，等等。因为这些活动带来的愉悦感和轻松度，肯定远高于强制自己的学习活动。

当把提问权力完全给了用户，同时为了吸引粉丝关注，引入了微博上的大V明星之后，严肃知识的分享必将会被逐渐冲淡，淹没在越来越多的娱乐轻松的话题中。为什么人们如此热衷于八卦和娱乐话题，因为我们能够模拟出和明星们的直接对话场景，这是以往只有那些专业娱记才有的特权。每个人都有一个八卦的心，分答给了这个机会，于是，周围冒出一大波娱记。

4.3 新工种：为人指路的行家里手

4.3.1 每天一堂"微课"

互联网让信息的传播范围快速扩大，也让知识不再局限于校园和图书馆。世界各地的人，连上网络都能够共享人类已有的很多经验智慧。如今如火如荼的网络公开课，甚至大学的精品课程都可以在网上免费获得。社交平台的涌现，也被运用到了知识分享领域，传授知识不再是专业教师的垄断特权，各行各业的职场人士都可以在开放的互联网平台上去分享自己的见解和观点，古时候有"三人行，必有我师"的说法，如今在知识爆炸的时代，其实人人都可以成为一位讲师。

1. 走出教室的微课堂

知识是属于全人类的财富，如果你认可这句话，那么你也一定会认同"开放教育资源"的理念。2002 年，在一次联合国教科文组织的会议上，开放教育资源这一术语被正式采纳，所谓开放教育资源（Open Educational Resources，O.E.R.），是指"免费公开提供给教育者、学生、自学者可反复使用于教学、学习和研究领域的数字化材料"。这次会议的参与者表示"希望一起开发一种全人类可以使用的全球性教育资源"和"希望这种未来的开放资源能够动员起全球的教育工作者"。

休特基金会（William and Flora Hewlett Foundation）也给出对于 OER 的理解：在公共领域存在的，或者在允许他人免费应用和修改的知识产权许可协议下发布的教学、学习和研究资源，包括整门课程、课程材料、模块、教材、流媒体视频、测验、软件，以及支持获取知识的其他任何工具、材料或和技术。像 MOOC 这类网络公开课正是这一理念的积极倡导者。

网络公开课，意味着打破了过去局限在象牙塔里面的知识垄断局面，将深藏在各大高校围墙内的知识课程，通过网络平台，向全世界愿意接受教育的人开放。随着 MOOC 这类公开课的大面积推广，这种网络公开课形式，让知识不再是存在于不同学校内部的孤岛碎片，而是能够在网络海洋中广为连接的整体，并且这种连接对每个人都是公开透明的，这也是互联网一直以来推崇的基本理念。

从此，学校课堂不再是接受教育的必备地点，每个人都能够随时随地享受到各种知识的服务。同样，知识传播和分享，正在借网络之势以更加新颖的方式、更加丰富的主题呈现在大众的视野中。例如，线上"微课"，就以资源开放、主题突出、形式多样、师生互动为特征，近年来呈现出如火如荼的发展之势。

"微课程"也称微课，最早于 1998 年由英国纳皮尔大学的 T.P.Kee 所提倡的一分钟演讲和美国北爱荷华大学教授 LeRoy A. McGrew 所提倡的 60 秒课程而发端。微课应用最初以校内课程教学为主，提倡"更加聚焦的学习体验"，微课以碎片式信息拆解知识难点，课时极大缩短，内容聚焦，主题突出。同时微课核心要素是教学视频,此外还囊括了教学反思、专家点评及练习与测试等,为学习者创设了一个多样化且真实的学习情境。

"微课"以其短小精悍的内容和碎片化的学习模式,备受青少年及成年群体的青睐。更具变革意义的是,"微课"的传授方式也脱离了传统课堂,采取线上教育的模式,打破时间和空间的限制,营造了一种自由、平等、开放的学习氛围。

随着互联网技术的不断成熟,"微课"也被从线下挪到了线上,从小范围的教育试验转变为了面向大众的知识分享方式。线上微课发展至今,从原来的大众式远程教育,逐步发展成围绕受众群体展开的社交式学习。目前,有以下两类"微课"模式:第一种是录播式远程课堂,以 MOOC 为代表。通过互联网公共平台发布知名院校的精品课程,供使用者下载学习,实现低成本的大众远程教育。第二种是社交式学习论坛,以各类微信微课、YY 微课为代表。依托于社交媒体平台,以群组的形式进行实时性的语音授课,并开展互动,可及时根据受众需求调整授课内容。表 4-2 所示为两类微课模式的对比。

表 4-2 两类微课模式的对比

对比项目	录播式微课	社交式微课
授课方式	传统课程的网络化,将整体课程拆分投放到网上	知识点的碎片化拆解,通过实时互动了解用户需求,依据用户喜好调整课程内容
课程内容	以视频为核心方式展现各学科基础知识,主题集中,内容系统化	以语音、文字为主,视频、PPT 等为辅的展现方式,以软科学为重点内容,主题宽泛
师资配备	职业教授、老师为主	更多是各行业专业人士分享
盈利模式	专注线上运营	以线上运营作为后续营销的入口,线上线下共同发展
核心优势	专业式教学	互动性体验

以上两种模式分别代表了线上微课发展的两个主要阶段,以 MOOC 为代表的录播式远程教育模式,课程资源优质,适用于专业知识的系统化学习。以微信微课为代表的社交式微课,受众群体多样化,课程内容从课堂知识延展到生活的方方面面,将线上微课提升到一个全面教育的新高度。

2. 为各路人士搭建的"轻咨询"分享平台

有效利用这些职场人士的智慧盈余资源,提供给有需求的学习者,成为新的互联网创业领域。在国内,近两年涌现出了一些专门为非职业讲师打造传授知识的平台，如锦囊专家、YY教育等。这些平台整合了零碎的专家资源，并有针对性地为企业和个人提供类似于"轻咨询"的服务。

"轻咨询"意味着企业不再需要采购一个正式的咨询项目，而是针对具体问题，以免费的文字咨询服务吸引潜在客户，以更深层次的专家约谈或定制化服务实现变现的后续费盈利模式。相对于传统咨询，这类"轻咨询"有短平快的特点，化整为零，化繁为简，企业减轻成本，个体专家获得了更多价值对接机会。

2011年，共享经济尚未成为主流风潮，认知盈余的思想也没有受到广泛关注，当时的语音软件工具YY语音，便推出了互动网络教学平台——YY教育。YY教育频道独立于YY游戏和YY娱乐，成为YY的第三大重点品牌。不自制教学内容，而是为广大用户提供一个完全开放的市场，实现线上语音和视频的即时互动课堂，打破时空地域限制，做到随时随地的学习。

YY教育推出后发展迅速，注册用户已经超过3亿，聚集近800家国内外知名教学机构和2万名著名讲师，华图、中公、华政、新东方在线、沪江网、海词等机构相继入驻YY，月活跃用户量超过600万。YY教育的特点在于其独特的"频道"功能，可以同时支持万人在线互动，实现多人多向交流。YY教育还设置了"班主任"规范上课秩序，保证教学质量。入驻平台的讲师，都收取一定的佣金，而课程收入基本都归讲师所有。

2014年，TMT领域资深媒体人李圆创办了锦囊专家平台，利用共享经济模式，去实现聚集整合各个职业的专家资源，对外提供各类"轻咨询"服务。自2015年1月成立以来，锦囊专家的专家队伍越发壮大，人数已达1700多位，并以每月20%的速度增加。这些专家讲师都来自不同行业、不同领域，有企业的职业经理人，也有独立顾问，还有互联网方面的专家。他们利用碎片化的时间，重点在互联网与传统行业的融合转型等多方面，为国内的企业客户提供咨询服务。

2016年5月，知识分享的巨头知乎，又推出了新的分享软件——知乎Live，等于一脚踏进了如今最火热的直播行业。相比较其他玩直播的互联网公司，更多聚焦在主播人自身足够吸引眼球，打造成为网红。而知乎Live明显强调以知识内容为中心，希望打造一个较之传统文字版知识传递效果更好的视频分享平台。在这里，作为知识分享者可以创建一个Live，它会出现在关注者的信息流中。用户点击并支付事先定好的票价后，就能进入到沟通群内，讲师和听众便在群内开始问答沟通，实现即时互动的教学分享活动。

知乎 Live 分享的主题涉及领域非常广泛，既有成功经验分享如"北美学校申请和找工作的经验"，也有技能传授如"成人基础自学围棋"，还涉及母婴、教育、旅游、艺术等。由于取材广泛，自然也包括如今形形色色的职场人对各自工作专业的解读介绍，比如竞技麻将研究者这类工作，让人大开眼界。

知乎 Live 给了很多平时难以接触到的小众职业精英露脸的机会，他们通过知乎 Live 这个平台，向外界分享自己独特的经验见解，不仅让更多的外行人了解自己的职业，开阔视野增长见识；而且也让自身在与其他人分享的过程中，得到不断的提高。

作为知识分享的一种应用场景，微课堂冲破传统学校教育的束缚，走向大众化和社交化，受众从专业的在校生转变为更多的职场人士，而传授的知识也必然随之改变，从重视系统化、理论化的学校教育知识，转变为重视具体问题、长于实践操作的职场工作知识。这也促成了越来越多职场人士利用业余时间，给其他人分享自己在本专业领域的知识和技能。于是，出现了一批批活跃于社交微课平台上的各路讲师。

3. 当讲课成为一门职业

在线教育的开放性，让更多没有受过系统讲师培训的人士，有了在实战中获取讲课经验的机会，也能用自己的专业知识获得收入回报。在线教育行业，邢帅这个名字很响亮。

2003 年，当时还是一位山东"屌丝"的邢帅，考入云南的一所普通大学就读计算机专业。生活虽然清贫，但好在有了自己的爱好，那就是钻研 Photoshop，学习图像制作。后来由于没钱交学费，被迫辍学，他成立了自己的工作室，专门接一些设计类的零活，从此走上了培训行业的创业之路。

一开始，邢帅通过 QQ 群教网友们学习 Photoshop 软件，但 QQ 群最多只能容纳 200 人语音在线，音质也不稳定。技术条件的瓶颈，导致邢帅的培训生意并不顺利。一直到 2008 年，才有了第一批付费用户。2009 年进入 YY 教育，成立了邢帅网络学院，逐渐走上正轨，成为在线教育的一个明星。2013 年，邢帅教育获得欢聚时代 1500 万元天使轮投资；2014 年 8 月份，获得来自君联资本、北极光创投的 3000 万美元 A 轮投资。2016 年上半年又完成了 3 亿元 B 轮融资，投资方包括国泰君安、中国移动、中民投、华盖资本。这轮融资主要用于在线教育内容 VR 部分的研发，以更好地去提升平台上各路老师的授课体验。

像邢帅这类普通大学生，利用互联网平台，将自己的技能转化为商品，对广大学员进行培训，随着学员规模的扩大，收益也水涨船高，成为专业的在线培训专家。越来越多的人愿意利用业余时间，甚至大部分时间投入到在线教育行业，将自己打造成某个领域的专家讲师，这是在传统社会分工中说没有的一个新的工种。如今，在线培训讲师，成为颠覆传统专家教授本行的新物种。

作为在线教育领域的讲师，虽然也是传道授业，但与传统的线下培训模式有着很大的不同，也对从事这一职业的讲师能力提出了新要求。如果要想成为一位受欢迎的授课老师，在授课的各个环节上，需要与传统的课堂讲课模式有比较大的区分度。

微课建立在社交平台之上，对于在这里进行分享的各路讲师，最大的竞争力莫过于有众多粉丝的追捧。试想，如果某位讲师的分享内容缺少实在的东西，没有引发听众的兴趣，那么这位讲师的粉丝数肯定会有大的下滑度，恐怕下一次也就不会有太多的人希望他来讲课，在社交平台上很快会被更受欢迎、口碑更好的人取代。这就像大学时期的选修课一样，为什么有的老师的课场场爆满，一座难求，而有的老师的课却是门前冷落，空空如也，关键问题还是内容！

作为一种主业之外的兼职工作，微课给很多职业人士打开了一扇门，可以认识更多的同行，分享和学习彼此的知识经验，这是一种很棒的新的学习交流形态，也是一次分工3.0革命下的新工种雏形。但这类社交微课的模式还远谈不上成熟，对于希望获得真知灼见的听众来说，如今这类充斥着非职业老师的分享平台，在授课上依然有这样或那样的不足之处。

首先，作为讲师，在这类微课上讲课，最典型的特点是利用碎片化的时间，针对具体的专业问题，进行一课一主题形式的分享。这类讲课行为本身缺乏的是系统性和结构性，甚至讲课的人可能每期都不一样，听众也是每期都要学一个新的主题，习惯一个新的讲法，双方是完全碎片化的讲课和学习模式。也许能够满足最基本的信息了解，但想深入掌握某领域的技能则欠缺太多。

其次，在微信上进行讲课，一般课堂管理人员都会提醒听众不要在讲师讲课过程中提问，因为这样会干扰讲师的节奏，也会影响其他人的刷屏体验。由于毕竟不是面对面的交流，仅仅通过图片、语音及文字等间接工具进行一对多的宣讲，在授课中最核心的互动部分被大大削弱。即使在课后都会安排一些互动提问环节，但问题往往都是简单的回复解释，没有更深入和广泛的讨论。

最后，大多数的微课讲师还是兼职性质，并不是专业老师。其主要工作仍旧是自己的本行业务,讲课仅仅是一种空闲时候的分享,所以,不可能花费太多时间做备课工作,也不会注意课堂上节奏把握是否恰到好处,讲课时的语言表述是否清晰精准,与学员的互动效果是否充分。笔者参加过的一些微课,讲师仅仅停留在照本宣科,拿着已有的 PPT 进行阐述的阶段,最多加上自己的一些工作经历和零散的心得体会而已。况且有些讲师普通话也很不标准,吐字不够清晰,话语啰唆,让人听起来都很需要耐心。讲课效果必然会大打折扣,对学员而言,宝贵的时间也被浪费。

实际上,"微课"这种模式的确是互联网+教育的一次全新变革,也是能够聚拢用户资源的平台。更为重要的是,打破了传统封闭教育的金字塔,让更多的专业人士有机会参与到这次新分工变革中,去分享知识,传播经验,为自己打造新的职业道路。但当越来越多的人走上这条分享之路,开始为自己添加一个新的工种身份时,人们的注意力越来越稀缺,越来越昂贵,这样反过来要求那些有志于打好这一份工的讲师们,需要不断提供高价值内容,才可以拿稳存量用户,吸引增量用户。

4.3.2 约见心目中的"大牛"

目前国内知识分享的两大巨头知乎和果壳,都在不断拓展此领域的边界,创新各类玩法。在知乎兴起之前,果壳一直在安静地成长,虽然根扎得比较深,但也没有枝繁叶茂的程度。而知乎的迅速崛起,让果壳有了前所未有的危机感,感受到了被替代,至少是被边缘化的冲击。在知识分享这一细分领域,果壳和知乎开始了直接竞争。

1. 阅人无数,不如行家指路

2015 年 3 月,果壳推出新产品"在行",通过"在行",可以约见不同领域的行家,与他们进行一对一见面约谈。这是一个较之传统的网络社交更进一步的平台,让专家和求教的人面对面交谈。在行满足了目前知识分享的一个痛点,就是学以致用的问题。无论是早期的维基百科、百度百科,还是后来的知乎,都停留在文字描述上,传递的知识过于理论化和纸面化。而越来越多的企业和个人,在工作上遇到的都是非常实际和具体的问题,仅仅通过文字描述,就显得有些隔靴搔痒，无法真正满足用户的需要。

于是，知识分享在这里就延伸出了更深的需求点，即如何针对每个人工作上或者生活中的实际问题，给出足够专业的解决方案，而不是类似于科普性质的泛泛之谈。在知识的传播效果上，口口传授肯定要好于间接的文字传播，利用互联网平台，找到合适的专家，实现线下约见，就能够完成一次精准化的只是供需双方的对接。这就类似于QQ可以线上加好友，然后线下见面成朋友，在行也可以线上找导师，然后线下见面求教。

"在行"由此释放出了一个新的活力点，激活了那些有着专业知识和技能，但苦于"藏在深闺人未识"的各行业专家们，为他们搭建一个让大家了解自己的平台。"在行"的网站上，每一个专家都如同商品一样，将各自的信息展示在网页上，包括自己擅长的领域、可以分享的技能和知识，以及每小时面谈的报价。

当然，作为社交化的知识分享平台，自然少不了用户评价这一个功能。就像大众点评一样，用户通过"在行"平台，与专家面谈后，针对该专家提供的专业服务是否到位，做一次事后点评，作为后来人选择这位专家时的重要参考。点评的得分越高，就越会产生马太效应，逐渐让其中非常优秀的分享者成为吸引众多用户的知识中心点。

创始人姬十三提到过，"在行"的灵感源自于在做MOOC学院时所得到的反馈，很多学习者都反映，除了在线上通过视频听课程之外，还有许多更具体和个性化的问题需要解答，例如，自己遇到的某种境况该如何处理；针对个人情况，需要做好什么准备，等等。这些问题都是个性化，无法通过标准化的服务来解决的，于是姬十三联想到，不妨利用O2O让问答双方来一次面对面的交流。

如今，"在行"上已经入驻了几千位行家，来自各行各业，连创始人姬十三本人也是一本资深的行家，也为用户提供过咨询服务。作为一名行家，在接受采访的时候，姬十三还描述了约谈的基本流程：

对方约我的时候，他就会在后台给我写他要有什么样的（需求），他是什么背景，他想跟我求助什么样的话题。我还稍微复杂一点，要求对方在见面之前给我一个更长的介绍，见面之前我会把介绍，他的问题给打印出。

一落座我就开始说："这是你要解决的问题，你还有补充吗？你再描述一遍？"他10分钟描述完，我说我今天想帮你解决三个问题，一二三……就可以聊了……聊完就可以了。

最后花 10 分钟说今天问题是否都解决，我来帮你总结一下，你看我讲的对不对，如果他觉得有疑惑再补充一下。非常高效。

2. 行家是如何工作的？

作为行家，本身都是有本职工作的人士，只不过利用"在行"这个平台，一方面施展自己的专长为人指点迷津，另外也能够获得额外的收入和名声。为了更好地切磋技艺，交流心得，行家也根据各自不同的业务划分，形成了若干个小的社交圈子，不定期举行见面交流会，彼此分享在兼职咨询过程中的体会和经验，甚至还为具体的问题进行技能 PK。

那么，为什么会有这么多人，愿意投身于"在行"这个平台，愿意去分享自己的知识给其他人？最主要的依然是心理因素——好为人师。特别是对于那些在专业领域有了一定成就的人来讲，普遍都希望能够将自己多年的积累转化为能够流传世人的"宝典"，去点化还在迷茫中的后来者。

在这个心理驱动之下，由于有了金钱及用户评价两个回馈机制，分享本身顿时有了一层仪式感和责任感，让行家们不再将这类分享活动仅仅视作助人为乐的随心之举，而是将其视为一种正式的工作，必须对得起对方的金钱付出，也要为自己的名声负责。

"在行"的当红行家十三君，对此深有感触。他每周下班后会在楼下的咖啡馆见一到两个人，聊上一个多小时。而约见之后，就会在网上焦急地等待着对方的评价结果，如果忽然刷屏出来了 500 字或者 1000 字的评价，自己心里就会非常有满足感。有一次，一个小伙子从呼和浩特坐绿皮火车专程赶到，临走还送了一套当地的邮票。能够为人传道授业解惑，内心的满足感和成就感都是在其他地方很难获得的。

但是，要成为一位受欢迎的行家，核心依然是服务的质量，也就是约见的效果。十三君将之分成三个层次：最基础的层次是答疑解惑；其次为出谋划策；最高是能够解决问题。显而易见，解决问题是最为困难，也是最高级的约见效果。

问题分为共性问题和个性问题，在这里，共性问题不一定非要通过线下约见的模式实现，像知乎这类文字描述的方式，也可以获得比较全面系统的了解。个性化问题，必须一对一、面对面地交谈才能获得比较好的学习效果。这对于行家自身的实力水平，是非常高的评判。能否在众多竞争者中脱颖而出，获得非常好的口碑效应，就看你能不能在短时间的约见中，为每个人量身定制出一套行之有效的解决方案。

3. "专职行家"将会应运而生

在共享经济的风潮之下，从最开始共享实物资产（如车和房子），到共享虚拟的资产，如人力资源。由认知盈余产生的无处释放的智力资源，正需要像"在行"这类共享知识平台来进行有效的整合，将碎片化的时间和知识进行重新组装，反而运用效率会大大增加。

当越来越多的行家，利用自己的零碎时间，为其他人提供这种专业咨询服务时，实际上已经是更高效的劳动匹配，打破了过往专属职业的限制，让个人成为自由或者半自由的职业者，能够去任意对接需求者，提供所谓"闲置"的智力资源，在原有职业保持不变的同时，逐渐分化出一个新的工种：为人指路的行家。最重要的是，这份工作能够获得及时的金钱激励和精神认同。

未来，这类行家会走向何处？不妨看一下如今的 Uber 和滴滴，当租车服务发展到一定阶段时，就会产生一些以此为生的"专职司机"。会不会将来也产生"专职行家"？一定会产生。现在一些优秀的行家，每个月通过约见都可以轻松挣得几万元的收入，足以养活自己，过上体面的生活，而且这是一份自由职业，接不接单完全自主，这种工作与生活状态，本身就很具有吸引力。

在十三君看来，当在行发展得比较成熟时，行家分布会形成一个金字塔，底层是大量的兼职行家，中间会是一些专职的行家，而在塔尖上，则是少数顶尖的牛人。相信现实中还在兼职的行家们，心中都会有一个奔向塔尖的梦想。

4.4 新工种：科研众包下的研究者

4.4.1 集结全球"最强大脑"的新科研

如果教育工作可以开放给所有具有专业技能的人参与的话，科学研究是否也能够让更多非科研机构的人加入进来，一起众包一个研究项目？事实上，这一理念已经在一些研究领域得到了应用。2009 年，英国剑桥大学数学家蒂莫西高尔斯（Timothy Gowers）正是通过众包的方式，集中外部多个研究参与者的努力，成功证明了一个数学定理。而在把研究成果作为论文发表的时候，他采用了集体署名"博学者"（D.H.J Polymath），恰如其名，这一研究成果正是依靠众多博学之人共同完成的。由于这次众包科研尝到了甜头，高尔斯后来启动了"博学者项目"，将更多新问题放在网上，希望集合全世界聪明人的头脑，一起解决这些问题。2014 年启动的"博学者 8 号"是关于孪生素数猜想的问题，由数学家陶哲轩主持协调，此项目是为邀请更多的人参与改进华人数学家张益唐所提出的结论。科研走出实验室，正在走向大众，越来越多的非专业科研人员，也能参与到科研工作中，成为一位分工 3.0 之下的新研究者。

1. 科学研究：从独智走向众智

说到科研众包模式，不得不提到这么一家明星级平台——InnoCentive。创办于 2001 年的 InnoCentive，是世界著名的制药企业美国礼来公司的子公司，总部设在美国波士顿，其名字取自 Innovation（创新）和 Incentive（激励）。顾名思义，InnoCentive 正是希望借此来汇集全球非常优秀的人才，为公司的研究服务。

一般来说，肥水不流外人田。但礼来公司的心态非常开放，既然一个公司的科研人员不能解决自己遇到的难题，那么为什么不利用互联网，看看大家有没有好的解决办法？InnoCentive 作为一个生物和化学领域研发供求平台，开放给所有有求解问题需要的人和组织。"求解者"会在平台上公开张贴难题，相当于一个张榜告示，上面写明待解决问题的详细说明，还要明确截止日期和奖励金额。

紧接着，全世界各地的科学人员都可以注册成为该平台的"解题者"，然后选择自己能够接手的挑战题目，并按照要求提交最后的方案内容，当然这些都是有网站作为背书保障的。"求解者"筛选所有提交过来的解决方案，从中选择最符合自己需要的最优答案，然后发送奖金，奖金额从 5000 美元到 10 万美元不等，所有获奖者的名单和个人简历也都在网站上公开。

InnoCentive 被誉为集结了众多的全球级"最强大脑"，为纯粹的科研项目提供了一个供需平台，为全球的科研人员提供一个兼职工作的机会，一方面贡献自己的才智，另一方面也赚取相应的回报，是一个很好的分工场所。如今，InnoCentive 已经将研究范围扩大到数学、物理、化学、生命科学、计算机科学和工程技术等多个学科领域,而且也获得了投资界的青睐,自 2006 年以来,公司共获得 4 次融资,累计融资 3300 万美元。

科研众包对于那些外部的研究者来讲,最大的激励不在乎金钱,而是一种运用知识解决问题所带来的成就感,这种成就感除了赢得发布问题的需求公司的认同之外,更重要的是能够获得圈内的认同和肯定。在这一点上,作为一个数据发掘和预测竞赛的在线众包平台 Kaggle,打造了一个面向全球数据科学家们的竞赛社区,给那些专业人士提供更为刺激有趣的智力游戏。

Kaggle 的运作模式和 InnoCentive 很类似,一家公司与 Kaggle 进行合作,在平台上提供一些数据,进而提出一个问题,Kaggle 网站上的计算机科学家和数学家将受领任务,提供潜在的解决方案。提出问题的公司用悬赏的方式,悬赏奖金数额从 1000 美元到 300 万美元不等,大多数竞赛的时间期限为 2~3 个月。

在 Kaggle 的社区上,会根据科学家们的竞赛表现进行动态的排名,这也许是对专业人士最大的刺激和挑战。想一想,你能够和全世界同行们在一起切磋技艺,互相竞争,通过公开的排名让自己知道距离最牛还有多远,对于任何一位有志于在专业领域建功立业的人来讲,都是莫大的吸引。

Kaggle 盈利模式是向解决问题的数学家们免费开放,但是对提出问题需求的公司收取一定的服务费。与此同时,Kaggle 还有一个非常具有竞争力的服务项目,那就是进行数据分析后的匹配服务,运用 Kaggle Connect 咨询平台,帮助有难题的客户找到最适合的数据科学家。如果能够付很多钱,就可以选择排名最靠前的顶尖科学家为你服务,当然,如果付的报酬不是那么丰厚,也可以去挖掘排名靠后的人,没准能淘到明日之星呢!

诸如 InnoCentive、Kaggle 这类科研众包平台还有很多,除了让研究走出封闭的实验室和学校,去全世界搜索最强大脑之外,这类众包平台还创造了一个全新的劳动市场,创造了一个新的分工,参与到这个分工的并不是那些很普通的职员,而是各个领域的顶尖专家们,他们能够在业余时间去为地球另一端的一家公司提供解决方案,并能够与其他高水平人士交流,最后这种新的分工下的研究活动,还会成为一个挣到钱的工作。

2. 让你成为科研界的"网红"

利用全世界的人才解决问题,是众包服务的理念。反过来。对于科研人员而言,能够运用互联网获取那些值得挑战的问题,展现自己的才华也是一种必不可少的心理追求。每个人都有机会成为科学界的"网红"。

作为个体而言,参与到一个有挑战性,同时还能获得丰厚奖励的研究项目,实在是一种幸运。如果你能够顺利地过关斩将,荣获最后的勋章,那么在自身的简历上就可以拥有浓墨重彩的一笔,你的成果和个人信息也能立刻让全世界的同行知道,这比闷头在一个固定的组织内搞科研,是不是更能打动你?

的确,推动像 InnoCentive、Kaggle 这类科研众包平台稳步发展的关键动力,是全球众多最强大脑们的一颗颗渴望建功立业、名扬四海的心。即使是手无缚鸡之力的文弱书生,依然有可能用自己的知识去改变世界,造福人类,成为众人敬仰的时代英雄,这一切都能够通过互联网的方式去实现。

在 Kaggle 的科学家排行榜上,我们能够看到来自各个国家的一些出众的研究人员,如今高居榜首的是来自巴西的数据科学家 Gilberto Titericz,他的积分达到了 197402 分。这份聚集很多聪明头脑的名单中,也不乏华人科学家的身影,比如排名第八的 Shize Su,在美国弗吉尼亚大学主修电子计算机工程的博士生,毕业于中国的清华大学,目前在 Kaggle 的积分是 124761 分。

从事这样的兼职研究,不仅仅是对于自身专业能力的一种测试,还可以拓展自己的全球视野,同步最新的知识信息。在开放的网络平台下,通过查询企业发布的一系列问题,研究人员可以很快了解当今各个公司最需要的技术方案是什么,市场的创新风潮正在向哪个方向转变,从而有助于自身的研究计划更贴近实际需求。另外,由于平台引进了竞赛机制,同样的问题可以吸引不同地方的科研人员,提供多种解决方案,这样每位参与者都能够看到同行在这一领域又有什么新的创新和技术进展,也能帮助自己快速找到不足之处,更准确地评估自身处于什么样的身位,是走在了其他人的前面,还是已经大大落后了。

除了这些显而易见的优势以外,能够花更多时间参与这些外部研究工作,也可以帮助科研人员丰富自己的履历,至少在未来的职业选择上,那些陈旧的证书,怎么能比得上在 Kaggle 这类顶尖科研平台中亮灿灿的分数和排名?当参加企业面试的时候,你可以不经意间说出自己过去几年都解决过哪些顶尖技术难题,是不是会让你的职业未来更加光彩?

　　这一切都建立在能够更好地整合分散在每个最强大脑中的知识资源的基础上,任何一个组织,无论是多大的企业还是尖端院校,都不可能囊括所有聪明的大脑,解决一切未知之谜。在组织之外,有着太多的优秀人才,他们的知识和智慧,就像无数的支流,汇聚起来依然可以与江河相媲美。互联网让传统的科研分工体系有了新的革新,创造出了如上这些非专职的新的工种,为众多研究人员开辟了使自己价值多元化的通道,每一位研究员都可以凭借自身的能力,独立成为科研界的"网红"。

延伸阅读:共享经济下的科研众包,下一个独角兽?

　　在过去的几年中,以 Uber、Airbnb 为代表的"共享经济"商业平台,以几何倍增的速度影响并改变着人们的生活方式和商业模式,也对传统的领域带来了巨大的冲击和压力。

　　作为一种新型经济业态,共享经济有可能成为帮助当前经济发展走出低谷的助推器,从理论上讲,它可以解决经济发展中资源、产能过剩,以及过度投资等一系列问题。李克强总理在之前的政府报告上,更是大力强调要推动包括"共享经济"等在内的"新经济"领域的快速发展。

　　基于此,共享经济开始蔓延至我们生活中的各个领域,比如共享住所空间的 Airbnb,共享出行的 Zipca,共享短期办公空间的 LiquidSpace,共享饮食的 Eatwith,以及共享医疗健康的 Medicast 等。共享经济正逐步渗透我们的衣食住行,甚至医疗、科研等高精尖领域。

　　国外对科研共享的探索始于 20 世纪 90 年代,通过近 20 年不懈的试探与打磨,科研的共享经济已经拥有了较为成熟的模式和成功的商业化案例,而共享科研在国内却刚刚起步,整个市场份额虽然巨大,但并没有出现独角兽型的企业。近日笔者惊喜地发现,国内首个基于共享经济和众包理念的科研平台"米格实验室"应运而生。

　　据其创始人介绍,米格实验室的名称源于全球著名的俄罗斯"米格-系列战机",它是由俄罗斯主要的飞机设计与制造商米高扬-格列维奇公司生产的,米高扬和格列维奇两人姓氏联合命名而来。世界闻名的"米格"飞机,凝聚了无数科研人员数十年孜孜不倦的心血与汗水，代表着一种专业的、创新协作的科研精神和技术革新。米格实验室立足国内、放眼世界，搭建高科技领域的共享经济科研平台，愿景是整合全世界科研资源，让人人皆可使用并受益！作为一个科研平台，两端分别连接了科研机构和有研发需求的用户，一边与全国各大科研机构建立合作关系，对科研机构中的科研资源、人才、技术和成果进行标准化的产品封装，另一边提供市场渠道，将产品直达用户，通过销售产品和提供研发服务来满足需求，并将陆续推出其他增值服务。

米格作为提出"共享经济"和"众包"理念的科研平台，希望利用"共享"和"众包"的方式，解决科研机构资源闲置的问题，提高机构的运营状况，同时解决有科研需求的用户研发资源短缺的问题，为用户提供整体解决方案，最终达到降低用户研发成本的目的。在国外专注于实验外包的Science Exchange和数据分析科学家的众包平台Kaggle已经完成了多轮融资，具备了一定的规模，模式日益成熟；但国内这一市场则刚刚起步，米格这一兼备了科研资源共享与用户项目众包的平台，有望成为下一个独角兽。

米格实验室目前专注于材料和半导体领域，已经开发了100多项科研服务项目，覆盖行业内研发链条的各个环节。同15家科研机构达成合作关系，具备了20项以上的检测资质和认证。合作实验室囊括中科院、清华、北大、北航、军用元器件检测中心、电子四所、广电计量等科研机构。

未来的米格将在更多行业内扩展，瞄准的是国内整个研发市场，这一市场将超过10万亿元以上，业务覆盖设备租赁、科研服务、技术交易、科技成果转化、设备与耗材销售、咨询、人才招聘等方面。

米格的合作群体主要来自各大高校、科研机构有关部门，以及高科技产业园、创业孵化器、互联网信息平台、各种行业协会等。

"共享经济"方兴未艾、如火如荼。笔者坚信未来会有更多像米格实验室这样的共享经济平台或产品不断涌现，在李克强总理的"双创"感召下，对关系到国计民生的各个行业的资源进行重新整合，释放经济增长新动能。

（摘自：http://mt.sohu.com/20160527/n451843898.shtml）

4.4.2 让最聪明的人为自己打工

美国太阳微系统公司创始人比尔·乔伊（Bill Joy）有过很著名的一个判断：公司外的人才永远比公司内的多。当一部分企业还在为员工在上班时间沉迷于发微信、上社交网站而发愁的时候，另一些公司却已经开始运用社交网络，去广泛搜罗各种人才为己所用。除了作为技术研发和工程设计的众包之外，思想成果的研究课题如今也开始突破各个大学和研究所的围栏，尝试通过互联网平台，与更多聪明的大脑建立连接。让具有专业研究水准的顾问专家、思想家能够参与很多非自己所属单位之外的课题，成为兼职的研究人员，也是一个非常具有开拓性的工作。

1. 平台型智库的崛起

说到智库，很多人都会想到一家颇具传奇色彩的公司——兰德公司。关于兰德公司的传说，最被中国人津津乐道的是这么一条坊间传闻：1950 年，朝鲜战争爆发，当以美国为首的联合国军介入战争之后，关于中国是否参战成为了美国政府十分关注的问题。这个时候，兰德公司的一份研究报告给出了一个惊人的结论，即联合国军如果越过三八线向北挺进，中国必参战进行反击。而当时的美国政府盲目乐观，不相信刚刚结束内战的中国人还有能力和胆量敢于和世界头号强国直接对抗，于是完全忽视了这份报告。结果正如兰德公司所预言，中国人民志愿军果然渡过鸭绿江，展开抗美援朝战争。

战争的结局大家都十分清楚，最终经过三年多的激烈战斗，朝鲜半岛又回到了战争开始前的状态，南北双方以三八线为界限对峙。而美国人付出了很大的代价，才发现没有听从兰德公司的建议是多么愚蠢的一个错误。于是，战后美国政府花费重金将这份报告购买过来，兰德公司凭借精准的预言一举成名，成为智库的翘楚。

但是，如此传奇最终被证实不过是一则虚构的故事。但是很多人通过这个故事认识到了智库的存在意义，以及它的威力所在。智库也叫"思想库""思想工厂"，是专门生产政策观点、政策思想、政策主张的研究机构，就重大公共问题，提出战略性和前瞻性的政策分析、政策主张。在英文中，智库叫做"Think Tank"，智库就如同制造思想武器的兵工厂。

公共政策是一个复杂的系统问题，一个研究团队用一个研究视角不足以解决这样复杂的系统问题。借助互联网思维构建智库网络，用互联网把分散在各个地域、各个条线、各个领域的智库连接起来，让知识集成创新成为重要的创新方式，让智慧众包成为智库思想的重要来源。近期，平台型的智库逐渐崛起，在公共政策决策中的影响力越来越大，如中国金融四十人论坛、中国经济五十人论坛，虽然不具备传统的智库形态，但是对决策的影响力甚至还要超过传统的智库。

平台型智库让智库这类传统研究机构的形态发生了很大的改变，智库研究机构不再局限于实体组织，也能够实现思想供求双方的连通对接，没有具体的办公楼，也没有明确的雇佣关系。这类平台型智库更像是一个虚拟化的思想交流平台，甚至没有专职研究人员，而是通过平台机制将外部专家吸引过来，通过跟踪、访谈、采编和摘录专家观点，形成平台型智库的研究成果。

图 4-1 所示为传统型智库（上）和平台型智库（下）对比。

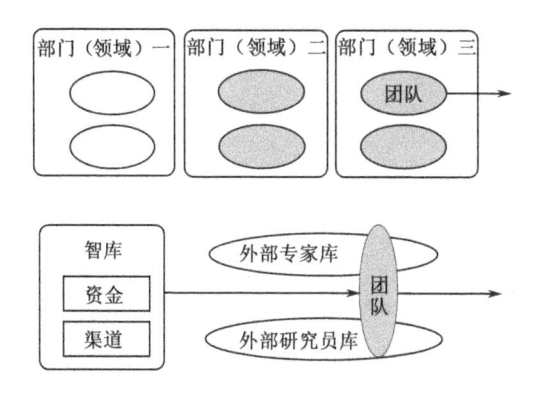

图 4-1 传统型智库（上）和平台型智库（下）对比

相比传统组织通过雇佣一大批研究人员，组成固定的研究团队的方式，平台型智库组织下，已经不存在实体研究机构，众多参与具体课题研究的专家，实际上都不是平台型智库的员工，而是各自有所属单位组织。作为平台型智库，不需要与这些专家签署一对一的劳动合同，不需要运用管理规则去约束甚至控制这些专家，双方完全是基于具体的课题展开合作，专家按照智库的需要完成课题项目，并拿取相应的报酬，便结束这一次合作关系。

如今众多传统的研究机构遇到的很大瓶颈是自身脱离社会实际，难以应对日益复杂多变的时代挑战，过去封闭的内部小圈子研究模式，只能导致研究的学术化和学究气浓重，任何一类研究行为都不能脱离所处的行业发展，而学术与行业实际的脱节，带来的就是专家说的话越来越让人听不懂，也越来越显得陈旧刻板，解决不了现实问题。

中国目前的各类智库大约有 400 家，其中北京的智库就占据了约四成的比例，其余上海、广州也有较多智库集中，剩余的智库则是分散到各个城市中，智库资源分布极不平衡，而且各个智库之间的合作交流也不充分，有些智库的研究内容繁多，而有些智库则相对清闲，前者苦于没有更多的专家能够分担，后者则苦于没有更多的课题可以操作。

技术的进步和社会的发展，让很多传统研究机构面对新涌现出的问题力不从心，自身的资源也是捉襟见肘。而在组织之外的众多专家资源却无法有效利用，出现闲置化。

这些问题类似于出租车市场，数量分布不均，需求和供给不平衡。而平台型智库就像科研界的 Uber，只不过专车被专家所替代而已。这类研究型的众包模式，解决的核心问题是研究需求的不断提高与专家资源的分散之间的矛盾。通过平台型智库，更好地连接到分散各地的专家资源，整合服务于一个重要课题。更为重要的是，让所有学有专长的产学研各界专家，能够有机会在感兴趣的课题上一展拳脚，发挥价值。

2. 为各界专家提供多元化的工作机会

成立于 2015 年的凤凰国际智库，是优质媒体凤凰网基于媒体资源打造的平台型智库，这是互联网+智库的一次尝试。凤凰网借力于当前国家大力兴办优质智库的风潮，旨在打造中国最具影响力的国际问题研究智库，致力于成为"思想市场领导者"。

作为互联网+智库的新形态，凤凰国际智库并没有自己的全职研究人员，而是借助凤凰网的媒体平台，建立起千人专家数据库，形成大范围的协作化研究模式。比如邀请德高望重的学者和高官担任学术委员，邀请青年才俊做研究员，邀请知名企业家进入理事会，邀请企业做智库会员。

学术委员会由 5 个首席顾问和 6 个委员组成。5 个首席顾问包括原央行货币政策委员会委员李稻葵，清华大学当代国际关系研究院院长阎学通，前商务部副部长魏建国等。委员均是研究国际问题的知名专家，如人民大学国际关系学院副院长金灿荣，前驻印度、巴基斯坦资深外交官毛四维等。

另外还有 25 个高级研究员均是兼职研究人员。包括中国社科院、上海社会科学院、北京大学、清华大学等专家学者。其中还包括日本专栏作家加藤嘉一等外籍研究员。

在具体专业领域上，凤凰智库的合作专家人数已经超过了1500人。例如，在凤凰网"名师堂"中列举的国内外专家名人就有100多名，其中以军界、学术界、文化界专家居多，还包括大量社会知名人士，如军事专家尹卓、张召忠，文化名人纪连海、于丹，原国研中心副主任卢中原等。

在研究选题上，更多关注中国外交、国际经济和智库发展，以"企业走出去"和"外资企业本土化"为核心研究方向。在产品设计上，发布和编译全球范围内最顶尖的智库动态及观点；制作智库视频节目"大国小鲜"和深度分析报告"大参考"；召开月度热点研讨会"凤凰策"；组织环球智库之旅，进行调研和交流合作。通过汇聚产学研各界的专家资源形成专家网络，贯通理论研究和实际经营，形成具有全球视野的观点生产基地。

既然属于平台型智库，那么开展课题研究的过程中，就会与传统的研究模式有本质上的不同，最突出的特点便是"思想众包"。当研究课题确定后，由智库管理团队从研究员和专家库中寻找合适的人选，组成虚拟化的研究团队。研究团队把控完整的研究过程。大型的课题将会分拆成若干子课题，有针对性地推送给相关领域的专家，进行分包研究。最终由学术委员会负责重大课题的评议和审核。

由于全部依赖于外部专家的兼职参与，所以，凤凰国际智库的组织规模，相比传统机构型智库更加精干，运作效率更高。对于平台型智库来讲，核心能力不再是自身的专家队伍建设，而是研究与活动的策划、组织，以及成果的发布传播。尤其在品牌打造和传播上，凤凰智库与凤凰网构成紧密的联系，智库依靠凤凰网提供的资源开展研究，研究成果反向输入凤凰网，与凤凰网媒体性、平台性形成完美契合。

维基百科、知乎网站的发展证明，互联网是一个表达与分享的优质平台，受过教育、知识丰富并拥有强烈分享欲望的网民集聚一起，就可能产生巨大的知识创新效应。在过去，智库机构主要依靠专业精英进行研究，而在网络时代，很多基础性内容完全可以通过智慧众包、集成创新等形式，让更多的社会力量参与到研究中，吸取更多人的思想与智慧。

当研究不再是某一组织内部的孤立工作时，对于具备专业研究水准的外部专家，平台型智库给了这些人更多的选择，可以在本职工作之外，有效地参与到一些课题任务中，去分一杯羹，在各自擅长的领域内完成整体课题研究的一部分内容，并最后汇聚形成一个更全面的成果。

参与式的研究工作正在成为越来越多研究人员的辅助工作内容,他们的身份也将变得更为多元化,可以同时成为若干家智库类机构的研究顾问和合作专家,可以从不同的渠道获得发挥自身专长的研究课题,自然而然,也能够更广泛地获取与贡献匹配的回报收益。

回到本章开篇所讲述的内容,知识资源在分工3.0革命下,从过去被垄断在少数精英手中,转而扩散到了更为广大的人群中,掌握了知识,也就拥有了分享知识,创造发明的机会能力,接下来便是对传统工业时代泾渭分明的分工体系的一次大冲击,每个人都可以在自身所熟悉的领域中开坛布道,传道授业,成为一个讲师、行家或者研究者。

对于游离于传统研究机构之外的大量"民间科学家",其中不乏有突出能力的人才,他们借助越来越多的开放研究型平台,走进科研工作的中心,让传统组织更具有思想创新活力。更为重要的是,无论是知乎、在行这类知识分享平台,还是像"InnoCentive""Kaggle""YourEncore"等科研众包平台,都是打破了过去组织与个人的双向互动关系,转而以第三方组织的角色,统一调度各方资源,并能够在平台上进行资源的共享,能够让不同领域、不同学科的专业人才实现跨界交流,共同解决难题。

未来,作为知识成果的需求方,企业等组织将会变得越来越开放,不再是通过雇佣方式获取更多的全职专家,而是利用互联网平台,连接越来越多的外部专家资源,获取更具针对性、更加灵活化的知识分享服务。知识分工3.0将产生一批新的创造、分享知识的新工种(见表4-3)和新模式。

表4-3 知识服务新工种

新工种	工作内容	能力要求
个体咨询师	为各类提问者提供网上或线下的答疑解惑,主要针对需求者的具体问题量身定制个性化解决方案	具有某一行业丰富的实战经验的职场人士
"微课"讲师	围绕某一主题,为特定的群体提供网络课堂服务,一般会采用直播讲课的模式就该主题进行知识讲授	具有某一行业理论和实践经验的专业人士,能够有较强的结构化思维
兼职科学家	承接需求方公开发布的科学技术类难题,运用自身能力提交解决方案	本身是专业技术科学家,已经具备了较强的研究素养
协作研究员	参与到一些课题的整体研究中,负责其中某一部分的独立研究,并整合成总体课题报告	本身是专业的理论研究人员,能够独立完成课题研究工作

第 5 章

平台协作中的个体

• • • • • • •

　　随着互联网技术不断向各行各业渗透,社会经济结构的最基础支柱——生产协同模式也正在经历着一场意义深远的变革。企业与企业、企业与人的连接关系正在从简单直线逐渐向着多元网状进行延伸与发展。前些年,小米的"参与感"让我们从另一个角度见识了公众的力量——对于企业而言,公众不仅仅可以是他们的"衣食父母",更有可能以设计师、营销者等更丰富的身份参与到企业的价值链之中。谷歌等企业也给我们带来了模块化"云制造"等新型企业间生产协同模式。

　　对于我们每个个体而言,受雇于企业。在办公室里工作早已不是人们参与到社会大分工体系中的唯一选择。通过各式互联网协作平台,U 盘化生存已越来越被身怀专业技能的"新人类"所接受。分工 3.0 在企业生产上的变革,将产生新的趋势和玩法。

5.1　生产 3.0 模式的黎明

　　18~19 世纪,工业革命与流水线技术的兴起带来了人类生产与协作模式的巨大变革。越来越多的人开始走出农庄与田野,进入工厂以前所未有的高效率创造着社会价值。同时,其自身的身份与协作方式也发生着永久性的变革。一种基于标准化生产、流水线化分工的社会分工模式（分工 2.0）成为了当时先进的主流分工范式。

随着信息沟通成本的降低，产业链中不同参与者间的信息壁垒也被逐步打破。原本链条化的分工范式也进行着新的演进与分化。新的分工范式在互联网等新技术与新思潮的驱动下正逐步破壳而出。而在 2.0 范式中确定性的链式分工结构也逐步转型为生态的分工协同网络——这便是我们所说的生产分工 3.0 新范式。

5.1.1 流水线与全球化带来的生产 2.0 时代

工业时代最显著的特征便是流水线的发明与兴起。流水线生产模式将产品的生产工序分割成一个个环节，使工人间的分工更为细致，也让产品的质量和产量有了大幅度的提高。同时，它还促进了生产工艺过程和产品的标准化进程。

当我们提及流水线，就不得不提到它的缔造者——亨利·福特。那么，是什么启发他创造了流水线模式？他所缔造的第一条流水线又是什么样的呢？

1. 改变世界的亨利·福特和他的流水线

在制造业鼎鼎大名的亨利·福特只是普通农民的儿子。他从小就对机械和制造表现出了浓厚的兴趣和好奇心，成年后有人问他，童年时喜欢什么玩具，他回答说：我的玩具全是工具，至今如此。1879 年，17 岁的福特离开父亲的农庄来到了底特律，开始了他的汽车生涯。为了给自己的汽车梦积累资金，亨利同时做了两份工作，白天在密歇根汽车公司做机修工，晚上在一家钟表店维修钟表。在维修表的工作中，福特发现，大多数钟表的构造其实可以大大简化，只要精密分工，采用标准部件，钟表的制造成本可以大大降低而性能更加可靠。他自己重新设计了一种简化设计的手表，估算成本为每只 30 美分，可日产量 2000 只。他认为这一计划是完全可行的，唯一使他担心的是，他没有年销 60 万只手表的销售能力，而销售活动又远不如生产那样吸引亨利·福特，因此，亨利·福特最后放弃了这一计划。但是，简化部件，大批量生产，低价销售的"更多、更好、更便宜"的经营思路却在此时大体形成了。

1910 年，亨利·福特在投资人的支持下进入了汽车产业。在他入行之前，当时的汽车工业完全是手工作坊型的，两三个人合伙买一台引擎，设计一个传动箱，配上轮子、刹车、座位，装配一辆，出卖一辆，每辆车都是一个不同的型号。由于启动资金要求少，生产也很简单，每条都有 50 多家新开张的汽车作坊进入汽车制造业，大多数的存活期不过一年。此时，每装配一辆汽车要 728 个人工小时，也意味着当时汽车的年产量大约为 12 辆。这一速度远远不能满足巨大消费市场的需求。

然而，在 1910 年，这个在汽车行业刚刚入局的年轻工程师——亨利·福特采用一种世界上前所未有的技术打破了这一局面，创造出了比市场价格便宜一半的福特 T 型车。这个突破性的"技术"并不是指他发明了更便宜的材料、更先进的机械，而在于他应用创新理念和反向思维逻辑对汽车生产的分工模式进行调整与变革，这就是我们所说的——流水线。在流水线上汽车底盘在传送带上以一定速度从一端向另一端前行。前行过程中，逐步装上发动机、操控系统、车厢、方向盘、仪表、车灯、车窗玻璃、车轮等零部件，一辆完整的车就组装完成。这是一个历史性事件，第一条流水线使每辆 T 型汽车的组装时间由原来的 12 小时 28 分钟缩短至 10 秒钟，生产效率提高了 4488 倍。

于是进入汽车行业的第 12 年，亨利·福特终于实现了他的梦想，他的流水线的生产速度已达到了每分钟 1 辆车的水平，5 年后又进一步缩短到每 10 秒钟 1 辆车。伴随福特流水线的大批量生产而来的是价格的急剧下降，T 型车在 1910 年销售价为 780 美元，1911 年降到 690 美元，然后降到 600 美元、500 美元，1914 年降到 360 美元。低廉的价格为福特赢得了大批平民用户，小轿车第一次成为人民大众的交通工具。福特说："汽车的价格每下降 1 美元，就为我们多争取来 1000 名顾客。"1914 年福特公司的 13000 名工人生产了 26.7 万辆汽车；美国其余的 299 家公司 66 万工人仅生产了 28.6 万辆。福特公司的市场份额从 1908 年的 9.4% 上升到 1911 年的 20.3%，1913 年的 29.6%；到 1914 年达到 48%，月赢利 600 万美元，在美国汽车行业占据了绝对优势。

流水线的诞生不但提高了汽车工业的生产效率，也为之后汽车工业迅速成为美国的一大支柱产业奠定了基础。但更重要的是，流水线思维很快在制造业被极为广泛地传播与应用，为机械化、工业化的大分工时代的到来奠定了基础。

2. 生产、物流的全球化带来新福音

当然福特公司能够开拓全球化大制造的原因远不止是流水生产线的诞生。汽

车制造公司福特和飞机制造公司波音之所以能够在全球化进程中进行大分包大协作，还归功于现代物流技术的提升。

在20世纪中期，交流电和电子技术正大量普及，集装箱、飞机等物流领域重要的核心因素正以迅雷不及掩耳之势发展起来。物流技术的迅猛发展在工业制造层面实现了多地、多个工厂之间的联动和装配，也造就了20世纪全球化生产的可能。到了20世纪末期，随着西方资本主义经济的崛起，包括美国、欧洲、日本在内的很多企业都探索出了基于自身行业的生产链全球化生产模式。

全球化生产，顾名思义即为某一产品的生产链由不同国家的不同企业共同完成。那么什么是生产链呢？生产链是迪肯在价值链理论的基础上提出的概念，主要描述的是某种商品或服务生产过程中能增加价值的系列功能不同，但相互作用的生产活动的集合。每一生产活动需依靠不同技术投入，并由交通、通信串联起来，通过企业组织的协调、合作与控制并镶嵌在特定的金融政策体系中，最终形成一个完整生产系统。而当其生产链中的不同环节分别由不同国家的企业共同承担时，全球化生产链也就应运而生。

如今，随着企业间沟通成本的不断降低，传统产品的生产链的企业边界和国家边界均在被不断打破，跨企业、跨国界的生产协同活动早已屡见不鲜。在生产分工的维度上来看，企业之间的关系体现在各自从事同一产品价值链不同部分的生产。例如，著名体育品牌耐克公司，旗下某种运动鞋的价值链由设计、加工制造和营销三部分组成，而美国耐克公司并不生产运动鞋，其只负责鞋的设计开发与营销，产品则由供应商在其他国家加工制造。例如，全球最大的家具家居用品商家宜家在其家居产品的生产链中，也只是负责产品设计和销售，余下的生产部分则由其余公司在全球范围内进行制造。

同样，全球化的生产与协同模式在很多IT公司得到了成功验证。戴尔公司只为客户提供最快的定制化的系统解决方案（设计部分），而把生产、运输物流和售后服务等部分分包给其他合作公司去完成，并与之建立了强大的战略联盟。苹果公司也很有针对性地在全球范围内布局生产。对于苹果这样一个视创新性为核心竞争力的公司，其公司的海外生产布局也是将核心竞争力创新研发中心保留至当地，扩大海外生产制造线。数据显示，2016年苹果公司的市值大约为5800多亿美元，但是苹果公司的员工数仅11.6万人。与此同时，苹果公司的海外代工厂却已经达到18个。在全球范围内，苹果的组装工厂一共有18家，其中14家位于中国、2家位于美国、1家位于南美洲、1家位于欧洲。包括富士康、和硕科技、广达电脑、纬创集团和苹果爱尔兰分部等。可以说苹果公司将全球化生产体现得淋漓尽致。

通过全球化生产模式，企业能够集中自身优势资源加强核心竞争力，方得以在经济全球化的背景下面对竞争压力而临危不惧。当然，企业只有在生产链中从事某一个或少数环节进而确保自身的资源优势及核心竞争力，才能够使企业的效益和利润得到保证及提高。然而，虽然物流配送业务的发展赋予了工厂企业之间进行紧密供应链协作的可能，但在互联网时代到来以前，企业间的信息沟通效率并没有得到本质上的提升。即使在同一座城市中，不同工厂之间的信息不对称性仍然很高，所以，当时企业之间通用的合作模式是签订长达几年的合作合同从而形成确定性的产业链条。长达几年的合作模式虽然稳定，但是效率和品质却很难得到创新，这就给了分工 2.0 范式继续向前演进的方向与可能。

3. 生产分工 2.0 带来的新桎梏

生产分工 2.0 的时代给了这个世界太多的惊喜与进步。归纳起来，时至今日，几乎每个人（城市人）都被自身的职位分工锁定在特定的岗位上，以相对最高的效率完成着重复程度较高的工作；企业与企业之间也依靠发达的物流体系联结为一条条清晰的供应链条，从上游到下游，企业的分工越来越细，专业化程度也越来越高。然而，随着工业文明的不断深化，分工 2.0 带来的各种新的社会问题也在不断凸显。

首先，流水线模式下的工作岗位虽然保障了工作人员的生产效率，但为了实现人与人之间的无缝协调，它势必需要将劳动者的人格进行一定程度的异化，剥夺了其作为一个社会人的生活自由与生活乐趣。同时，随着时代的进步，绝大多数人都开始有更为广泛的兴趣和多重的能力。而在 2.0 时代的生产分工体系中，"个人"作为一个整体被以雇佣关系捆绑到企业的特定职位上，其所能创造的社会价值完全被其职位所限定，无法完全发挥出他们本应有的多重能力与价值。

而在行业维度，确定性的供应链协同结构应对外界环境突变的能力较差。在 2.0 时代的线状供应链逻辑中，只要任何一个环节出现问题，整条供应链上的所有企业都会受到不同程度的影响。更有甚者，由于企业与企业间的关系相对独立，当一个环节出现问题时，供应链上的其他相关节点往往不能第一时间收到信息。这种信息不对称下的生产协同关系往往会放大一个节点失误给整条供应链带来的总体损失。虽然目前有大量研究机构开始研究和推广上下游企业中的信息同步理念，但出于对企业生产信息的保密考虑与信息共享中必然产生的沟通成本，上下游间依旧势必存在一定程度的信息不对称。因此，这类影响对于企业而言依旧属于不可控的风险。

最后，站在市场的角度，在现有模式下，由于获取与维护可靠上下游合作伙伴的成本较高，当某一市场进入成熟阶段时，它就会对新入局者产生天然的门槛与排斥。最终，各个细分市场都将被为数不多的极大巨头的联结所把持，而中小型企业的日子就会越来越难熬，产生新的社会矛盾。

社会分工 2.0 模式在其自身生产效率的驱动下于 20 世纪横扫全球，但随着以上问题的不断凸显，最终也将被另一种能解决这些问题的新解决方案所取代——那就是我们将提到的分工 3.0。

5.1.2 从产业链到协同网——生产分工 3.0 的诞生

历史车轮驶到今天，随着信息沟通成本的降低，产业链中不同参与者间的信息壁垒也被逐步打破。与此同时，在 2.0 范式中确定性的链式分工结构也将在沟通效率提升后逐步转型为生态的分工协同网络——这便是我们所说的生产分工 3.0 新范式。

在分工 2.0 模式中，每个企业与其他合作伙伴都处在生产链条中，属于其中一个环节，对接的上游供应商和下游的分销商都比较单一。可以说，在链式的生产分工结构中，各生产环节间以链状连接：企业内部是固化的生产链，企业与企业之间是松耦合的供应链。

而在 3.0 范式下，企业甚至是个体都能在互联网信息联通效率的赋能下获得更广泛、更动态的联结。一方面，人可以不再依附于确定的流水线完成自己的社会分工，而是可以通过在互联网平台上寻求商机，从而实现价值的创造。另一方面，随着互联网技术的进步，企业在生产链中扮演的角色也随之出现了变化，企业由原先单一地对接生产链条中供应商和分销商模式变为了开放式网状对接模式。换句话说，企业与供应商的合作不再是长达数年的合同形式，而是与多个组织或个体进行与项目导向的动态协作。生产形式发生了天翻地覆的变化。

1. 走出办公室的自由人

在分工 2.0 模式中，企业是具有垄断地位的分工主体。任何个体想参与到社会大分工中必须"入职"或者成立一家企业，靠老板定义职位与薪酬、靠用工合同确立分工关系。在这种分工模式下，人严重依附于企业（或者说是企业主），其能力的发挥被职位所束缚，能调动资源的范畴也被局限于企业的内部边界之中，只能在十分有限的范围内实现高效的分工与协同。

而在正日益清晰的 3.0 模式中，人除了可以全身心地入职某企业、成为自身价值"被定义"的"螺丝钉"外，还能以框架合同取代雇佣契约，同时接入多个不同的平台实现多维度的价值创造。在这种模式下，连接入分工体系中的"最小生产中心"实际上已经不是作为"人"的独立实体，而是每个人依据其能调动的资源与能力所自发定义的"生产角色"。例如，在滴滴兴起后，白领们可以白天坐班，下午拉个顺风车客串一下出租司机；在 Upwork、猪八戒等"威客"平台上也开始聚集越来越多的斜杠青年，利用碎片化的时间与精力来与世界各地的人合作创造价值。

如此，在充分平台化的分工体系内，人们可以根据不同场景切换自身的生产角色，并将这些"角色"接入不同的生产协同网络中，实现更大范围的资源匹配与价值创造（实质上是兼职模式的泛化）。而当"个体"的连接转变为"角色"的连接时，人的能力的发挥便不再被确定性的岗位职责界限所束缚，创造价值的途径转变为了与分工网络中多个价值节点进行自由、自发的连接。这种以"兼职"为常态的分工结构在赋予了人自由发挥能力与创意的空间的同时，避免了人多元价值的浪费。

与此同时，互联网平台低成本、高效率的信息对接能力不仅将越来越多的劳动者从特定"职位"中解放出来，还正一步一步地将"工位"与"打卡"的概念赶下历史的舞台。传统时间、地点确定的协作方式不仅束缚了人身与思想的自由，更限制了"兼职模式"的推广与普及。其之所以是当下时代的主流工作模式，核心逻辑在于传统沟通工具与机制在人与人之间筑起了较高的沟通壁垒，使得人们必须聚集在一起才能将沟通与协作成本降低至可接受的范围。而随着信息壁垒的拆除，越来越多理念开放的公司已经开始拥抱"弹性工作"的新模式。在管理信息系统的支撑下，无论员工目前身处何地，员工间的会议、讨论与员工对公司资源（设备）的操作、使用都能以互联网为载体进行高效的线上实现。

总而言之，分工 3.0 正在将越来越多的个体从办公室中解放出来。人们从专职到兼职，可以自由地在任何时间、任何地点、以任何能力范畴内的方式来进行价值创造，从而实现人尽其能。

2. 积木式组装的未来

谈及企业在生产分工结构中的位置，目前企业是实现社会生产协作的核心连接节点，企业与企业间以合作的方式连接为垂直的"产业链"。产业链中，各节点间分工界限清晰且独立，生产者和消费者的职能分离，独立承担各自的工作。换句话讲，企业内人与资源强连接，产业内企业与企业间弱耦合构成了上个时代的总体分工范式。

若想实现更广泛、更细化的社会分工，步入分工3.0时代，一个矛盾必须首先解决，那就是分工分得越细致，其生产效率就越高，但是其背后的协同成本也会随之上升。虽然互联网的发展能解决协同成本的问题，但若想实现企业与企业、企业与个人间基于价值创造的便捷交互，一种名为"积木化组装"的生产模式也许在未来会生成整个生产分工体系的基础。

积木式组装玩法其实很早就出现了。全球最大的玩具厂商乐高是积木式组装玩法的鼻祖，其创立于1934年，距今已有80多年的历史。乐高积木凭借其独特的拼接玩法深受儿童甚至成年人的喜爱。乐高塑胶积木一头有凸粒，另一头有可嵌入凸粒的孔，形状多达1300种，每一种形状都有12种不同的颜色。如此众多基数下，小朋友靠着自己动脑动手，拼插出无穷无尽的变换造型。

随着互联网技术的升级进步，不只是积木可以拼接组装，任何产品只要能将其组件化，并向市场公布其组件的接口标准，那么产品的设计与开发就都可以仿照组装积木的思路来开展。社会上各类有能力生产的对象都可以自发地基于其目前的接口与其进行联合开发或组件配套，从而在保障其协同效率的基础上，为产品的设计创造出无限种可能性。

目前，手机等众多技术标准明确的产品进行积木式组装已经是指日可待了。谷歌在2016年谷歌I/O开发者大会突然宣布，其组合式手机Project Ara将于2016年秋季向开发者推出测试机，2017年推出正式版量产机型。Project Ara是谷歌致力推动的模块化手机项目，可以根据自己的意愿来搭载一部个性化的模块化手机，整个手机被分为6个模块，被称为"极客之梦"。在这个项目中，手机中的所有部件都可以被随时替换，从摄像头到显示屏再到电池，同时还可以加入一些增值附加功能的东西，比如更复杂的深度摄像头、指纹识别器，甚至是血糖监测仪，或者只是一块完全没有功能，纯装饰性质的木头。说不定，Ara也许会成为苹果迷所购买的最后一部手机。

积木式组装趋势当然不只局限于智能手机领域。在社会整体生产分工体系中，从产品初期设计阶段到中期制造阶段它都将得到不同程度上的应用。在积木化、模块化生产协同的支撑下，为了谋求生产能力与生产范围的更高效扩张，越来越多的企业（小米、海尔、移动等）将摒弃"闭门造车"的生产模式，主动打开了企业的边界，依托于互联网平台（或将自身直接进行平台化转型，如苏宁云商）实现了与企业外部更大规模创意、资源、能力的广泛连接。届时，企业"输入侧"与社会的连接点不再仅仅是狭义的原料需求，社会上的各种与公司战略匹配的资源、人力都能借助互联网平台进行撬动，共同创造价值（通过众筹、社会化营销、C2B 开发等模式），实现从"生产"到"生态"的华丽转身。

无论是自由人参与企业的设计生产还是企业间"积木式"的云协作，都在昭示着一个新时代的到来。在这次重新分工的过程中，必然将会现出一些新的工种和角色。例如，为企业提供设计建议甚至直接参与产品设计的自由设计师；通过网络平台参与大型内容制作的分散创作者；借助大企业的资源进行独立创业的小微创客，等等。这些工作的内容在原先都早已存在，但如今通过互联网的作用，我们能看到这些工种日益普遍化的趋势，进而演变为一项专业工作，分化出了一种新的分工角色。在未来，不受雇于企业，人人都将有机会成为设计师、工程师与创作者。

5.2　新工种：人人都是设计师

在新的分工时代中，设计不再只是经过手绘练习、系统课程、实操训练的专业人士做的事情，而是人人都能够以自己的审美和喜爱参与进设计的过程。正因为通过用户参与设计生产环节，一家中国本土制衣企业能够融入全球市场并被追捧；通过自发性外包模式，一家没有库存的手机制造商连续数年蝉联销量榜首。它们是怎么做到的？

5.2.1　"魔幻工厂"圆小白们的裁缝梦

2003 年的红领集团只是一家不起眼的服装制造企业，员工不到千人，产值不过几亿元，品牌名气也是一般。可以想象当时的红领集团就是一个典型的区域性中型民企。在红领老总张代理先生远赴德国考察了宝马的自动化机器人工厂之后，他意识到企业必须转型，否则未来的服装产业将没有红领的立足之地。于是，他毅然决定开启智能制造系统。如今的红领西装，以C2M制造模式先驱者的身份重新开始进入大家的视野，又于2015年中获得了复星资本高达20亿元的战略投资。究其原因在于其数十年艰辛探索出来的兼顾个性化与规模化的新型生产模式。

众所周知，传统的制衣模式是先把衣服批量化做好，再由代理商、店家进行售卖给终端用户。这种传统模式无法避免传统服装业最大的痛点，那就是库存积压无法处理。为了改变这一现状，红领研发了"红领模式"——拥有自己的"魔幻工厂"。所谓"魔幻工厂"，就是红领运用互联网模式建立起自身的数据化大规模定制平台，即C2M：Customer to Manufactory。在过去十多年，红领通过消费者参与积累了超过200万名顾客个性化定制的版型数据，这些版型数据涉及很多细节且参数较广。一个数据的变化会同时驱动上千个甚至上万个数据的同步变化。整个定制的生产流程包含着与制版系统类似的20多个子系统，全部都以数据驱动运营，实现了西装的个性化定制生产。

由此看出，魔幻工厂的工作流程不同于以往"先做再卖"的生产顺序，它采用的是先找到客户，再根据客户需求进行个性化定制的"先匹配再做"的顺序。借助用户在生产设计环节当中参与所留下的数据，积累沉淀后形成属于红领的独特生产分工模式。

1. C2M时代的到来

魔幻工厂具体来说，就是C2M模式的应用。而C2M模式的核心内容就是M，被称为SDE（Source Data Engineering，源点论数据工程）。在智能制造、中小型制造业转型升级过程中，SDE至关重要。

传统模式中，成衣制造商扮演的角色是生产大批量同质化产品，因此，在产业链条中地位很低。但是红领C2M中M端是经过SDE工程改造的M，是用户参与融合进生产体系中又以大数据形式呈现的智能制造。这完全改变了整个产业的价值链条。从此模式开始，制造业将以核心身份直接对接消费者。使用户加入并参与设计生产环节，将传统的外包生产模式彻底颠覆了。这也是红领西装的制胜之道，更是生产分工3.0模式对于未来产业链改变的最好体现。

通过 SDE 模式之下的制造商显然摇身成为了产业链的高端角色。不仅解决了企业的库存和现金流的问题，同时也减少了产品流通过程中的渠道费用，更重要的是，通过这样的模式运作，让客户直接面对工厂，每位客户都可以得到为自己个性化设计的产品，一人一款，永不撞衫。如此一来，客户也更加愿意在这家企业持续交易消费，实现了企业和消费者双赢的局面。

2. 大数据驱动下的企业破界

魔幻工厂的核心即是借助大数据技术的赋能，使终端用户能够参与服装的设计与制造生产流程，颠覆了以往的传统制衣流程。与此同时，其魔幻工厂在用户参与过程中，可以输入更多用户版型数据，进一步扩充自身的数据库，实现"滚雪球模式"的敏捷更新，为日后更快、更精准地设计让客户满意的个性化西装夯下基础。

而从分工的维度来解读"红领模式"，其本质是在大数据与互联网的赋能下打破传统意义上的企业边界，让"消费者"也直观地"接入"了生产链条中来。此时，企业与外界连接的窗口从传统意义上的"两极"泛化为网络。随着越来越多的消费者通过互联网平台接入红领的生产体系中来，自身的生产能力与数据能力也随着实现了同步的增长。

相比传统生产模式，打破企业边界后的"开放式"生产体系拥有明显的优势。最明显的是对于消费者，C2M 体系下的产品能更好地满足用户的个性化需求，极大地丰富消费者可选择的商品品类。

对于企业而言，借助互联网平台带来的信息沟通效率的赋能，企业能更广泛地撬动社会生产资源，快速实现其生产规模与服务范畴的升级。同时，当企业从"制造商"升级为"平台主"后，其竞争逻辑也会较传统模式产生很大的变化。当用户与企业间的触点从产品扩展到更广泛的设计与生产时，其对企业品牌的人工感势必也将随之攀升。同时，随着用户本身越来越多的数据沉淀在某平台上，用户若想转换平台也就会产生更高额的成本。在这种强大品牌黏性的作用下，一旦某家平台型企业在细分市场站稳脚跟，"滚雪球模式"的规模增长逻辑极容易造成赢家通吃的局面，迅速使其获得竞争优势。

总而言之，红领除了作为"制造商"的机能型角色外，更通过引入数据技术将自身打造为了新时代的"分工平台"。这才是分工 3.0 模式下传统制造公司应有的升级姿势——用开放的姿态拥抱未来。

延伸阅读：一座"活"的工厂——详解魔幻工厂制衣流程

2014年10月16日，美国客人David Chon通过美国经销商预订了一件西装礼服，同一天英国客人Rory McGouran也在英国经销商的门店里预订了一套正装。这是David第一次订制西装，于是预约了量体师当天中午上门量体，整个量体过程用了5分钟，分别采集了总肩宽、中腰位、上臂围等19个部位的数据。而平台的数据系统显示，这已经是Rory第二次在红领的系统内订制西装，红领的数据系统中已经保存了一整套Rory的数据档案，所有关于他的体形尺寸无须量体环节自动生成。

两位客人需要对面料花型、色系、肩形、驳头形、胸口袋等10多项款式做出选择，并预订自己喜欢的里料、刺绣和面料标等设计细节之后就可完成下单，他们的订制数据和细节要求就在下单那一刻进入红领的订单平台。因为时差的原因，两位客人的数据出现在红领平台上是北京时间10月17日凌晨，此时红领工厂的工人已经下班，但红领的数据系统会自动对19个数据做自动排单。

红领的生产工厂更像是一个由电脑系统带动的有机体，每个工人的工位前面都有一台电脑识别终端。在红领的工人们10月17日上班之前，David和Rory的数据也通过红领工厂的自动制版系统，完成了自动计算和版型匹配。

王娟负责工厂生产过程的第一个流程，她需要实时观测订单的变化，核对每个订单中的50多个订制细节，随后把David和Rory等每位客人对于面料、刺绣、扣子数量、扣号和扣眼颜色、线号等要求分别感应录入到一张电子标签上。据行政接待中心经理赵晶介绍，这种电子标签是利用RFID的射频技术，把所有的订单数据都记录在磁卡上，每张电子磁卡的背后都是一个个有独特要求的客户。

红领的数据系统在完成版型匹配之后，会将信息自动传输到布料部门，根据面料的长宽比例，计算出最节约面料的裁剪排列方法。张君根据终端上显示的每件衣服的面料需求，只需要把他们预订的面料放在裁床上，单击"确认"按钮，机器裁床就用激光定位的方式完成自动裁剪。裁剪完毕，张君会把已经裁剪好大小不一的面料和内衬夹在车间上方的吊挂上，附着客户信息的电子标签也和这些面料挂在一起。

David选择的面料是宝蓝色绒面的英国面料Scabal's，内衬却是天蓝色背景的卡通图案，而 Rory 则使用深灰色的意大利面料 Loro Piana，内衬是正统的灰色，两个人的衣料也开始在 400 道大小不同的工序间自动流转。

每位工人在接到衣服之前，都需要先扫描各自佩戴的电子标签，并根据终端上显示出来口袋、袖边、刺绣等的工艺标准和数据做不同的处理，但每个终端上只有各自职责内需要的数据，无关的数据都被系统自动屏蔽。钟云芳的工作是做袖扣的缝制，David 的衣服流动到她这里的时候，刷卡显示，他预订了紫色扣眼线，6 颗藏蓝色袖扣，Rory 则要求黑色扣眼线，4 颗黑色袖扣。在钟云芳的工位上方，悬挂着 7 排、每排 15 种不同颜色的缝线，她每次都需要根据客人预订的不同颜色换线。

周颖负责的刺绣环节也是工厂里最有趣的环节，红领的定制西装在西装内衬胸口的位置，以及袖口、领子等固定的位置可以刺绣，通常客人都会选择在左边的胸口位置保留面料的品牌，而右边则刺上自己想要的字或图案。

在周颖的终端上显示，David 希望在内衬右胸口位置刺上"David&Tina 09-05-11"，Rory 则预订刺上"In God We Trust"。每天都有不同个性的作品在周颖的手中轮转，她曾经手过一件衣服，预订内衬刺上"想要成为和巴菲特共进晚餐的人"。红领庞大的数据系统已经将款式和设计等最终都归结为 1 和 0 的组合。红领集团副总裁徐方晓介绍道，"目前红领已经可以满足超过上亿种以上款式和设计的组合"。

即便 David 和 Rory 等客人不愿意在选择上花太多时间，红领的系统还可以做到对物料数据做整合管理，对里料、缝线、袖口等完成自动搭配。整个订制的生产流程包含着与制版系统类似的 20 多个子系统，全部以数据来驱动运营。最终所有完成制作的西装都会经过 25 个环节的质检，王玉婷会根据终端上每个客户所预订的数据，一一查验制作是否符合顾客的细节要求，尺寸和数据是否正确。在红领工厂居于通道的两侧，已经制作完成的西装挂在上百米长的衣架上，它们各不相同，有的外面是素黑色面料，里衬却是鲜嫩的粉色或美女图案，甚至袖口上的 8 颗扣子每个都是不同的颜色。

赵晶说，"每件西服都是一个故事，每件衣服背后都是极具个性的客人，从衣服上可以猜测大概是什么样的人穿，甚至以什么样的心情来穿。"在整个工厂里，能够清晰地感受到信息在各个生产环节上的流动，整个厂房仿佛就是一个有生命、有思想的有机体。

现在红领的车间里已经装上监控流程的高清摄像头，客户的电子标签每进行到一个流程都会被打卡。徐方晓说，"在未来，只要红领放开访问权限，客人就可以直接打开自己的网页或手机 APP，看到自己的衣服进展到了哪一道工序，甚至知道自己这件衣服每一道工序是哪位工人在操作。"

最后，David 和 Rory 的西装会通过 UPS 空中航运送到他们手中，在下单 7 天之后的 10 月 24 日完成交货。徐方晓说，"国外西服订制一般都需要三到六个月"。

完成这一套流程，张代理用了 10 年时间。他解决的不仅是掌握客人的身高、体重等体形数据，他甚至掌握了喜好、性格、体形变化等客户密码，张代理说："红领其实不是在做某个客人的一件服装，而是做客人终身的服装。

（摘自：http://www.ebusinessreview.cn/articledetail-251677.html）

5.2.2 大众"参与感"点燃新型制造范式

移动互联网大潮整整感染了一代人的兴趣点，甚至价值观。随着无数移动终端产品"发烧友"圈子的兴起，人们也开始逐渐看到了这种业余票友团体中蕴含的巨大商业潜力。

"为发烧而生"，这是小米品牌对外的宣传口号。在科技与文化交融的热潮慢慢兴起的时候，作为国产手机后起之秀，小米科技踩中了中国大力发展文化产业的节拍，将网络文化与高科技结合得天衣无缝，开创了一条在互联网上打造手机品牌的独特路径。不谈小米公司目前的战略如何，前景怎样。2011 年的小米公司绝对称得上是国产智能手机产业的正名者与领军人。而将其推上宝座的并不是传统制造商趋之若鹜的"技术专利"或"流程设计"，而是"发烧友"。

从一开始，小米所推崇的是用户理念，即"让用户参与，让用户爽"，这是用户参与开放创新的一个重要体现。这其中用户参与的流程绝不仅仅是口号。小米从初期产品开发、中期产品上线营销推广到后期产品客服和更新迭代都有用户参与其中，这种创新协作模式将用户的作用发挥到了极致，也形成了极具特色的小米文化。

1. 打破边界的"参与感"

"参与感"可谓是小米公司进行产品设计、营销甚至客户服务的关键词。在产品开发初期，用户可以通过各种渠道对产品进行测试并提出意见和建议。用户的反馈借助公司以较快的速度反映到生产商端，如此下来形成正向激励。用户的意见就像一座取之不尽，用之不竭的矿山，为公司提供源源不断的动力和想法。但只有想法是不够的，产品经理团队、生产商仍然无法准确捕捉到用户的产品喜好倾向。这需要更进一步的精准预测——大数据运营出现了。所谓数据运营，就是用产品运营数据说话，通过对运营数据的分析，为产品发展提供客观的决策依据，通过运营数据的分析，能够在短时间内获得对某个产品特性的准确评价，进而快速地指导产品下一步的发展。

产品上线后，新一轮的营销之路便相继开启。此时，用户仍然扮演了很重要的角色，那就是产品的布道者。他们自发地成为小米公司的粉丝，自愿成为小米手机的代言人。通过互联网社交媒体，利用用户参与其中的社会化营销手段聚集人气正是小米开放式创新的最大特点。

当消费者完成购买交易行为时，属于小米的创新模式正在形成。通常情况下，产品在被用户购买后企业还需要为用户提供产品答疑等相关服务，也就是一般所理解的"客服"。小米另辟蹊径，将客服体系升级成为了全民客服体系。这是小米文化中最重要的升级版沟通机制。通过论坛、微博等社交工具，小米公司得以直接接触用户，并成功地推行了"全民客服"计划。所谓全民客服，就是每个员工都会通过米聊、微博得知用户的需求和意见，与用户互动。小米公司已经有近500名员工，但没有专门的用户调研中心，因为每个员工都承担了客服的角色。与用户大量的接触产生的用户知识成为了小米创新的重要信息源，稳定的用户信息既可以使小米有效地把握创新方向，又有利于定位市场需求，产生关键的创新思想。

2. 3.0模式下企业边界的打破

小米的开放式创新最大的特点就是开放，开放体现在突破企业的边界，尤其在信息资源的管理方面，强调不仅关注内部信息资源的获取，同时重视外部信息资源的识别、收集、整理和利用，尤其是用户的直接参与带来的直接对智能手机的需求和特性的信息获取和利用。与此同时，小米又可以把一部分内部创新的产品信息共享给客户,让用户对其产品的不断完善献计献策,进行了市场营销和推广的同时还提升了客户对其品牌的黏性。公司需要开放地获取信息并获得信息资源,与此同时在信息的处理和知识的转化中要突破组织个体局限,这样才能充分发挥组织内的协同效益。

在分工范式维度,企业的边际在打破。无论是企业与企业之间,还是企业与个体之间的连接都由分工 2.0 时代的线性结构变为了网状结构,这就是分工 3.0 时代的特征。首先,分工 3.0 范式下企业外包商不再单一,任何个体或企业但凡满足企业外包业务要求的,都可以参与进企业的生产链条中,这种自发协同模式极大地提高了效率,也为企业与企业之间和企业与个体之间提供了更多选择。其次,外包环节也不同于以往规模化、单一化场景,分工 3.0 范式下的外包环节更细分。以往耐克的外包公司负责的是整双鞋子的生产,从打板、制样到配对、品检都是一家公司全权负责。以后可以预见的是整双鞋子的生产环节也将被打碎、打散并被不同企业或个体承包,分工更加精细化。当然,未来想要实现自发式协同还是外包更加细分的服务,势必基于互联网平台。互联网技术将打造一个大平台,用以对接需求方和供给方,从而降低沟通协作成本,才可以实现上述场景模式。

虽然大众普遍接受的分工 2.0 已经在分工协作模式范围上达到登峰造极,但是笔者相信分工 3.0 时代的来临一定更能让大众热切期待。

5.3 新工种:一台电脑成就一位超级制作者

随着互联网不断改造着我们的生产与生活的方式,越来越多的制造商开始将目光从狭隘的生产流水线中移开,开始关注如何以互联网为媒介,低成本地撬动社会大众的生产力与创造力,为其创造价值。当然,绝大多数涉及大机器协作生产的业务领域,在 3D 打印技术成熟与普及之前还无法以"分工 3.0"模式向社会进行广泛外包。但在一些涉及纯"内容生产"的领域中,以社会化、自由人的形式进行众包生产已经蔚然成风。

5.3.1 有一个神奇的地方叫"字幕组"

所谓"内容",在当今语境中包含着非常广的含义范畴。区别于实体产品,凡是仅通过数据手段就可以进行编辑与传播的产品都能被归入内容的范畴,其中典型的包括小说、音乐、影视和软件等。换句话说,任何有相关能力或资质的人仅仅依赖一台电脑便可以随时随地对于内容类产品进行生产与修订,而且只要电脑能连入互联网,他便可以与其他生产者形成生产协同,从而最大限度地摆脱了客观条件对生产协同活动的限制。

1. 字幕组是如何炼成的

对于很多美剧迷和动漫宅友们,追剧的"刚需"是什么?不是其他,而是字幕。字幕组,一个被称为"打破文化屏蔽的群体",从 21 世纪初期成立开始迄今也有十多年的时间。字幕组的定义为将外国影片配上本国字幕的爱好者自发性团体。这类组织是基于团队成员的兴趣爱好,是一种自发性的个人团队组织,也是互联网时代才有的产物。字幕制作的原理看似简单,但一个优质字幕的诞生往往需要经历"外行"难以想象的复杂工序。从片源获取、翻译、校对、特效到时间轴编辑、计时、内嵌、后期、压制、发布、监督等,这种相对繁杂的分工流程若采取传统的组织协作模式进行开展,往往带来高昂的沟通成本并导致较低的制作效率。然而,中国字幕组作为跨地域甚至跨时区的线上极致松散型协作组织,却在这项工作中表现出了非凡的效率。中国网友看到《越狱》《绯闻女孩》等热播美剧的时间,可能只比美国的播出时间晚不到一天。那么,其中的秘诀是什么呢?

首先,字幕组将字幕编制的流程高度标准化、流水线化。虽然不同剧集内容差异性极大,但是制作一套字幕的流程却可以被清晰地模块化为如下几个环节:搬运、分工、翻译、时间轴、校对、后期等。通过将个性化的工作分割为标准化的模块,字幕组可以方便地采取分包的形式驱动更多人进行共同创造,并尽可能降低分包过程中的沟通成本。

其次,字幕组抛弃雇佣个人,转向租赁"时间碎片"。各大电视台、制片厂都雇有专职人员为海外引进剧目制作中文字幕,但相比于网络字幕组,其雇佣成本与工作效率都相当高。字幕组能实现低成本、高效率的另一个秘诀,在于其借助充分流水线化的操作流程与互联网赋予的低廉沟通成本,不必像传统企业一样招聘专人等待订单，而是可直接根据订单的需求，招募"临时工"完成项目。说得更明确些，字幕组从不需要某特定的人专职负责哪个字幕的哪个部分，而是事先建一个规模够大，但全部由兼职人员构成的社群，并在社群中寻找"刚好"有空完成某一部分工作的人来承担项目，从"人负责工作"转为"工作找能负责的人"。在此模式下，对于字幕组而言，不再需要为任何人的闲置时间买单。通过业务标准化拆分的赋能，当有制作需求时，字幕组想马上找到有能力、有时间独立完整制作字幕的人也许非常困难，但想找到一群仅拥有某一个方向能力，并有少量时间足够完成一小段工作的人却容易得多。而对于字幕组中的"生产者"而言，他们获得了更大程度的生活自由，想接单就接单，成单后立即从临时项目组中解除身份，不再被任何组织带来的额外管理成本所束缚。

最后，字幕组成员间以兴趣社群为纽带，拥有较强的自发黏性。绝大多数字幕组至今为止提供的是"公益服务"，其内部成员也很少能通过字幕服务获取经济收益。而将这个群体紧紧黏合在一起，并保障其高效协作的核心是成员共同的兴趣爱好。这种兴趣不是成立社群之后再花成本慢慢培养的，而是新人加入社群时就被设定的必要门槛。这也许是其他类似的内容创作类社群可以借鉴的。

2. 协作的"云化"成为新可能

字幕组虽然目前是非盈利、极松散的，但依旧可以从它的治理模式中看到生产制造"云化"的先驱尝试：在字幕组模式下，承接一个字幕制作需求不再是几个确定的"员工"，而是一整个松散结合的社群，或称为"生产云"。"云"中汇集着有资质但不一定都有精力的大量个体或小微企业。当需求产生时，"云中"恰好有能力接单的单位以互联网协作平台为媒介迅速组成临时项目组，并依据实现约定好的分工关系来协作完成订单。成单后，临时项目组宣告解散，各自回到松耦合的"云"中，等待新的订单。

可以看出，在互联网赋能下的云生产模式中，固定的上下游协作链条被动态的协作网络所取代。如此一来，生产云中个体的自由被最大限度地释放了出来；同时整个生产协同系统的效率也得到了提升，因为从理论上讲，传统链式协作模式最大的问题——单位闲置问题在新的协同模式中再也不复存在。

而对于未来在"生产云"中生产、生活的每个个人而言，"按需聚合，用后释放"将成为他们未来生活的常态。他们不需要再通过雇佣关系归属于某个确定性的企业，而是直接在网络协作平台上寻找自身能力兑换价值的商机，双向选择、自由聚散。因此，在这种模式中生产、生活的自由人不但需要拥有更强的专业能力与履约信用，更要获得与目前上班打卡完全不同的工作理念与职业心态。

5.3.2 平台型公司上的自由办公族

字幕组模式的诞生与发展带给了内容制造产业新的想象空间。在更广泛的行业中，正有越来越多的人走出办公室，以线上平台为媒介与"同事"进行协同办公。其中，软件开发、新媒体运营等工作内容标准化程度相对高，KPI 制定相对容易的工种则成为这种新型办公模式的探路人。提到这些自由办公族，必须先介绍那些为其提供平台化协同服务，在近些年也顺势崛起的平台型公司。

1. 平台型公司的曙光

如何界定"平台型公司"呢？波士顿大学和杜兰大学的几位学者将公司分为线型公司（Pipelines）和平台型公司（Platforms）。线型公司参与最终用户核心价值的创造，而平台型公司不参与核心价值的创造，只是起到链接核心价值的创造者和用户两端的作用。

阿里巴巴起步便是典型的平台型公司，淘宝上众多的商家就是平台核心价值的创造者，淘宝并不拥有这些创造者，它只是对接了创造者和消费者。在服务商家和消费者的同时，发现了自身的商业模式，从而成为平台型公司的典范。淘宝网解放了众多线下商家，而还有另外一家平台型公司更是以惊人的速度解放了更多的自由职业者。这是全球最大自由职业者平台 Upwork。

Upwork 的 CEO 斯特凡·卡斯瑞尔（Staphane Kasriel）在达沃斯曾说，"千禧一代喜欢这种就业方式，他们不喜欢朝九晚五，喜欢独立、灵活性，不喜欢被控制的职业生涯。"即使是来自世界 500 强的大公司也会不时到这类平台去寻找临时工作者。"我们服务的市场规模很大，临时产生的工作机会在全球至少是 1 万亿美元的市场。"

当然，除了像阿里巴巴、Upwork 这类创立初期就战略定位自身为平台型公司的情况外，还有一类公司是从工具型公司起步，但在成长之后逐渐转变为平台型公司。腾讯就是从工具型公司逐渐转变为平台型公司的例子。早年开发了免费的 QQ 即时沟通软件，后来收取会员费、出售 QQ 秀虚拟道具服装及游戏币等，淘宝崛起之后，腾讯也建立了类似于淘宝的电商平台。再后来，剥离出电商业务，并采取合作的方式，进入了团购等领域，逐渐向平台转型。但一直到其具有颠覆意义的产品微信出现，才建立了从公众号的内容分发到支付，再到金融等一系列的服务提供，真正转型为一家平台公司。

2. 自由人的自由生活

首先，想象一下典型的白领的办公作息时间：九点准时打卡，每天待在办公室，除去开会时间、接电话、老板打断、和同事聊天……剩下真正专心工作的时间有多少？一个团队在创业初期如果养大批闲人，设置多个层级，汇报流程一大堆之外不说，工作效率如何界定？创业团队又如何对投资人负责？

互联网时代改变了工作格局，过去那种待在办公室，等待老板指挥干活的工作模式已经不再时兴了。美国布兰迪斯大学社会与经济学教授莱奇（Robert B. Reich）在《卖命工作的诱惑》一书中分析现代工作新形态，他认为科技的发展，使得工作者不再限于一个固定的工作场所或固定时间才能工作，通过网络及计算机、智能型手机等智能应用，人们随时随地都可以工作。

2013年雷格斯（Regus）全球经济指数指出，固定办公桌被使用的情况会越来越少。越来越多的企业相信，在互联网随手可得、4G普及5G开始推广、智慧终端设备人手好几台的今天，作为员工的我们不应该只是待在同一栋办公楼里，机械地干着工作。而是应该待在自己想待的地方，如客户乙方那里，或是自己家等不受打扰的工作环境里。可以通过各种工具更有效率地与同事沟通、分享信息，省下通勤往返的时间与金钱，为组织创造更高的绩效。Upwork给职业者们创造了这项福利，它使自由生活方式成为可能。平台的一端是有大量临时雇员需求的组织，另一端是有时间和技能提供服务为自己谋得更自由生活方式的职业者们。对接双方资源，成为一个平台型公司就是Upwork致力多年并一直努力推进的事宜。

> **延伸阅读：自由职业者比固定收入者更有前途？**
>
> 现今的雇主和雇员都在彼此欺骗——职业社交网站LinkedIn的联合创始人里德·霍夫曼（Reid Hoffman）在他的新书《联盟：网络时代如何管理人才》（*The Alliance: Managing Talent in the Networked Age*）中这样写道。

当然,在你入职的第一天,老板都会对你表示热烈欢迎,并且"表示他希望你今后能留在公司效力多年,"霍夫曼写道。但之后你从人力资源部那里发现了真相:你有一个为期90天的试用期,然后会成为一个"可以被随时解雇的雇员"。

霍夫曼认为,在如今这个时代,各大公司必须更加敏捷灵活才能获得成功,公司期望雇员忠诚,但拒绝对雇员的职业保障或职业发展做出承诺。他写道:许多公司对待雇员就像"对待短期商品"那样。他解释说,作为回应,雇员会相应地采取规避风险的措施,"不管他们在招聘过程中或年度评审期间宣称自己对公司多么忠诚,每当一个新机会出现时,他们还是会选择跳槽。"

与此同时,从事自由职业越来越容易获得成功,这要感谢面向自由职业者的数字市场,以及各种职业平台,如里德·霍夫曼打造的 LinkedIn。数据显示,目前有34%的美国人从事自由职业,其总人数达到5 500万人。其中77%的自由职业者表示,他们的收入不低于他们在传统工作中的收入,而42%的自由职业者说,他们作为独立的自由职业者赚到的收入要比传统工作高。

我认为,对于想掌控自己未来命运,而不想以传统管理级工作所要求的方式锁定自己时间的人而言,最光明的未来在于实现职业独立,最大限度地开拓自己作为自由职业者的未来。

千禧一代比他们的父母更加容易理解这一点,因为在初次进入职场时,他们就面临着有史以来最残酷的环境,而他们的父母则是在旧的工业就业模式仍然蓬勃发展的时候寻找到自己的第一份工作的。正如《美国从事自由职业的情况》调查报告所指出的,年龄在35岁以下的员工接受自由职业的速度高于年龄在35岁以上的员工。

和7年前开始从事自由职业时的我一样,现在这些年轻的自由职业者正在慢慢弄明白一点:与其让自己受限于一家雇主,不如为多家雇主工作,这会给你带来更多的职业发展机会,以及许多建立人脉关系和协作的机会。如果你可以发挥自己的特长,有效地推销自己的服务的话,那么就不存在人为的职业发展瓶颈来阻挡你晋升,或者获得真正符合你劳动价值的报酬。

如果雇主想要吸引当今最优秀的人才,那么他们就应该读一读《美国从事自由职业的情况》调查,考虑一下那些独立的自由职业者对他们的选择所给出的理由：

"最初是因为需要为家庭创造额外收入，后来变成帮助我实现个人成长并且创造财务自由的途径。"

"因为这让我有机会追求自己的创意梦想；这种创造力在办公室环境中会很难找到。"

"我更喜欢这种自己选择做哪一类工作的自由，我的日程安排不用受到别人的控制，而我的选择也不用听从别人的指令。我可以表达自己的想法，并且为此而获得赞赏，可以通过我的工作让世界更加美好。而且，与办公室的职场环境相比，这样承受的压力也少些……"

（摘自：http://www.360doc.com/content/14/0925/12/535749_412232259.shtml）

5.4 新工种：大企业中的"小作坊"

随着创业领域"资本寒冬"的袭来，不少心怀梦想的创业者与实干家们开始将目光投向了一种新型的创业模式：在大企业中进行"内部创业"。作为内部创客的相对优势不言而喻，既能借助大企业的平台与资源，更高效地实现自身的创意与规划，同时又能借助大企业的"避风港"效应，让其为自身分担一部分创业风险。当然，大企业也为"内部创业"项目打着精明的算盘。创孵项目一般必须与企业主体的核心能力或核心战略有契合点，企业才愿意为其投资。同时，大企业往往都有着较高的内部管理成本，俗称"大企业病"。采取内部创业的方式孵化新项目往往能够在项目最需要敏捷应对市场反应的初期给予其在制度上最大的自由与支持，实现"大象与蚂蚁"间的舞蹈与平衡。

目前，海尔、苏宁、腾讯、谷歌等大型企业都在纷纷开展内部创业，其中海尔的"小微模式"与 Google X 的"外脑模式"十分典型，值得进行更深一步的探讨。

5.4.1 独立经营的"小微"创客

2014年，海尔全球营业额达2007多亿元，增幅不11%，同期海尔集团净利润预计150亿元，大增39%。但尽管如此，海尔集团轮值总裁周云杰表示，大企业转型往往要经历从高峰到低谷再爬高的阶段，海尔转型期的趋势是稳步发展，复合增长率为10%，利润增幅高于规模。在其看来，这主要依赖于海尔的创业生态圈建设，充分发挥企业平台化、机能小微化的优势特点，由创客小微构建起的开放森林。

推广"小微模式"是海尔2014年最热门的一个战略性动作。尽管实施仅一年，遇到了诸多挑战，但却收获了不错的成果，创新产品在市场上频频"出手"。而"小微"们的热情也十分高涨，越来越多的人在以"小微"为单位，"当自己的CEO"。直至2014年年底，海尔公司旗下"小微"公司总计212家，但这个数字并不稳定。按照海尔人的说法，这种小微公司"生生不息，既不断增加，也有因为各种原因结束或被兼并"。

1. 小微模式的前世今生

构建小微模式是海尔集团平台化转型的重点举措。"小微模式"是什么？即在海尔集团内部，以业务或项目为中心，将传统组织结构打散为一个个具有独立决策权、用人权、分配权并进行独立核算的小团队即为"小微"。而小微模式的核心管理理念，便是把"金字塔结构"的封闭型企业转型为对企业内、外部人力及资源开放的"投资管理平台"。该平台对内强调划小分权管理，对外强调构建开放式创新体系，对内对外的意义非同凡响。海尔小微基本模式如图5-1所示。

对于企业内部，投资管理平台通过重构组织架构、开放企业资源、组建"小微"项目组、实施独立核算等，实现了划小分权管理。在运营模式层面，企业决策层的定位从内部经营管理者转变为全局项目的投资人与资源支持者。原企业员工的角色定位也从上层命令的执行者转化为项目的驱动者。这样，一线员工直接面对市场终端需求，提报具有市场前景的内部创业项目，倒逼企业体系提供资源支持，主动驱动公司的产品创新与业务盈利。

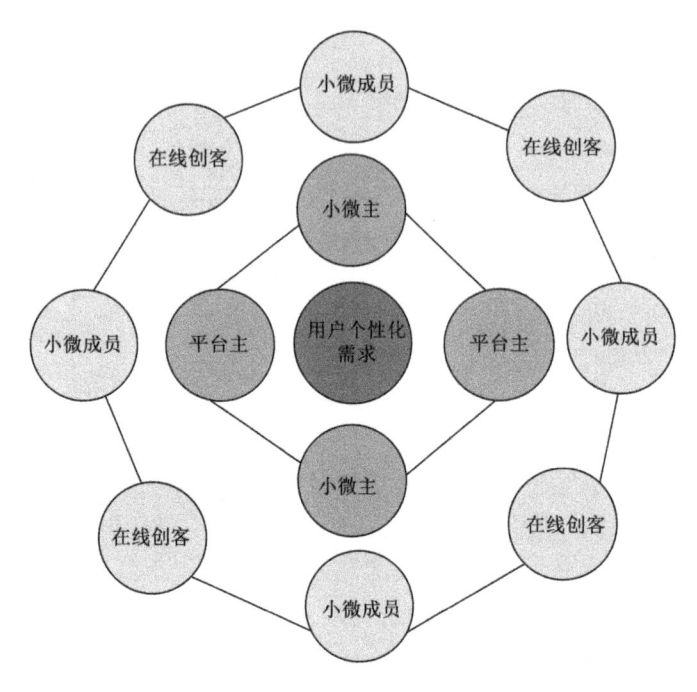

图 5-1 海尔小微基本模式

在这种平台化的运营模式下，企业员工不再是铆定在确定岗位上执行上司命令的螺丝钉，而是有条件、有动力进行主动提案与项目创新的"创客"。更重要的是，"小微模式"下成立的小微公司具有一定的人事决策权，可对外独立招聘，敏捷地获取企业外部的优质人才。

对于原先企业内部不与市场直接接触的中层管理人员，张瑞敏把他们看做妨碍企业沟通效率的"内部隔热墙"。通过推倒原有层级制企业结构，建立平行的小微组织，原企业"中间层"要么到某一个小微做小微主或者成为小微成员，要么选择离开。

在组织结构层面，未来海尔将只存在三个层级：平台主、小微主及小微成员。原来的员工，以前要听从上级指挥，现在要为用户创造价值，必须变成创业者、创客。这些创客组成小微创业企业，其中的提案人与决策方，便是"创客"自行选拔出的"小微主"。

小微成员和小微主之间可以互选，如果小微主做了一段时间被小微成员认为不称职，可以撤掉。海尔原区域事业部负责人便是现在的"平台主"。他们的核心任务是与区域平台下的小微主对接，服务于各小微的日常运营，在资源上给予各小微保障与支撑。企业原先的劳资关系从过去的上下级关系变成了投资人与创业者的关系。

这种划小经营单元的改革，核心价值有三个方面：

首先，通过企业中间层向"平台主"的转化，使得在企业内部市场需求的传递效率最大化。此时，业务决策层距离用户前所未有的近了，其产品的设计方与制造方也能准确地感受到市场压力。其次，通过资源开放与内部竞争，激发员工的工作效率与创新热情。同时给真正有想法、有能力、有愿望的"合作者"以更好的发挥与创造空间。最后，对于大体量企业而言，层级的减少可以有效提升内部沟通效率，并同时降低相对的运营成本。抛弃了原有大集团中的流程束缚，小微可以通过不断地与用户交互，在多次实践与尝试中探知用户需求，从而将各种好想法变成产品。因此，这种模式不仅有效地提升了组织决策的客观性，更是以大化小，让大体量的传统企业在做产品设计与市场决策时拥有了小企业一般的洞察力与敏捷性。

2."小微"赋能下的资源开放与自发创新

对于企业内外，"小微模式"之下的投资管理平台也支撑起了企业的开放式创新体系。开放式创新的核心，便是通过借力信息化协作平台，以企业内部的资源、品牌或渠道为引力，实现了企业对外部生产力、创造力的组织、激励、整合及价值转化。在海尔集团，公司内部资源在一定规则下，借助"HOPE 平台"面向全社会开放，以市场化的运作方式吸引优秀人才与优质资源"加盟"海尔生态体系。小微的成员不仅不局限于内部员工，项目的创意也可以从外部引进。用海尔集团董事长张瑞敏的话说，"世界不仅仅是海尔的研发部，也是海尔的人力资源部"。实现企业开放式创新的关键点，在于资源共享，自发协作与业务众包。

企业内部资源的开放共享是实现自发模式创新的基础，因为企业现有的品牌、渠道与生产能力等往往是社会自由生产力"加盟"协同平台的引力，也是社会自由生产力在本平台上实现高效兑价的物质保障。自发性协作机制的建设也依赖于信息化协作平台的支撑，它使得任何社会劳动力与社会资源在满足准入门槛的条件下，能随时、随地凭借个人意愿与平台主体进行信息共享与业务协作。"自发性"正是实现企业翘动大规模社会资源与生产力的本质动力。

运营众包平台目前是落地企业开放式创新的主流解决方案。海尔的"HOPE 平台"本质上也是众包平台。众包平台对接供方、需方两大群体。需求方可在平台上"自发性"地发出业务邀请，供给方则可依据自身状况对平台上的任何邀请做出应答。借助众包平台的运营者所开放的共享资源为需求方提供服务，并与众包平台的运营者分享劳动收益。全国工贸公司原来是海尔的管控组织，从2013年开始，工贸开始小微化。小微模式下，原工贸公司有部分员工继续转入"商圈小微"为海尔工作，也有部分员工因为编制及考核标准变化等原因选择离开。当然机会是无限存在的，在小微企业中，以"车小微"创造的就业机会最多。

"车小微"隶属于海尔的日日顺平台，在整合了海尔原来的6000多家服务商的送装服务之后，还吸纳了数万社会车辆的加盟。它们凭借互联网自主加入平台，自愿抢单，服务评价来自用户，考核则靠信息系统。目前海尔已经有9万多辆"车小微"，这些配送车辆接单模式灵活，既可以承接海尔内部的配送单子，也可以承接阿里巴巴、京东等外部品牌商的配送单子。

原本海尔青岛服务中心的一名每天负责派单、调度的内勤，在小微模式下有机会和自己的搭档合伙买车，并加盟海尔的物流配送系统。他们根据订单数量按比例分成，已经发展成为一个典型的"车小微"。类似的案例在海尔内部还有很多。

3. 小微带了的宏观经济收益

海尔的"小微"创新带给我们的启发是：企业开放式创新的最大优势在于调和了企业生产规模的扩大带来的内部管理成本与业务规模优势之间的矛盾。

企业生产规模的扩大无疑会提升其利润规模。更重要的是，由于马太效应的广泛存在，随着企业可调度资源的积累与业务规模的扩张，其产品的卖方议价能力与行业竞争门槛也会被同时提高。但是，随着企业体量的扩大，按照传统的组织管理模式，企业的内部沟通效率、管理成本也会大大提高，束缚了企业的进一步发展。

而开放式创新模式恰恰使得企业在保持一定的核心体量的同时，以众包或合资的模式实现了对外部大规模资源的配置与兑价，使得其生产规模扩张的边际大大提升。同时，从宏观的角度来理解，开放式创新模式无疑会通过市场化的机制促进全社会人力、资本配置效率的提升，将企业与上下游之间的关系从零和博弈转化为收益共享。在分工范式维度下，企业已经被解构成单独的个体组织，实现了从企业的连接转化为机能的连接。

延伸阅读：不同小微各显神通

当前，海尔的小微公司主要分为孵化小微和虚拟小微两大类。在海尔内部，基于既有产业的转型称为虚拟小微。相对于孵化小微，虚拟小微与海尔的大资源平台相关性较强，如研发资源和制造资源等，海尔在这些资源方面有领先优势，但也做互联网转型。

小微公司的前身应该从"自主经营体"算起。2010年，海尔正式推出"自主经营体"的组织模式，研发、营销、制造等环节都是一个自主经营体概念，拥有财权、用人权等自主权，各个自主经营体开始分别承接发现用户、创造用户的功能，在更大范围的意义上是能够"自主协同"的。小微公司的2.0版，是由自主经营体"进化"而成的利益共同体，比如把具体某事业部的企划、研发、制造、营销分别变成了利益共同体，每个利益共同体都可以自主核算，不过这种核算还是虚拟核算。

当前海尔主推的小微，是原来利益共同体的"再升级版"。原来的利益共同体是虚拟核算，而小微变成了实实在在的独立核算，小微公司可以自主决策、分配资金、自主用人。

小微公司对于人才的激励已有一套初步机制。第一阶段，员工一般只有基本薪酬四五千元；第二阶段，当你的项目进入拐点，即产品开始有了客户预约，并且达到了最初签约时的拐点目标和额度时，在你的基本薪酬以外，还会有超过既定目标部分的利润分享；第三阶段，则是在你的小微达到"引爆点"，即公司"有一定江湖地位"之后，创业者可以跟投一部分，比如出资10万元占股20%，这时候创业者的收入除了基本酬、分享酬以外，还有分红；第四阶段是小微公司已经形成小的产业生态圈，商业模式相对成熟的时候，除了集团的天使基金可以跟投，还可以引入外部投资人，帮助企业做大上市。

各小微公司通过前期准备，在商业模式已有雏形之后，就可以通过递交商业计划书、路演等形式，来获取海尔集团的投资启动资金。在审核通过之后，各平台主还承担着为小微公司对接外部资源和人才等职能。

不过，完全打破固有的组织形式和商业模式，并不意味着海尔有时间等待小微公司长大。张瑞敏要求，在平台转型的同时，海尔的业绩也不能下滑，如何边破边立，实现海尔转型的平稳过渡？

海尔小微项目的产品，在上市之前大都通过网上预售、与用户直接交互等方式确定了初步的产量目标。雷神项目的问世，就是海尔与用户交互产生价值的一个样板。

2016年1月15日，雷神游戏本在京东商城刚上市，20分钟内3000台笔记本就被抢购一空。这款火爆产品的背后是海尔电脑平台上只有三个人的"雷神小微团队"。据创始人介绍，在产品上市前，雷神团队先在京东上打出广告，把感兴趣的人吸引到一个QQ群中；而产品在京东上市之后，连续两代产品都配了VIP卡。这个卡片是进入QQ群成为粉丝的通行证。第一代产品发布时，雷神官方QQ群有500人，目前，雷神的粉丝已经达到60万人。

雷神笔记本不是海尔制造的，设计者通过与粉丝们的不断交互，再联合制造商、设计人员等，不断更新产品功能，实现了产品的迭代上市。另一款海尔人常常提及的产品"天樽"空调，也是小微成员与67万网友的交互体验中应运而生。

这些小微有一些共同点，即找准某一群体，通过微信圈、海尔商城、海尔社区和官微等网络平台建立联系，通过其提交的体验痛点和建议，找出用户需求。而在产品创意的过程中，小微还会跟海尔及外部的合作机构就产品的研发、设计、营销、制造等进行沟通。因此，上市之前，这些产品已经有了一个较为明确的订单量。

"人单酬"和"迭代量对赌"，是海尔小微公司实现"自驱动"的关键词。所谓"人单酬"，是指每一个海尔员工的薪酬都和其"单"即用户数量、销量等业绩表现挂钩；而小微公司的小微主们，为了实现成立时承诺的"迭代目标"，还与公司进行了"迭代量对赌"。

例如，小微公司"免清洗"洗衣机的迭代路线图如下：7月3000台，9月3万台，10月10万台。另一家小微公司"悦享"热水器的迭代路线图如下：6月1万台，9月10万台。

海尔对小微公司的业绩考核分为横轴和纵轴两条线，横轴主要是原来的KPI考核，纵轴则考核其网络化客户的数量。2013年元旦转入日日顺官方网站做社会化品牌的小微主注册成立了青岛顺康企业管理有限公司。通过这个小微公司，小微主与日日顺官网签订了对赌协议。按照协议，小微主横轴上要实现第一年国内家电频道平台交易额同比增长10倍；纵轴2013年年底前社会化客户达到1000家，2014年年底达到10000家。如果不能完成目标，将不再是过去的解约减薪，而是双方终止合作关系。

当前海尔的小微公司主要集中在四大平台上，包括营销平台、研发企划平台、供应链模块化平台及制造平台。真正做小微不是把四个板块割裂开，而是打通全程链条。一小微主说道。

（摘自：http://companies.caixin.com/2014-07-21/100706854.html）

5.4.2 独立研发的企业"外脑"

大公司进行内部创业的案例不止于中国。我们不得不提到全球内部创业孵化的翘楚——Google X 的创孵模式。Google X 不同于传统意义上的"内部创业团队"，它更像是 Google 将自身研发项目中，那些高风险、高回报的长线项目独立拆分后形成的"外脑"。大家众所周知的 Google Glass、热气球基站等"黑科技"项目均出自 Google X 的手笔。

为什么很多大企业需要以"外脑"的形式进行研发与创新呢？最核心的理由无非是股东大会所要求的短期利益与研发所需求的产期投资会发生矛盾。有一类项目是所有技术驱动类企业又爱又恨的——那就是一些高风险、高回报的颠覆性创新项目。谷歌给了这类项目一个名字——"moonshot"（打月亮）。

"moonshot"指的是一个疯狂的想法或者不大可能实现的项目，它被解决的科学概率可能只有一百万分之一。然而，一旦这类项目有所突破，其给人类世界带来的飞越发展也往往是难以用金钱衡量的。因此，一个 moonshot 需要大量的资金支持，但是该项目很可能永远都不会有任何成果。

除了谷歌联合创始人谢尔盖·布林，Google X 还由 Eric "Astro" Teller 领导。他是 Google X 的"首席 moonshot"——这主要是因为他的天赋，而这份天赋可能是从他祖父 Edward Teller ——氢弹之父那里继承的。在德州的 SXSW 会议上，Teller 称 moonshot 很重要，因为"当你尝试去做一件非常艰难的事时，你处理这个问题的方式和当你做一件会逐渐有所进展的事是不一样的。"他补充道："当你把一个问题看做是可以解决的，即便你不知道如何去解决，你会被你所能想到的东西震惊。它的价值会提升 100 倍，但难度并不会。"

然而，一般而言，moonshot 在大型企业中想长期生存往往举步维艰，尤其是当公司上市后还要面对来自外部资本的审计与质询。但为了保障这类项目的生命力，Google 成立了 Google X。

1. Google X 的颠覆式创新之道

这是一个连许多 Google 员工都不知道的绝密实验室，有些即便是知道也说不出所以然来。这里汇集了众多博学多才的工程师和科学家，他们正孕育着人类最前沿的科技与创造——它就是 Google 终极实验室"Google X"。它推出了自动驾驶汽车、谷歌眼镜，还有很多其他难以置信的项目。

与其说 Google X 是谷歌的内部实验室，不如说是由两位谷歌的联合创始人直接驱动的谷歌"内部技术风投"。他们喜欢称 Google X 为"梦工厂"。Google X 只对颠覆式创新项目感兴趣，在这里，100 万个科学点子中可能只有一个能成功，而且它们需要慷慨的资金支持、大量的大胆尝试，以及打破常规的意愿。但只要其中的一个点子获得了回报，其收益就远远不是用金钱可以衡量的。一个新的技术纪元可能会随之展开。

然而，对于企业而言，孵化并管理这类兼具高失败率与高回报期望的项目往往困难重重。来自季度财报的挑战、来自股东大会的压力、项目员工积极性的逐渐褪却等从不间断的质疑与自我质疑往往会促使公司管理层忍痛断臂，切断这类长期研究项目的财政支援。但谷歌如何能支持如此锐意、大胆的实验室的运营与发展？下面将从三个维度剖析 Google X 的颠覆式创新保障机制。

2. 体制维度

在大企业内部推动如 Google X 一般高投资需求、低短期回报的项目必然举步维艰。谷歌的股权分离后，两位创始人开始有意识地保持 Google X 在体制上的独立性。这种独立性不仅体现在对 Google X 的资源调度限制上，更体现在对项目选型的限制上。Google X 希望继承传统研究实验室的精神与体制，比如研制出首枚原子弹的"曼哈顿计划"（Manhattan Project），给予研究者尽可能少的束缚，与松散、自发的工作氛围。在这里，任何天马行空的创意都有可能被付诸实践，而不用去考虑季度财报的。"对于项目预研，但凡是困扰人类的重大问题，我们都会着手研究，看看我们能否找到办法来解决。"Google X 的掌舵人如是说。

3. 人事维度

Google X 能走在人类创意的前沿，最依赖的莫过于人才。然而，Google X

对人才的定义却与绝大多数实验室与研发机构大为不同。Google X 要找的不是在某个领域的"专家",而是有想法、有创见的"博学家"。在 Google X 的员工名单中,你能看到护林员、雕塑家、哲学家,而程序员和工程师在这里反而成了"异类"。他们只有一个共同特点:不达目的绝不善罢甘休。Google X 的掌舵人认为,最能驱动颠覆性、破坏性创意产生的是探索的热情与触类旁通的能力。然而,所谓专家,"专"于一科的精力和时间,使得他的知识面越来越窄,专精越来越深,最后对于大部分人毫不在乎的东西无所不知。而当不同教育层次、资历背景的人为一个目标共同奋斗时,往往更能碰撞出更别出心裁的创意与另辟蹊径的方法。

4. 风险维度

天马行空,不意味着漫无目的。为避免不必要的付出与浪费,Google X 内部成立了一个快速评估(Google X Rapid Evaluation)小队。这个小队的工作是"破坏"他们的评估对象,无论使用何种手段。每一个创新项目都要在成型之际经受快速评估带给他们的痛苦,让他们体会到最强硬的抗拒。快速评估的推出,一方面,通过不断质疑来挑战和锻炼项目成员对项目未来的信心与"信念",为产品推出市场时可能受到的抗拒做好准备;另一方面,实时的项目进展评估也能避免团队人力、物力的不必要投入。

有了独立的运营体制、创新的人才选拔标准及高效的风险保障措施,Google X 化不可能为可能,将人类从已知的生活渐渐拉入充满未知与挑战的世界。

单人成木,众人成林,在众创氛围中,知识与创意的类比、整合、迁移往往也更能催生出真正跨时代的创造。参考海尔与谷歌案例,对如何引导企业文化向平等包容、开放创新转型做进一步思考。

回到本章开篇所讲述的内容,在生产分工 3.0 的范式下,越来越多的自由人获得了不依附于企业也能参与社会大分工的机会。他们不必受雇于企业也能搭企业庞大资源积累的便车;只要有一台电脑便有机会成为业界知名设计师与创作者,为自己与社会创造价值。同时,企业与企业之间、企业与个人之间的链式、固化的供求关系也被互联网所冲击,正向着网络状、动态化的云生产体系大步迈进。在传统生产模式下,产品生产的个性化与规模化、生产人员的规模增益与沟通成本是两组不可协调的矛盾。而在互联网技术的加持下,一个模糊角色固有定位却又精确导向市场需求的新型生产分工网络正从"出其不意"处解决着人类生产体系中的顽疾。

总结起来，笔者判断，未来生产分工3.0将至少催生出表5-1中所列的新工种。有能力、爱自由的人皆有机会加入其中，以新的生产方式与生活方式重塑整个社会。

表5-1 平台协作的新工种

新工种	工作内容	能力要求
兼职设计师	为各大公司产品生产前提供从审美到操作系统体验等各个层面的个性化、独特化的设计方案	对于产品有较高的审美和灵活操作需求、有很强的个性化定制能力、具有设计基础
自由职业者	根据自身专业技能接受雇主的订单，在一定时间内完成雇主的要求任务并在获得反馈的基础上不断优化成果，直到雇主满意	具有某一行业专业技能，有极强的自律能力及时间规划能力
大公司的内部创业者	基于公司现有资源提出对于公司未来创新型产品的商业方案并实施，自负盈亏	有极强的创业家精神，对于某一行业有前瞻性，有较强的风险承担能力及团队领导能力

第 6 章

传媒与营销的泛化

6.1 从线性传播到网状转播

6.1.1 传统媒体的基本逻辑与短板

传统媒体作为主流媒体多年,从一年一度的春节晚会到夏季北京奥运会曾在千万人心中留下了多少回忆,见证了多少梦想。只是科技更替,时代变迁,传统媒体的地位今非昔比。众所周知,传统的传播模式是放射状的,即以垄断信息来源为原点,信息呈放射状单向发布,通过口耳相传,达到一传十、十传百的效果。传统的电视新闻渠道是高高在上的神庙,信息则如神庙中的神水,滴滴流淌,人们争相获取。当时的电视新闻是众星捧月的重要节点,单向发布。然而传统媒体的不足也显而易见,比如内容来源单一、与用户缺少反馈,且覆盖面窄,仅仅局限在受众用户。

传统媒体缺乏时效性,很多新闻由于传播介质的局限,往往要一段时间甚至隔天才能登出。不仅如此,传统媒体的生产成本还过高,一份新闻或者一个消息需要经过记者采写、领导审稿、编辑做版、校对检查、领导签版、印刷、发行……所有的环节都构成了传统媒体的生产成本。

报纸从诞生之初，就作为一种单向传播的媒介，被放在了一个"高高在上"的传道授业者的位置。由于介质的局限性，其担负的职责仅是简单的传播作用，对于受众的接受程度、反馈无从知晓，"我说什么你就听什么"成为报纸的传播模式。但在当下海量信息铺天盖地和人们言论自由的时代，"你说什么我就听什么"的灌输式传播显然已失去人们的青睐。缺乏用户反馈，获取不了精准的用户信息成为传统媒体最大的短板。很多时候，传统媒体发布的内容只是编辑认为热门的有话题性的，而在用户层面却不尽如此。这种基于内容方面"一相情愿"式的思维是传统媒体天生的软肋，很难根除。

传统媒体由于渠道受限等原因，覆盖面很窄，地面频道和城市新闻基本只能覆盖当地城市，用户有很大的地域局限性。受制于生存压力驱动，许多地方报纸的读者甚至发现，一度被禁的医药类广告又开始重回版面。然而，随着中国人口的更新和迭代，以及互联网的快速渗透，即使借助这些饮鸩止渴的手段，传统媒体仍然前景黯淡。而新媒体则踏浪而来，乘现出自己得天独厚的优势。

6.1.2 新型传播模式"乘势"而来

1. 从"广播"到"互动"

随着新媒体时代的来临，信息来源不再只是单一的类似传统媒体般自上而下传播了。相反，人人都可以是信息制造者与传播者。例如，天津空港爆炸事件，最热的新闻和最新的报道很多是由附近居民和群众通过微博、微信等社交媒体上传的。虽然传统的新闻记者仍然在重大事件中担当相当大的职责，但是人们获取信息的渠道和对象已经呈现多元化趋势了。信息开始呈网状扩散，人与人、人与信息之间的互动开始出现。信息传播的变化，直接影响了营销行业的发展。

多年来，传媒与营销行业经历了所谓的传媒&营销1.0、2.0与3.0时代。如今很多营销者仍然使用营销1.0时代的营销方式，有一部分企业还在使用营销2.0时代的方法论，只有少部分有前瞻性眼光的企业开始使用3.0营销方式，并朝着这个方向更快地迈进。

回顾营销史，在工业机械为核心技术的工业化时代，营销就是把生产出的产品卖给有能力消费的人。由于技术的限制，当时的产品都比较初级，为了满足大众市场需求，此时的企业目标就是实现产品的标准化和规模化。如果想要更好地提升产量，满足更多用户的需求，企业只能通过不断降低成本来实现这一目标。亨利·福特的 T 型车可以说是营销 1.0 时代的典型代表。他曾说过："无论你需要什么颜色的汽车，福特只有黑色的。"这句话虽然很短，但从中可看出当时以产品为中心的思维。

到了传播与营销 2.0 时代，核心技术是信息科技。消费者已经不再局限于之前有什么产品购买什么产品的简单需求了，掌握了更多的信息和资讯，能够轻松地面对应有尽有的产品进行自主选择。所以，在此种语境下，产品的价值是由消费者定义的。由于消费者在选择层面上的千差万别致使营销者必须对市场进行细分。大众所熟知的"顾客就是上帝"也从侧面很好地反映了这个时代的特征——以消费者为中心。

现在我们正处在如火如荼的营销 3.0 时代。消费者仍然占据核心地位，只是与 2.0 时代不同，消费者的角色变得更多元化，更多时候是从消费者到营销者的转变，这就便开启了营销 3.0 时代。借助社交媒体手段，消费者也可以成为营销者，其推广效果甚至超过了传统营销者自身的预期。商家或者产品一旦形成良好口碑后，消费者便会竞相向身边朋友推荐，这就是"口碑营销"的由来。自然而然，"意见领袖"这样的角色也相应产生，通过他们，消费者与营销者的距离进一步缩小。原先的好产品通过传播赢得客户信任，现今的爆款好产品更多是源自消费者之间的互相推荐攒起好口碑。

2. 从"广告"到"窄告"

在传播与营销 2.0 时代，"广告"可谓是企业进行产品推广的最核心手段。广告，顾名思义即广而告之之意。它是为了某种特定的需要，通过一定形式的媒体，公开而广泛地向公众传递信息的宣传手段。广告有广义和狭义之分，广义广告包括非经济广告和经济广告。非经济广告指不以营利为目的的广告，又称效应广告，如政府行政部门、社会事业单位乃至个人的各种公告、启事、声明等，主要目的是推广；狭义广告仅指经济广告，又称商业广告，是指以盈利为目的的广告，通常是商品生产者、经营者和消费者之间沟通信息的重要手段，或企业占领市场、推销产品、提供劳务的重要形式，主要目的是扩大经济效益。在本文中，我们主要谈论商业广告。

在传播与营销 2.0 时代，广告的内容往往是大众化、通用化的。一张大海报放之四海而皆准，只要投放于相应渠道，如地铁、公交、楼宇、户外等，就会覆盖人群，就会有一定的广告效果。这种模式是静态的，广告主只是事前将内容安放在相应位置便可以预期用户覆盖量，这是相对被动的广告形式。在这种模式下，传统意义上的广告在设计时往往会遇到一个难以逾越的矛盾。重口难调是市场永远存在的现象，广告想吸引的人群越广，它就需要越大的体量去包含与满足各种不同人群的细分需求。但与此同时，人们的注意力是有限的，广告内容的体量越大往往就越难以有效地唤起消费者的注意，也往往很难高效地传达信息。

而到了 3.0 时代，随着社交网络与网络社群的出现，广告主或一切希望进行内容传播的人，除了将"广告"贴出被动等待市场回应外，还有了新的选择，那就是所谓的"精准营销"。精准营销就是在精准定位的基础上，依托互联网技术手段建立个性化的顾客宣传与沟通服务体系，实现企业可度量的低成本扩张之路。在社交媒体中，广告主面对的营销对象从原本一个个互相独立的"点"转变为以兴趣社群为中心融合而成的"面"。与此同时，借助大数据手段，通过对大量互联网用户行为痕迹的收集与分析，广告主能直接在茫茫人海中找到最有价值的潜在受众群体，并以更低的成本直接向该群体进行"针对传播"。在这时，2.0 时代的传播与营销领域的主要矛盾也得到了解决，随着传播对象的清晰化与需求定位的精准化，广告主将越来越不依赖于铺天盖地的规模化宣传，而是能够在有效地控制广告体量与渠道成本的同时，用最能唤起需求的内容，高效地"击中靶心"。换句话说，广告中"广"字的属性将慢慢被市场所冲蚀，与此相对的，我们更应该把属于这个时代的精准化营销手段定义为"窄告"。

微信和 Facebook 都是精准营销的先驱实践者。2016 年，相信我们都在朋友圈里看到微信的信息流广告了，只是大家看到的广告有所不同，有的是"宝马"，有的是"可口可乐"，有的是"vivo"。在微信推出广告内测以后，朋友圈还有人调侃，微信推送广告还分三六九等，能够收到"宝马"广告的是"土豪"用户，而不幸收到"可口可乐"广告的则被系统界定为"屌丝"用户。变相调侃中，我们了解了这就是精准营销的其中一种广告模式——信息流广告。

信息流广告早已不是什么新鲜事物，在国外的 Facebook、Twitter 上，信息流广告已经成为主流的广告形式。在国内的新闻客户端和微博上，信息流广告也随处可见。只是其他的平台，都不像微信用户量这么庞大，在线时间这么长，关注度这么高。所以，微信一旦推出信息流广告，就受到空前的关注，超乎大家对于移动广告的想象。所谓微信信息流广告，就是嵌入在朋友圈的"窄告"。其实就是你突然被系统添加了一个"好友"，而这个"不速之客"同时出现在其他人的信息流中,如果其他人恰好跟你也是好友,那他的点赞、评论和转发你都会看到。此外,信息流广告还会对用户进行标签化筛选,其中的关键指标包括地域、性别、年龄、设备、好友关系和兴趣图谱,这也很好地解释了为什么朋友圈中有的用户收到的是宝马广告,而有的用户看到的却是可口可乐。信息流广告不仅对于用户等级化对待,在计费方式层面还有多种方式。目前的计费方式主要分两种,一种是 CPM 收费,即按曝光计费,与原来平面广告的千人成本类似,根据活跃粉丝的阅读量收费,随竞价累加。另一种是按互动计费,就是根据有效互动的量进行付费,价格也随竞价累加。

据微信官方数据显示:朋友圈第一波投放广告的广告主宝马信息流广告截至第二日中午 12 点,上线的 16 个小时内,总曝光量接近 4600 万,用户对宝马 Logo 点赞和评论等行为超过 700 万次。vivo 截至第三日早上 9 点,上线 36 小时,总曝光量 1.55 亿,用户对宝马 Logo 点赞和评论等行为超过 720 万次,官方微信增加 22 万粉丝。这些惊人数据的背后再一次验证了新媒体时代精准营销的扩散效果。不言而喻,如此成功的广告案例令微信等社交媒体在商业模式上又迈开了新的一步。

无论是传统媒体还是现在的新媒体、社交媒体,在技术革新的驱动下,传播渠道变化的只是外部特征,而驱动人们去传播、去营销的核心需求却是始终未变的:每个人都渴望被关注、有发言权、希望自己是独一无二的。随着传播与营销 3.0 时代的到来,越来越多的新工种也会不断涌现,以崭新的方式重构人们进行信息传播的逻辑与网络。例如,明星的打造将再难被少数传媒机构所垄断,各种有一技之长的人将都有机会透过社交网络成为时代的焦点;同时,传统意义上那些为企业与产品进行传播与营销的"推销员们"也将会迎来新的选择,人人都是代理商、人人都是微店店主的时代正在徐徐展开。

6.2 人人都是时代焦点

互联网的广泛应用拉近了人与人之间的距离,也在重塑着传媒行业的基本形态与核心价值。这是一个人人都可以发出声音、被众人关注、拥有众多粉丝的时代。电视台、报社等传统大型传媒机构"造星"的能力与传播渠道的垄断能力随着微博、微信、Podcast 等社交平台与直播平台的出现早已一去不复返。依靠网络成为明星、成为网红正成为越来越多普通人与自由人的谋生手段，甚至是价值追求。

网红的种类差距千差万别，覆盖范围从传播商业价值文化到提供大众娱乐。其中，罗振宇作为知识型自媒体人的代表号称拥有 650 万粉丝；财经作家吴晓波也开通了自己的微信公众号"吴晓波频道"；通过美妆视频迅速蹿红并成功开启自身品牌的 Michal Phan，还有自称"集才华与美貌于一身的 Papi 酱"都可以称为知名网红。如果要对目前的"网红"进行简单分类的话，罗振宇与吴晓波等可以算做"知识型网红"。他们都是从传统媒体离职后自己做的自媒体，运用传统媒体的技术结合新媒体的思维传播科普知识、分享人生感悟。另外一类以 Papi 酱等为代表的可被称做"娱乐网红"。他们通过"颜值""才艺"和"趣味调侃"等特点成为公众人物，其娱乐属性是他们核心价值。

6.2.1 专业知识传播者

当今中国，人们生活节奏的不断加快与竞争压力的不断加剧已经成为不争的事实。随着绝大多数人失去了"大锅饭"与"铁饭碗"的保障，人们比以往更加需要在业余时间广泛地充实自己的知识库，以确保在"不进则退"的职场竞争中保有自身竞争力。然而，快速的生活节奏不再允许职场人士像学生一般有很多完整时间去精读一本书。碎片化的时间只允许人们以更加休闲的方式、直接的方式获取信息。于是，一类依托于社交媒体平台或直播平台的专业知识传播者为满足这类需求应运而生。

专业知识传播者，也可称为"知识型自媒体人"，指的是那些以自身的专业知识为卖点，通过网络平台为广大受众提供知识分享类内容服务的新型创业者或自由职业者。他们提供的服务可以有偿也可以无偿。当然，所谓的"无偿"并不是指他们会完全出于公益目的进行网络宣讲，而是指他们中的很多人会采取免费线上"脱口秀"等形式来聚拢人气、导入流量，然后通过交叉收费的方式，向其受众推送商业广告或销售产品等方式进行盈利。

"知识型自媒体人"大多出身于传统传媒或出版行业。在这种新兴业态出现之前，他们往往以栏目主持人、专栏作家、科普作家等身份供职于传统媒体机构。而现在，社交网络与直播平台等新媒体的兴起给他们带来了崭新的机遇。在那些跳脱出传统传媒行业，开始跻身于专业知识传播者这个新工种的人中，《罗辑思维》的主创罗振宇与《吴晓波频道》的主创吴晓波可谓是这类"专业知识传播者"中的翘楚。

1. 知识型自媒体人的新玩法

2015 年以后，说起自媒体人创业，以罗振宇为核心人物的《罗辑思维》应该是无人不知、无人不晓。罗辑思维品牌包括互联网视频及音频产品、微信公众号、会员体系、微商城、百度贴吧、社群等具体互动形式，主要服务于 80 后、90 后对于"爱智求真"有强烈需求的群体。

乍看之下，这是一个很庞杂的社群集合，事实也是如此。罗振宇每天的工作就是为用户筛选可信可靠的知识源，并有效运用自己的自由时间和团队资源为用户带来价值信息，并通过社交媒体账户发布。凭着"有种，有趣，有料"的口号，意在为用户和粉丝带来高质量的内容消费体验，分享知识共享带来的快乐。用户数量达到一定规模之后，他发现粉丝们自发通过相同的兴趣爱好与其他人形成社群，期待着与其他人发生关联、渴望发展、一同关注新事物并产生归属感。社群经济就此自然而然产生了。从招募会员开始，罗辑思维开始实验社群经济的运作模式。这种模式分为两类：一类是群内互动，包括帮会员相亲，女会员附上照片、简介和微信号，在微信公众号上广而告之，征集意中人；另一类是社群电商，就是一起挣社群外的钱。社群电商的尝试有组织"吃霸王餐"，通过会员人脉联系到乐视免费为罗辑思维会员提供高清电视作为福利，而提供方乐视也正是看重罗辑思维知识社群的吸引力。最后，则是向其他产业延伸，形成更大的声势和共振。除了做服务以外，罗辑思维还可能借助社群做产品。例如，推出限量罗辑思维的月饼、罗辑思维的独家书籍等。通过饥饿营销使品牌效应扩大，同时还可以控制产品生产成本。

凭借知识型社群成功转型的自媒体人中还有一位人物不得不提，那就是吴晓波。作为财经作家、投资人、主持人等多重身份的他，现在又多了一个身份——自媒体人。新闻学院毕业的吴晓波一直很努力，并在专业的道路上走得顺风顺水，从调查记者、财经作家到投资人，他的事业履历光鲜，但却一直没有很高的知名度。真正让吴晓波成为网络红人的是一个决定：推出个人品牌的自媒体——吴晓波频道。现在看来，他这次中年转型非常成功，目前，吴晓波频道堪称国内最具影响力的个人财经新媒体，聚集了超过 150 万粉丝，公众号文章平均阅读量在 10 万左右，比起靠八卦明星敛人气的自媒体，可以说，吴晓波频道简直就是专业媒体人进攻自媒体领域的经典范例。吴晓波的成功转型并不是偶然，他对于自身专业性的提升和术业有专攻的认知成就了他当前财经网红的地位。

在内容层面，吴晓波仅仅提供自身专业的财经内容，其他业务统统交给专业人士打点。微信宣传由营销团队负责，视频制作及剪辑由外包团队包揽。让专业的人做对口的事情，是性价比最高的商业之道。自媒体人想要让自己成为源源不断的商业源泉，第一要素是保持自身行业领先的专业地位。

拥有令人追捧专业内容的吴晓波频道，其商业盈利能力自然不容小觑。吴晓波频道包括微信公众号和视频两种形式。运营初期就通过每周两篇财经文章中插入商业广播顺利实现了盈利。不仅如此，吴晓波频道主办的千人培训大课的可盈利性更强。另外还有旗下视频与爱奇艺、腾讯等各大视频平台的分红收入。如此计算下来，在传播营销 3.0 时代，网红自媒体人的专业性对应的盈利能力远远高出传统媒体时代。

2. 知识型自媒体人面面观

观察罗辑思维和吴晓波频道的走红，会发现这看似顺风顺水的成功其实并不是偶然的，微小的偶然性中包裹着巨大的必然性。他们的成功像海航时代远方的灯塔般激发了源源不断的知识型人才自发去成为自媒体人并为之努力。作为一名传播专业知识为主业的新型媒体人，所提供的栏目或者产品与传统时代的"函授课程"需要有明显的差异。依托于互联网的专业知识传播者不是教授或学究，若是想让内容在互联网上高效吸粉、广受好评，除了拥有相关知识内涵外，还需要在内容包装上、传授方式上与推送渠道上找到属于这个时代的特色。

1）内容上：从系统体系到模块打包

内容的品质与形态是任何媒体人的核心生命线。在以传授为主的传统媒体时代，知识与思想的传播往往更倾向于用大篇幅、成体系的录像或文字作为载体。一方面，当时传授知识的主要受众为待业群体与学生群体，他们有着充足的时间去接受长篇的、连续性的课程灌输，而在那时，在职人员的"终身学习"意识还未被广泛唤醒。另一方面，单就知识传授的深度与完整性而言，成体系的、环环相扣的知识链条更能承载丰富的信息内涵，并更符合人们由简入繁、从浅到深的认知规律。

然而，随着主要受众和人们生活节奏的变化，知识传授的主要矛盾也进而转移了。由于当前社会在职人员甚至是在校生的时间碎片化现象越来越严重，人们很难再找到业余时间去系统性地获取那些"巨型内容"。但与此同时，人们获取新知识、新技能的需求却比以往要强烈得多。为了更好地弥补这个空当，知识型自媒体人需要做的，则是将原本成体系的知识链条打断，并将其重组打包成一个个相对独立的"小模块"进行推送。理想状态下，人们阅读或收看这些"知识模块"的时间应该为 20～30 分钟，确保不对受众造成过大时间压力的前提下，让其也能获取某个细分领域内相对完整的信息或知识。罗辑思维坚持了数年的事情就是每天早上 6 点半微信公众号发布的 60 秒语音信息。之所以选择早上 6 点半发布，是为了争取每天第一个开始需要阅读的碎片化时间，即早上如厕的时间。同时，在自媒体将传统媒体的巨型内容提炼为小模块时，他们往往也会在其基础上修改、删减并加入自身观点，使之更人格化、风格化，更易被大众吸收，也更易获得忠实"粉丝"。

2）方式上：从强调专业到强调趣味

除了内容本身，其传授方式也在很大程度上影响着受众对它的直观感受与第一印象。回看传统的函授课程，其传授方式无非是模拟课堂授课的形式，单调、精练、古板，处处洋溢着专业性的气息。他们这样做也有着充足的理由：只有专业化的授课模式才能高效、精练地提取海量知识成系统进行传授。

然而，当受众变为了百忙之余挤出十几分钟阅读或收看栏目"充电"的 80 后、90 后群体时，再用传统那套"教授讲课"的方式来传授知识是肯定会被市场直接抛弃的——无论你准备的内容本身有多么精妙。一来，随着内容本身被打散为一个个时间短、操作性强的小模块，授课的系统性需求消失了。同时，在当下人们普遍生活压力较大的状态下，将知识或信息糅合进轻松幽默的段子或引人入胜的故事中进行传授更能在众多自媒体内容中引发人们的兴趣与关注。总结起来，在这个时代只有内容能做到"有意义"与"有意思"的共存与平衡，市场才会向你抛来橄榄枝。

3）渠道上：从单方向、依托传统媒体传授到双方向、依托新媒体互动

内容传播渠道的选择直接影响着其能抵达受众的广度，也影响着内容本身的形态与特色。传统函授课程往往依托于传统媒体进行传播，电视、录音、刊物等是其主战场。而这些传统媒体渠道又有着一个共同的特性，那就是作为单向渠道，信息的推送者可以便捷地通过其进行信息"广播"，但却难以通过其收到受众对内容的反馈，更不可能选择接受其信息推送的受众。在这种情况下，为了尽可能服务于更广的用户，在这个众口难调的市场中生产下来，内容提供者不得不扩充内容的覆盖面与体量，力求简繁均沾、老少皆宜。然而，这样做也会带来一个副作用，作为受众而言，想在大体量的内容中找到适合自己口味的部分也需要付出更高的遴选成本。

随着新媒体的出现，内容传播的逻辑也必然再一次得到颠覆。首先，微信、微博、直播平台与网络视频平台的出现带来了内容制作人与受众进行双向信息连接的可能。通过获取用户反馈，自媒体人能够更有针对性地对内容进行调整，以更好地迎合市场需求。同时，新时代的知识型自媒体人也不再需要为众口难调的问题头痛。"社群化"是新媒体渠道上受众群体表现出的新特性之一。当今时代，自媒体人的内容推送逻辑不再是将一个产品通过尽可能广的渠道无差别地投送给尽可能多的人，而是应该以新媒体社群为线索，将内容精准投放到与其适配程度最高的群体中。这样一来，新媒体人不仅能省下巨额营销费用，还可以更加有针对性地进行内容设计，在避免了长篇累牍的同时，更能精准引爆一个圈层的关注与热点。

当然，如果想成为一名有潜在商业价值的知识型自媒体人，除了要有出色的产品外，自己在心态与素质上还需要做到以下几点。

（1）创新能力：创新性是维持文字、视频自媒体持续存活并发展的重要条件。很多知识型自媒体人之所以能够取得成功，就是因为其对自媒体开发方式、内容的创新和独特点符合受众的品味和喜好。自媒体人保持创新不仅需要不断提高自身创新能力，更应该努力吸取外部新鲜的观点。一个人再怎么博学，其边界与想象力都是十分有限的。只有同用户与合作伙伴开始协同创新时，这种创新的力量才会源源不绝。例如，罗辑思维成立初期，基本内容靠罗振宇及身边少数几个人提供。而现在，罗辑思维不但有了自己逐渐丰满的策划班底，更大力推广起"外部策划人"制度，鼓励用户为其下期的内容献计献策。如此，罗辑思维获得了十

分强大的内容创新能力。其关注的焦点从房价、慈善、民主、反腐、法制、政治体制改革等当今主流社会关注的热点，到找对象、找工作难、读博无用等生活化的话题。话题选择范围之广，尺度之大不是传统媒体可以企及的。令人欣慰的是他打着读书的旗号，以史为鉴、洋为中用、立足国情，时不时用"中国万岁"的口号聪明地绕开了可能撞到的政治触礁。

（2）互动能力：内容创业初期主要通过微博和微信进行推广，积累口碑。这个时候自媒体人应当自己把控内容趋势和走向，并保证与用户的互动协作。还要加强与粉丝的互动。互动不仅仅是"讨好"用户的营销手段，更是自媒体人进行价值变现的基础。还以罗辑思维为例，在罗辑思维创办初期，只要在新浪微博上@罗振宇，多半能得到本人的回复。在与用户的互动中，罗辑思维逐渐摸清了市场的脉搏，在"粉丝"的建议下从授课到众筹月饼，再到现在已成熟的图书代售模式，一步一步形成了自身独特的商业模式。

除了罗辑思维，对于用户互动方面，吴晓波做得也是淋漓尽致。2015年，吴晓波租赁下西子湖畔的静逸别墅（是曾经民国传奇人物的官邸），作为一个开放式文化创意空间免费提供给吴晓波频道会员。到2016年，吴晓波甚至卖起了吴酒。借助"吴晓波频道"的优势，吴晓波在自媒体开卖由自己岛上的杨梅制造而成的杨梅酒。16年前，即1998年，吴晓波用50万元购买下千岛湖一个小岛50年的租赁权，给自己身上贴上了黄药师的身份：一岛之主。现在，"桃花岛"经过多年的运作，已经成了千岛湖当地的农业示范基地。尽管从出版界跨界到果农圈难度巨大，借助"粉丝情怀"的东风——16年的时间吴晓波品牌依然同过去一样，吴酒一上市，粉丝格外买账。于是，售价199元/瓶的5000瓶吴酒上线后，在33个小时内即被迅速抢光，9个月时间销售近千万元。

（3）个性魅力：受众即市场，自媒体人如能将内容与自身人格相匹配，其产品的推广往往会有一个很好的开始。不同于传统媒体的产物，自媒体产品由于面向的受众群体更窄、更精准，其内容也应该更强调独立性与个性化。对于很多较为成功的知识型自媒体而言，其产品内容的原创性、多元化和独特性都是他们的核心竞争力。而一味地模仿、照搬在这个信息高度透明的时代一定会慢慢被市场所抛弃。以吴晓波为例，他在成为自媒体人之前曾有十余年时间跑遍大江南北，和当时最前沿最大牌的企业们研讨，才成为深度接触各种企业的一线记者。也为后来他成为《南风窗》《南方周末》等杂志财经的专栏作者奠定了基础。高晓松的经历更是传奇，从歌手到作家，脚步踏遍大半个地球。论及专业知识的深度与广度，随便一个社会学、经济学的教授可不是吴晓波、高晓松这类"非专业杂学家"能比拟的，但只要是有了与众不同的人格魅力与播讲风格，他们的产品照样广受市场的好评。

以上几点便是笔者归纳的知识型自媒体人在传播 3.0 时代得以安身立命的"秘籍"。反观以传统媒体为载体的知识类传播品，因为其体量庞大、反应缓慢、用户定位及内容在一定程度上受体制限制等诸多因素，跟不上自媒体发展的步伐，逐渐被历史淘汰基本已成定数。在传播 3.0 时代，我们相信，很多专业型知识媒体人能够凭借个人才智天赋和资源与商业盈利结合的顺畅自如，实现个人发展和职业发展的完美结合。想必未来会有更多的优秀青年才俊通过自己的知识与才能成就理想，实现财务自由。

6.2.2 迅速窜起的网红

如果说知识型自媒体人吸引的是学识派、高知阶层人士，那么随着 90 后、00 后的迅速崛起，淘宝女郎、有着平面模特般靓丽身材和容貌的颜值型网红吸引的则是这帮新兴年轻人的注意力。在传播 3.0 时代，人们对于"有用""专业"的定位也悄然发生了改变，受追捧的不只是有用的知识，还可以是有趣的内容等。人们追逐的网红也不只是局限于财经、互联网知识。国内外正兴起另一种网红，在自身领域实现价值的同时也深深赢得了粉丝们的喜爱。

1. 不只是明星才能"红"

越南裔美国人 Michelle Phan 原本只是一个普通的年轻女孩。她 13 岁就开始了艺术家的训练，后来上了大学学习艺术设计。课余期间，她喜欢画画，原本只是简单地用水彩笔和染料画，之后便开始把画画的技术应用到脸上，她开始给自己化妆，没想到这个爱好竟然发展成了自己最终的事业。

起初，她只是在家里随意地给自己化妆，并把化妆过程拍下来发布在 YouTube 社交视频平台上。意想不到的是，通过社交网络，她的在线化妆教程竟然引来全球 50 万观看者。当时，Lady Gaga 正风靡整个欧美市场，Michelle Phan 借势营销，凭借"如何化出 Lady Gaga 的妆容"主题视频吸引了超过 700 万的观众点击。点击量之庞大和传播速度之迅速令人咋舌，是传统媒体无法企及的。

借助网络社交视频平台，Michelle Phan 顺势而为，迅速成为网红，而她之后的职业发展道路也随即开启了一飞冲天模式。她不仅成为业余化妆师和知名化妆品牌的设计者，还担任世界顶级化妆品兰蔻美国官网彩妆产品代言人，拥有大量粉丝。与此同时，她出现在世界各大时尚杂志封面，后期也如愿以偿地成立了自己的公司。

通过 YouTube 视频走红的 28 岁越南裔美国女孩儿 Michelle Phan 成了网红，也成为美妆界励志的典范——从一个爱美妆的普通女孩儿发展到坐拥 4 家公司并登上 2015 年"福布斯 30 岁以下精英榜"的美妆女王。她的走红故事也激励了更多全世界年轻爱美的女孩，发展自己的兴趣爱好并利用社交网络在营销 3.0 时代成就属于自身的事业。

同样通过视频走红的网红还有 Papi 酱。这位"集才华与美貌于一身"的女子在 2016 年的视频网站上占据了半边天，开创了史无前例的短视频网红时代。

通过一个不足 4 分钟"台湾人讲东北话"的短视频，Papi 酱一夜之间爆红。2016 年前半年，几乎人人都会谈论那个搞笑自黑热衷于发布吐槽各种男女问题、生活琐事视频的 Papi 酱。她的出现让人们对于"网红"的定义有了新的认知：明明可以靠外表，却偏偏要靠才华。Papi 酱以极其接地气的草根气质叙事，在几分钟的短视频内布置诸多贴近年轻用户的槽点，主打"逗比"和"草根精神"娱乐用户。传统媒体人花费数年才有机会在观众面前崭露头角，而 Papi 酱只用了半年就走进了亿万个用户的手机里。显然，Papi 酱的知名度已经完全不亚于知名艺人，而此品牌的商业价值之高更是令众多传媒人始料未及。2016 年上半年，Papi 酱分别获得了真格基金、罗辑思维等机构 1200 万元的投资，并被估值 1 亿元。其视频贴片广告以高达 2200 万元的价格被某化妆品公司成功买下。

这是最好的时代，在传播 3.0 时代任何人都有可能成为这个时代的弄潮儿，无论是远在大洋彼岸的 Michelle Phan 还是身处上海通过一间小屋拍摄短视频走红的 Papi 酱，她们的共同之处在于，想法独到，反潮流之道做自己。她们有独到的眼光能够将热点槽点运用得淋漓尽致，以热点为基础又配合自身的专业素养将自制内容提升到了新的层次。借助于短视频工具普及化的东风，这些才华横溢的女子抓住了时代脉搏，简单直白地表达着自己的想法和社会的观点，没有掩饰，直抒胸臆，自然流露。除此之外，制作内容能力的水准绝不能低，分析一下这两位网红的学历背景就会发现，一位是美术出身，另一位是导演系出身。专业的人做专业的事，用在此处很妥当。

2. 网红是如何炼成的

那么，如何才能将自己打造成为一名"吸金"能力高超的娱乐性网红呢？抛开容貌、才艺、家境等"硬件"不谈，我们不妨参考管理学中的"4W法则"来梳理普通人成为网红的基本方法——"为谁红，红什么，谁来红，在哪红"。

第一，是"为谁红"，即确定核心用户群体。想成为网红，首先需要根据自己的特长找到市面上潜在的主流消费群。是80后拥有共同回忆的上班族？还是沉迷二次元世界的90后"御宅族"？当找到消费群后，他们的哪些需求还没被充分满足，他们最期待的产品长什么样子则是接下来需要思考的问题。总之，选准用户需求，是打造网红的原点。

第二，是"红什么"，即为用户提供什么样的产品。围绕用户需求，作为网红首先需要定位自己所代表的价值观，再把这种价值观内容化，内容产品化，在形式上可以表现为视频、文字、技能、活动或者IP，等等。产品出来后，要通过与用户交互沟通尽可能有效地收集用户反馈，并基于此进行快速试错迭代，直到超越用户预期。

第三，是"谁来红"，即打造或依靠什么样的团队进行"造星"。当下很多"网红期"短暂的网红都有个特点：有才艺但不懂生意。在"造星"初期，纯粹的个体网红可以依赖特长与运气博得受众关注。但随着知名度的提升，内容迭代、粉丝经营、产品差异化等各项工作也都会接踵而至，凭借个人的灵感与精力绝难胜任。而这个阶段若无法通过，沸腾的娱乐市场马上就会将你从市场中剔除出去，之前的努力也就前功尽弃了。因此，一个网红要想延长自己的"网红期"，就必须学会团队作战。要么搭乘社会化协作的便车，U盘式生存，要么自建团队，深度化运营，总之不能让短板折煞了长板。

第四，是"在哪红"，即依托哪个平台传播产品。网络媒体之于网红，好比微信群之于社群，这两个概念的蹿红，非常依赖当下灼热的互联网环境，尤其是新媒体平台。所以，网红要做好，必须围绕用户需求实现路径，构建符合自身定位的矩阵平台，这其中尤其要重视自媒体、社群和商城的平台联动。

简单分析完如何将自己打造为网红自媒体人，让我们再来看看网红产业与网红从业者在未来的发展前景与趋势。

1）趋势之一：内容专业化——更真实、更垂直

相信未来网红从业者会更加专业化，网红的红利期将要过去，草根为王的时

代不再。随着国内传媒行业的洗牌，预计将有更多有专业背景和特长的人投身于自媒体，他们将把更多涉及行业的专业规范注入到自媒体的内容生产中来。

不久的将来，类似 Papi 酱、Michelle Phan、咪蒙等品牌的专业化运作方式将成为网红自媒体内容的主流生产方式。随着自媒体公信力的不断增强，传统媒体会有进一步没落的风险。

其次是内容生产更垂直。目前，从生活搞笑、情感交友、母婴到旅游，几乎每一个细分领域都已形成一批专业化网红自媒体。未来，这些第一批自媒体仍将保持内容的高度垂直，并在专业度上继续提升。拥有高质量原创度高的内容生产自媒体将更容易获得资本注意，并赢得更高估值。

2）趋势之二：组织机构化——从个体户走向公司化

与第一代自媒体大都以个体户方式的生产内容相比，未来自媒体若想更为稳定地生产高质量视频音频和内容，搭建一个完整的团队必不可少。通过机构化的运作方式，便于为后期商业化提供各种组织基础，在组织形态上将朝公司化的方向转变，壮大内容生产实力。

以视频类自媒体"Papi 酱"为例，虽然 Papi 酱本人在成立此视频节目初期一直对外号称，从内容选取、拍摄、后期剪辑宣传等都由她一人完成。我们仍然认为自媒体的后期发力阶段中，自制团队不可稀缺。果不其然，在获得罗辑思维投资后，Papi 酱也成立了 Papitube 平台，试图让更多视频爱好者参与原创视频内容，以便于日后继续扩大影响力。未来，除了少量自媒体继续保持个人化运作之外，绝大多数自媒体将朝公司化、机构化方向发展，在组织架构上将日益接近新媒体公司。

与此同时，一些传统媒体也开始推出一些类似自媒体的账号，比如《外滩画报》的"一条"、《深夜食堂》的"二更"，都是传统媒体试图建立人格化、试水粉丝经济、与自媒体争夺用户的尝试。但是自媒体有别于传统媒体的优势在于，内容表达更为自由、激励制度更加完善、商业模式更为灵活。可以预见，在人格化、粉丝经济的道路上，自媒体与传统媒体必将狭路相逢，而非渐行渐远。

3）趋势之三：投资常规化——更多优质网红自媒体将被投资

目前，在新媒体的阵营中，自媒体仍然处于较为弱势的地位，要想实现跨越式发展，离不开资本的介入。腾讯科技企鹅智酷调查表明，2015 年自媒体对微信公众号的投入力度加大，2014 年约 53%的运营者对公众号进行投入，2015 年这一比例上升到64%，且各个投资区间的投入都有所上升。这说明自媒体正经历着优胜劣汰的过程，且资本的投入在不断加大，只有投入资本、增强实力，才能实现长远发展。

分析已获投资的自媒体发现，具有以下两个特征的自媒体融资成功率更高：第一个特征是专业垂直，相比较而言，垂直自媒体更容易获得融资。第二个特征是创始人有媒体高管经历，参考自媒体人案例会发现，"一条"创始人徐沪生曾担任《外滩画报》执行主编、"新榜"的徐达内曾担任《东方早报》副总编、"罗辑思维"创始人罗振宇曾是央视《对话》制片人、"大象公会"创始人黄章晋曾担任《凤凰周刊》副主编、"商业人物"创始人迟宇宙曾任《中国经济周刊》主编等。从总体上看，投资界对自媒体仍然处于零星投资状态，其中由吴晓波牵头成立的狮享家新媒体基金表现最为活跃，多投资于垂直自媒体的第一名。

传播3.0时代是一个人人都能成为明星的时代。互联网技术的崛起为每个人打开了一扇实现个人价值的新窗。只要你了解自身优势及特点，掌握某个领域足够多的专业内容，懂得追热点，学会借势而为，加以利用营销之道，那么成为网络红人，或许离我们并不遥远。

延伸阅读：网红经济的真相

2016年流行三大经济：共享经济、社群经济和网红经济。尤其是网红，几乎就在一夜之间，成了家喻户晓的话题，其蹿红的速度就跟当年的"互联网思维"一样，做互联网的不懂网红，都不好意思出门。

据数据显示，从2015年年底至今，网红已经成为互联网圈内的常规话题，并一直保持着较高的访问量。为何网红如此流行？

网红为何会流行？

与其说是网红的流行，不如说是网红受众力量的崛起，而某个网红的"一夜成名"，只不过是该群体力量积蓄并爆发的一个奇点。

网红的受众群体以普通老百姓为主，该群体属于社会的非权力阶层，所以，网红的爆发，严格意义上是在宣告一个事实：用户主权时代来了，网红只是俺们摇旗呐喊的代言人而已。在商业上，这个事实将意味着信息洪流充斥，造成社会认知迷茫，KOL将成为安全把手；亚文化得到最大限度的释放，意见领袖将逐渐引领社群生活；新媒体工具登台，使得新消费群体的品牌认知和购买决策路径发生变化。

该社会行为的涌动，背后是移动互联网技术环境的极大丰富，尤其是新媒体工具的井喷，致使信息发布权力充分下沉，结果就是：人人都是自媒体。社会学告诉我们，权力就是对信息的控制，所以，网红走俏的真正意义在于：素人崛起。"以人为本"也不再是一句空话。

什么是网红经济？

与大多数人的认知不同，笔者对网红经济的定义就一句话：价值观货币化。"网红＝价值观，经济＝货币化，价值观+货币化＝网红经济"，这就是网红经济的万能公式。而与网红经济相仿的概念还有达人经济、自媒体经济、自品牌经济、自明星经济等，其实都是对"价值观货币化"的解读而已。至于大家耳熟能详的各种颜值类网红，只是代表了受众群体价值观的一个浅层次表达。这种价值观外化后，形成了人格，而人格的附着体就是一个个易识别的符号，这个符号可以是某某人，也可以是某某物，甚至可以是一个虚拟的存在。

我们经常听到一个观点：网红自带流量属性。换个说法就是，价值观相近的人，很容易站成一条线，而这条线上价值观势能比较强势的人，就成了老大，TA 不是一个人在战斗，而是代表这个群体在发声，即社群力量。

网红的寿命周期有多长？

不可否认的一点是：网红是有生命周期的。其生命曲线基本如下。

网灰期：你会看到，任何一个网红的诞生，绝非一时之功，在其成名之前的沉默期，必然会承受诸多的沉淀，这个功力的练就，很符合"一万小时定理"，当然有人会表示不服：一些背景好的人，出生就含着金钥匙，如何解释？这个其实就是"代际成本"，其网灰期更加漫长。

网红期：网红期的降临，很多时候是沉默期势能积累的一个结果，即奇点临近。一个人的网红期能续命多长，完全取决于其网红属性和运营水平两大因素，很明显，颜值类网红和情绪类网红由于其感官基因，大都属于"短线产品"，时效性很强，可替代性很强，但如果有优秀团队运作，也可以通过属性升级或者边界延展，来延缓寿命。而达人类网红因为能持续提供生活中的某种技能服务，所以，其网红生涯较为长久，即匠人精神的延续。领袖类网红和虚拟 IP 类网红属于时代或空间的产物，所以，其寿命将根据时空而变。

网黑期：常言道，想击垮一群人，只需要解除该群体对其领导者的认同感即可。网红是一个群体价值观的附着物，网红的陨落，一部分源于网红个人的自我定位不清，没能持续贯彻原有的价值观，以至于内部用户起义，自废其名；另一部分则源于"反对派"对其价值观的反对，当其价值观势能壁垒孱弱时，因实力不济而被攻陷。不管是哪种缘由，归根结底一句话：干掉你，与你无关！

如何打造网红？

首先必须陈述一个事实：选择大于培养。站在自身角度表达就是：选择大于努力。如同优秀的创业家大都来自车库，而不是孵化器一样，网红的打造也情同此理。市面上生命力极强的网红，首先是因为其本身就是一粒好种子，其后因为互联网雨露的滋润，破土而出，紧接着被智慧的花匠发现，通过培养和修整，才有了在花艺博览会上的一展风采。

总结一句话：网红并不神秘，它随时随地驻扎在你的周遭，甚至你本身就是某个群体的网红，只是碍于网红意识的薄弱，你并未发现，或者由于现在处于"网灰期"，你的势能尚未触发用户内心的追随机制。但无妨，每颗向上生长的种子，都注定是未来世界的一朵奇葩，你只有摆正价值观导向，横下一条心，不断地向下扎根，汲取营养，终会破土而出，并迎来属于自己的网红时代。

（摘自：http://mt.sohu.com/20160418/n444821178.shtml）

6.3 新时代的人脉价值

从某种意义上来讲，我们生活的时代是最自由的时代。在科技浪潮的推动下，每个社会人都有权力、有能力寻找属于自身擅长或喜爱的生活方式与发展路径。爱好美术的人可以成为业余设计师、插画师，爱好主持的人可以担任兼职司仪，爱好写作的人可以做自由撰稿人，热爱交朋友的人也可以根据这一兴趣发挥优势，成为自由推销员，而爱好逛街购物的女士甚至可以凭借自身独到的衣品和妆品，成为海淘达人和资深店主。幸运的是，你的人脉价值、兴趣爱好、专业所长在这个时代都会毫不保留地发挥出来。

而从传播的角度对这种"自由"进行解读：当社交媒体与网络内容平台将人们通过虚拟世界连接在一起时，媒体传播能力不再被少数大型传媒机构所垄断，每个独立的个体都拥有了以往难以想象的内容传播能力与社交影响力。基于这种"碎片化"的传播能力，越来越多的新工种、新职业开始出现在人们的视野中。除了上文中提到的将自己包装成"网红明星"吸金外，借助互联网与自身人脉圈为大企业传播广告甚至是销售产品也成为越来越多自由人谋职谋生的选择。

6.3.1 全民营销：人人都是推销员

人人都是推销员的日子似乎难以想象，但实际上它已然降临了。传统的房地产行业中，经纪人的职业素养和业务能力直接影响房地产销售量；传统留学移民行业中，资深留学顾问和移民顾问的行业影响力也间接决定了公司服务的售出速度，因为他们垄断着众多客户资源。房地产、留学移民行业因为行业潜规则多、服务不透明化等原因导致自由经纪人、资深顾问的角色显得尤为重要，用以对接需求方和供给方，并以最快的速度满足两方的要求。

在传播3.0时代，经纪人和顾问不再局限于中介公司内部员工，而是以社会化营销的创新形式扩大为全体社会人。房地产公司通过社交媒体发布新的房产项目、留学公司通过社交媒体发布新的学校和专业信息、移民公司通过社交媒体发布新的移民国家和项目情况，这种现象你可以想象吗？事实上，通过开放式的社会化生产与社会化营销，让全民参与项目营销进程中，企业得以更广泛地获取合作资源，促进自身盈利增长。

1. 万享会让人人都能成为房产经纪人

万科的社会化营销平台"万享会"就是社会化营销最好的案例体现。通过这个平台，更多的个人能够在空闲时间利用自身的人脉优势为自己谋福利，同时也为房地产公司带来了不可低估的盈利空间。

万享会是万科集团采取社会化营销的理念打造的一个基于微信服务号的全民营销工具，人人都能参与其中。参与的用户能够优先获得万科的优质项目，对于适合的项目挑选之后通过朋友圈和其他社交媒体平台将其分享、传播并扩散。万享会平台令人人都可以成为一个媒体、渠道，成为促成有效成交的"房产经纪人"，同时分享收益成果。对于房地产公司而言，推出平台的意义在于能够更好地争夺客户信息的源头数据，并在房地产价值链条上逐步剪除"代理商"的利益分配额，提高自身利润。

万享会的操作模式简单易行。用户需要通过简单的线上注册流程成为万科的"自由代理人"。自由代理人可通过"万享会微信服务号"获取房源信息与楼盘代理权，然后便可在其同事、亲人、朋友中询问、接洽买房意向，或直接在其微信朋友圈内发布万科房源信息。一旦获得意向用户，自由经纪人便可通过"万享会微信服务号"在线登记潜在的购房客户信息与购买意向。相关信息则通过云服务连接进内场，由专业房地产经纪人人团队负责后续追踪。促成交易后，自由代理人与专业经纪人将以一定比例分成佣金。

时至今日，可以说万享会是社会化营销模式的一次成功实践。西安万科一组数据显示，西安万科全民营销平台上市 20 天，注册经纪人即达到 10150 位，推荐客户 2029 组，成交额达到 2560 万元，推荐成交的经纪人获得了最高达 10 万元的现金大奖。在万享会的营销网络中，每名"自由代理人"既是信息接受的节点，又是信息传播的节点。企业可面向社交媒体，与客户充分互动，激励受众有偿转发商业推广内容。使得企业的营销对象不仅限于单点客户，而是客户背后的整个社交网络；也使得信息推广不再是点状放射，而是网络状指数传播。如图 6-1 所示为社会化营销基本模式。

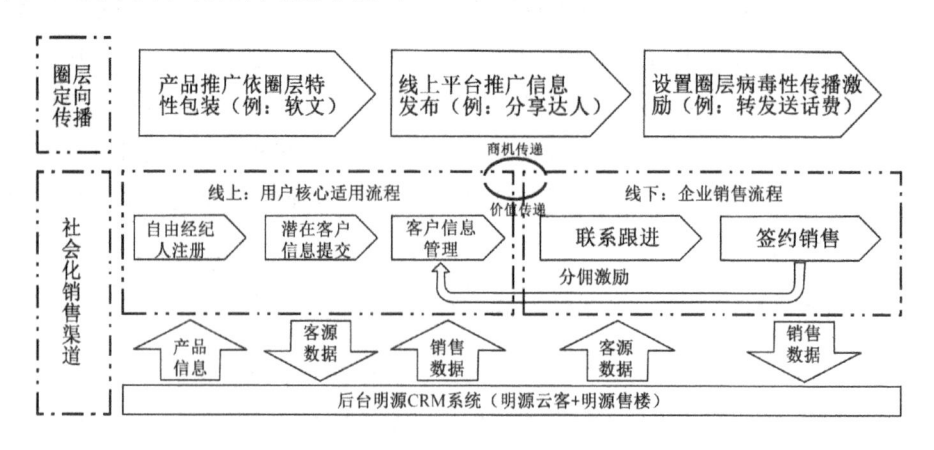

图 6-1 社会化营销基本模式

2. 自由代理人是怎样炼成的

在信息透明度相对较低的年代，供应链上下游间的需求信息被少数人或机构所垄断。同时，传统媒体时代的广告投放渠道也是少数传媒机构的垄断资源。于是，以它们为中心建立的"中介公司"或"代理公司"则依靠这种信息垄断与资源垄断进行盈利。随着互联网应用的不断普及与信息壁垒的不断打破，尤其是在2C市场中，越来越多的企业开始发现真正新鲜、精准的用户需求信息往往并不掌握在那些"垄断巨头"手中。而且随着普通人所掌握的传播能力的不断增强，广告投放的渠道也在日趋多元化。借助互联网直接接触用户，并将用户发展为企业收集需求甚至是发布广告的节点，开始成为越来越多企业在营销环节所追求的方式。于是，各类以自由人为单元的"自由代理商"应运而生。他们不直接受雇佣于任何企业，却可以同时凭借自身的人脉资源与多家企业签订推广代理合同，通过广告转发、线下直销等多种方式将其人脉网络兑换成真金白银的商业价值。那么成为这类自由代理人必须的基本素质有哪些？成为代理人后基本工作模式又是什么样的呢？

提及自由代理人需要具备的基本素质，其核心无非是人脉广度、推销能力与商业信誉这三点。首先，完全不需要有过人的学历、优秀的资历背景，只需要"朋友圈"中很多人刚好覆盖了某企业产品的潜在需求群体，企业就完全有可能与你签署代理合同。毕竟不是正式员工，企业一般来讲都会根据你的营销绩效直接核算给你的分成金额，不用考虑基本工资、五险一金等额外的成本，哪怕你未能给企业贡献商机，企业与你签约对其而言也是不亏的买卖。其次，毕竟身为代理商，为了更好地替企业宣传、推广产品，你也需要具备一定的线上及线下营销技巧。可以在线上通过软文等各类网络内容的编辑与发布在朋友圈中为产品造势；也可以像传统直销人员那样对自己人脉网中可能对该产品有需求的人进行一对一的推介与宣传。最后，不同于企业之间的商务合作，企业与自由人进行营销协作时往往更看重该人的信用历史。毕竟，若是你作为自由人泄露了企业过多的报价信息或为企业提供不实的商机资料，企业也将蒙受一定损失却难以向个人进行有效追责。随着个人征信系统的日益完善，一份优秀的商业信誉历史记录也会成为你通向自由代理人途中的必要阶梯。

而谈及自由代理人的基本工作方式，我们参照前文中"万享会"的基本思路，可以将目前较成熟的"玩法"分为以下两类：推广协助与商机反馈。推广协助指的是自由代理人借助自身人脉网络帮助企业将宣传信息"推出去"。在比较常见的做法中，商家在自己的 SNS 账号上发布宣传信息（包含激励政策），采用社交媒体作为宣传渠道，物质奖励为激励手段，驱动用户向自己的社交圈层发布产品或品牌的推广信息。例如，转发×××微博至 50 名好友可获得×××奖励等。而自由代理人则奉命将相关信息稍加编辑广为转发，释放自身社交网络的商业价值。

除了推广协助外，商机反馈可以说是上述方法的"进阶版"，强调了用户与企业的双向信息联通。在商机反馈中，自由代理人除了要帮企业进行营销内容的推送外，还要向商家逆向反馈市场上的需求信息，为企业获取更直观的商机与利益。"万享会"便是典型的推广协助与商机反馈相结合的"玩法"。在这种模式下，通过建立客户与商家间便捷的信息交互平台，同时制定并推广用户反馈信息的奖励机制，企业能更加高效地争夺市场中的潜在商机，也能更好地衡量自由代理人给其带来的商业价值。

作为一名自由代理人，你的日常工作将主要由以下几个环节构成：资质获取、广告推送、商机回馈与分成获取。在资质获取环节，自由代理人可以同一家或者多家企业签约成为某产品的代理人。签约过程不仅仅是给予了你代理产品推广的权限，更应该在书面上确认你获取报偿的比例与方式。同时，还需要获得该产品的详细信息，如功能列表、节目表与营销计划等，作为你对产品进行营销代理的基础资料。

在获取基础资料的基础上，接下来需要通过多种方式对资料进行整合与编辑，将其转化为更有针对性、更能激发人们需求的广告内容，并将其在你的人脉网络中尽可能广泛地传播开来。当然，这里所提到的传播也并不仅仅指的是借助微信、微博等社交媒体进行线上推送，很多时候也需要采取类似于直销的手段找到"熟人"推销产品。总之，在这个阶段，你的核心工作便是充分调动你的人脉网络，提升其中相关群体对该产品的认知度，并收集有购买欲望的潜在客户信息。

作为营销代理商，一般而言不会获得直接销售该产品的权限。一来想要直接销售，往往还需要额外付出建立库存的成本；二来直接参与销售经营需要获得政府机构颁发的相关执照，变相提高了作为参与者的参与门槛。因此，作为企业从你的工作汇总所获得的核心价值与你获取报偿的直接依据，你需要将上一环节获取的商机通过网络平台提交回合作的企业方。在万享汇的例子中，自由经纪人将其身边想买某套房子的人的联系方式回报给万科便是这一环节的具体体现。

最后，作为整个代理流程的终点环节，企业将根据第一阶段签署的合约与第三阶段你提供商机的情况对你进行一定比例的分成。自由代理人在此环节获得报酬、积攒资历，并借此在未来提升自己的接单资质与营销能力。

对于那些处于产品同质化程度极高的市场中的推销员或经理人而言，成为自由代理人其实是一个相当经济的选择。对于保险、房地产等行业，用户接受你的推销往往更看重的是你的个人品牌与营销能力，而不是你背后渠道商或代理商的名头。与其强依附于某企业，只为某个品牌打工，还不如借助互联网平台与多家企业直接以松耦合的方式进行协作。而当越来越多的人开始借传媒分工3.0时代的东风加入自由代理人这个行业时，说不定代理行业的基本逻辑也会相应为之颠覆。离散化的营销代理模式是否有可能成为C端市场产品模式的主流呢？让我们拭目以待吧。

6.3.2 全民开店：人人都是网络店主

在传媒分工3.0时代，除了依托于企业，作为其营销代理人参与分工外，自由人直接开网店售卖产品也是越来越多人进行创业或业余创业的选择。全民开店不只是包含已工作的社会各界人士，还包括学生。我们发现，身边很多留学生出国之后往往还会多出一个身份——海淘党。海淘党的工作并不容易，他们需要时刻关注各大商家的打折信息，在夏季、冬季打折季开始之前，海淘党们做好全部准备拼尽全力囤货。只要有足够多的朋友圈人脉资源，海淘党们拍完产品照片并美图后在微店上发布，通过朋友圈推广便会有人争相询价购买。

这并不只是归功于卖家灵敏的嗅觉，大众的传播渠道让商品信息浏览起来更为方便快捷，全球的速递服务、连接全球不分时差的沟通软件都为用户购买海淘党的海外产品提供了基础。这是一个对于双方都利好的商业现象，国内买家可以不出家门买到放心优质的产品，海淘党们在留学工作之余通过网络店铺还能再附加一个收入来源。不难想象，也许在不久的将来，人们出门旅行，旅途费用全部可以从代购的差价中赚取，工作生活两不误。

实际上，海淘党利用网络店铺为买家们筛选海外产品、定期囤货、自行推广并出售给买家们从而赚取一定差价的盈利行为就是微商的雏形。这只是微商群体的小部分代表。毫无疑问，"微商"绝对是近年互联网人、营销人最常见的词汇之一。腾讯创始人马化腾早在 2015 年 3 月"两会"上回答记者提问时就给予微商很高的肯定。微商似乎在一夜之间崛起，现在已经占据主流地位。以至于现在连阿里都坐不住，开始推出自己的"淘小铺"抢占微商市场。我们不禁要问，什么是微商？人人都能做微商吗？

1. 一部手机成就千万级商业帝国

谈到"微商"，想必大家都不陌生，基于移动端进行商业活动的模式都可以称为微商。微信朋友圈中各种认识、不认识的人天天转发的"海外代购"和"特价面膜"等就是微商的典型宣传形式。广义的微商范围较杂、较广，有适合于企业经营的阿里的 B2C 天猫平台，也有适合于个人玩家参与的"微信小店"等。但对于早期阿里系（微信微商崛起前）微商的基本模式，基本上可以将其看做标准电商的移动版。其基本的商业逻辑与一般电商甚至是线下库存压力不大的小型杂货店并没有本质不同。仅仅是移动互联网的赋能让它有了更低的运营成本与更强的渠道推广能力。但是微商的出现将电商逻辑与社交媒体紧密连接为了一体，缔造了崭新的商业模式与运营方式，代表了微商进化的一种可能方向。因此，下文中提到的"微商"皆以微信微商为蓝本进行探讨。

说起微商界的"风云人物"，王丽丹可谓近期崛起的一颗新星。出身法学的她曾在营销行业有过近十年的从业经历。2014 年，面对移动互联网大潮的来袭，已身为企业高管的王丽丹敏锐地洞察到了社交网络将带来的变现红利期。于是她果断决定辞职，投身微商领域，成为一名新的"创业者"。王丽丹在接受记者采访时说，"很多人对微商不了解，甚至认为是传销，但微商是中国目前最好的财富机会！"

王丽丹的微商营销团队从一开始的几个人发展到了几十个人。在其代理的第一款产品打开销路，"下线"自由代理人疯狂加盟后，其业务发展可谓是一日千里。时至今日，王丽丹的团队已拥有了超过 30 万名自由代理商，成功操盘多款互联网爆品，号称每月总流水 5000 万元。仅其代理的新品"泡泡女神"，半年销售金额就达到了逾 20 亿元。在这些光彩夺目的数字背后，我们看到的是一个新型商业模式的崛起与无数淘金者。那么，王丽丹等为什么会选择做微商"下海"呢？

首先，微商不同于传统的淘宝小店，其有效继承了微信的强大媒体属性。通过文字、图片、链接等形式，或者是自行开发的微官网，卖家可以将各种文章、产品信息定时推送给客户，持续产生影响力。如果内容的质量比较高，比如卖家拍出的美图像社交图片 Instagram 那样吸引人，买家很可能会产生求异心理，主动在朋友圈进行转发、传播和宣传，不经意间就为卖家的微店铺带来了新粉丝。在这个语境之下，微信的电商模式相当于是一种"媒体电商"，如果卖家能用心策划，会诞生很多不同于传统淘宝店的模式，玩法更加丰富，吸引力更强。

同时，微信也是一个非常好的客户维护工具。微信的公众平台或者其他搭建于微信上的第三方开发的平台都集成了简单的 ERP 功能，能够非常方便地对客户进行分组管理，再加上它实时沟通的属性，相当于为微信电商提供了一个最好的移动端客户维护工具。只要客户关注了微信公众号，或者在微信小店购买了产品，这个客户就会成为 ERP 中的一分子，卖家和客户之间就建立起了双向、持久的连接关系。通过实时沟通、文章推送等功能，微信电商可以用各种方法维护客户，使其成为黏性最强、二次购买率最高的电商模式。

最重要的是，微信还是一个适合"群体销售"的营销平台。与其他社会化媒体不同，微信作为基于强关系链的社交媒体，其上的好友大部分都是生活、工作上的熟人。都说物以类聚，人以群分。以生活、工作、兴趣等圈子分类的人群，不少人群都有共同的需求，而强关系的存在让客户引导身边的人进行相同属性的消费变得更加容易。而从影响力和信任度来说，微信用户对其好友的影响程度应该是远远高于其他社交媒体的。因此，可以想象，如果卖家在微信上与一位客户成功达成交易闭环，那么经过后期卖家合适的引导和贴心的售后服务，这位客户在未来将介绍更多的客户给卖家似乎也显得不足为奇了。所以，微信是一个适合"群体销售"的平台，特别适合针对某一类特定人群的精准化营销。

2. 如何成为一名"吸金"店主

聊到这里，很多朋友会问：如果我也想在微信上当一名自由职业的"微店店主"，那我该如何去做呢？微商还是一个尚未成熟的新型交易模式，所以，可以"玩"的方式还是很多的，但究其核心，开设一家成功微店需要做到以下两点："做好产品遴选"与"选好营销模式"。

对于产品遴选，这是决定了你的产品在朋友圈中好不好卖、容易不容易找到代理"下线"的最重要基础因素。你的产品如果质量过硬，能够最大限度地去解决用户的痛点与需求，而且用户用得十分爽，还怕用户不购买或不帮你进行传播吗？反之，一旦产品出现问题，对品牌的伤害是难以预估的。

对于"好产品"的定义在各个圈层都有着不同的标准。自己通过试用获得的一手经验、扎实的用户调研、充分的后期反馈信息都是保障自己销售的是"好产品"的手段。当然，在这里也可以简单介绍几个放之四海而皆准的"好产品"标准。

首先，"高频"产品进行微商销售要明显好于"低频"产品。所谓高频产品，指的是那些人们在一天或一周内会多次接触使用，且见效迅速的产品。微商销售的最大优势在于可以方便地借助用户的人脉网络为产品进行宣传。而用户接触产品的次数越多，产品生效的次数越多，用户帮你进行传播的概率也就越大。其次，性价比高或产品标准化程度高的商品更容易被微商市场接受。毕竟，目前横亘在微商营销面前最大的挡板是"信用缺失"。用户尤其是初期购买的"种子用户"通过手机难以获得关于产品品质的详细信息，如果想说服他们忽视风险、尝试购买，产品本身价格不高或产品体验的标准化程度高都是让人放心的因素。最后，百闻不如一试，产品一定要自己用过或家人用过才能卖给客户。微商的营销对象大多是熟人和朋友，不要拿友情、亲情当儿戏，可靠的产品品质才是维持长期关系的关键。

作为一名微商店主，在选好产品后，还需要了解如何借助微信平台有效地将产品推送给目标人群。在这里，笔者将现在比较成熟的微商销售模式归结为以下三类：

第一类是微营销模式。如果用户只是认为在微信营销层面上做得好就是微营销的全部的话，这种认识还是有些片面的。实际上，微信营销只是微营销的很大一部分。真正把微商做到得心应手的用户会将目光放大至整个移动互联布局上。所谓"不会利用移动端流量入口的店主都不是好店主"。微信小店、有赞微商城、第三方微信店铺、微博甚至B2C平台如洋码头等移动端都存在巨大的流量潜力。在传播3.0时代，用户意识到开店铺的成本不像传统电商线下店铺如此高昂，甚至基于有些平台还会有补贴，在多个平台开设店铺是趋势，多个鸡蛋放在多个菜篮子中才是明智的营销之举。

第二类是微信营销模式。这里所说的微信营销指的是单纯通过自营微信公众号进行营销的个人。但是单纯的个人运营公众号需要保持定期的内容更新还要考虑如何加粉等转化流失这些问题，并且转化成粉丝的用户又有多少比例愿意在公众号上的微店中购买产品我们全都不得而知。因此，如果没有强大的财力和时间进行微信公众号更新推广的个体，基于微信公众号端口的店铺实现盈利比较困难。

第三类就是我们所熟悉的朋友圈营销模式。用户利用自身的人脉在朋友圈售卖商品是大部分个人用户选用的模式。朋友圈营销无疑是社交电商的一大革命创举,基于朋友间的信赖感进行销售,转化率无疑是目前各渠道当中最高的。但不要忘了,朋友圈营销的本质是在销售自己的信用,当把朋友关系与商品交易相挂钩时,彼此之间的信任链条就开始变得脆弱。一旦商品出现问题,最终可能导致关系的崩溃。相信我们当中的很多人,也是考虑到信任链条的高昂成本从而对于朋友圈营销望而止步。当然,这些原因都抵挡不了朋友圈营销的火热程度,由于门槛低、操作便利,朋友圈营销依然成为目前个人选用的最常见模式。

这些销售模式之间并无好坏优劣之分,创业者需要根据自身的特点与能力进行自主选择。如果你的人脉圈较广,不妨主要采取朋友圈营销的方式推介自己的产品;而如果你具备一定的 H5 语言编辑能力或软文写作能力,那么开设一个公众号来,以内容为引力建立起有共同需求的社群后,再借助你在社群中的核心影响力进行产品营销也是不错的选择。

3. 是非功过说"下线"

发展"下线"是微商区别于传统电商的核心玩法之一。从你的朋友圈或者店铺开始,第一个购买的朋友就是第一次裂变,然后那个朋友通过"晒朋友圈、口头传播、各类社区社群传播",吸引下一个用户来购买,这就是第二次裂变。以此类推,一层一层往外传播。

相比以代购和海淘业务为主的个人卖家,C2C 微商更具有明显的层级性。据了解,C2C 微商一般以品牌—总代理——级代理—二级代理(区域代理)—三级代理(个人卖家)结构为主。以一盒某品牌面膜为例,总代理的拿货价如果是 50 元,一级代理从总代理处进货价为 70 元,那么,传递到个人卖家时的进货价则为 110 元。

有很多人认为这种发展下线做代理的模式与令人谈虎色变的传销有些类似,因而对微商敬而远之。就连上文中提到的王丽丹团队也不能免俗,曾一度深陷"传销骗局"传闻之中,品牌形象大受影响。那么,做微商就等于做"传销"吗?

解释这个问题之前,首先要明确什么叫传销。传销就是指组织者或者经营者发展人员,通过对被发展人员以其直接或者间接发展的人员数量或者销售业绩为依据计算和给付报酬,或者要求被发展人员以交纳一定费用为条件取得加入资格等方式牟取非法利益，扰乱经济秩序，影响社会稳定的行为。传销非法的核心在于其本质上不以成功销售产品为主要商业目的，而是一种完全以"发展下线"为主要目的，通过层层盘剥"加盟"费用来进行盈利的商业模式。经济学上将这种模式称为金字塔式销售骗局。

不可否认，现在确实有些微商卖家通过虚假宣传来拼命发展代理，给代理"画饼"要钱。而当"下线"从他手中把货买走后，他就根本不管货品能不能卖出去了。实际上，这类商家的货不是卖给了消费者，而是卖给了代理。而这样的行为在本质上与"传销"已经相当接近了。

但当我们回过头来看，"微商"这种商业模式本身又是何其的无辜？就如上文所言，利用移动互联网上的某种平台卖货的，都可以称为微商。比如，微信、陌陌、微博、QQ等平台。微商店家本质上仅仅是传统店主的"触网"变种，是一种新型的分工角色。只要商家所使用的手段和最终目的是把货品卖给对其有需求的消费者，通过发展"下线"的方式来提升渠道宣传力度，扩大产品销售范围也是无可厚非的。

总结起来，微商是一种分工角色，而传销是一种商业选择。以欺骗手段发展"下线"，并靠下线所上缴的"加盟费"作为主要收益的微商就是传统传销的变形版，没有本质区别。但同时，我们也绝不能把发展"下线"的模式一棒子打死。发展下线很多情况下也是在产品品牌感召下，购买者向营销者身份的一种自发转变。同时，"下线"模式还将品牌信息传播的节点最大程度上进行激活，使得在整个传播网络上的每个人都有机会将自己的人脉网进行变现，给自己谋福利、赢价值。

4. 微商的未来何去何从？

经历了三年的发展，微信已经进入了产品独角兽阶段：数据显示，目前在移动端的APP使用占比中微信占比超过了60%，而朋友圈占用微信总时间量为80%，显然朋友圈占据了大部分用户的日常时间，并且微信一家独大的局面还会继续延续。那么，影响未来微商发展走向的因素有哪些呢？

（1）腾讯对微信商业生态构建的走向定位。最近半年多时间，微信对于公众号诱导朋友圈的限制越来越多，对于单纯注册成为微商的微信个人号封杀得也很厉害。就连微信朋友圈信息流广告推出至今，供我们看到的广告也并不是太多。从这些信息可以大致判断，一向重视用户体验的微信团队容忍朋友圈重走当年微博盛极而衰老路的可能性几乎为零,更不可能接受用户朋友圈中满屏都被各类广告占领。因此,微商的朋友,不要以为马化腾表态赞赏微商就认为朋友圈将来会出现商业化很浓的交易通道,目前来看这条商业通道短期内都不会开放,像此前坊间盛传的微信推出朋友圈头像广告位的这种模式出现的概率几乎为零。

当然,腾讯不提供入口支持不代表它会收紧朋友圈的图片限制,至少作为微商的我们依然可以在看到好货、赏到美景时利用朋友圈大肆刷屏。但是腾讯团队会在加粉丝环节给予微商限制,不少人已经发现微信加好友无论从时间频率还是数量程度上都比以前严格限制了很多。

(2)微商自身能否跨过横亘于卖家与买家之间的信任难题。朋友圈营销说到底贩卖的是人与人之间的信任关系,朋友圈营销的未来一定是建立在一套完整信任体系基础之上的,只有这样,才能长期建立无缝生意关系,而做微商最需要解决的核心难题就是消费信任。这一信任既来源于卖家出售商品本身的品质是否有保障、买家对于卖家个人品牌的信赖感,也与平台是否能提供交易保障有关。

未来腾讯有没有可能引入第三方信用机构来衡量卖家和买家的个人信用标准?并不是没有可能,甚至腾讯还有可能与第三方担保机构合作为微商做担保。这其实又涉及腾讯对微信商业构建的定位。如果平台不能提供交易保障,那么即使在传播3.0时代,朋友圈营销能够成为未来主流电商平台的前景似乎也并不乐观。买家最终在乎的还是自身利益。正如现今的天猫之所以比淘宝平台更受消费者信赖,一个重要原因就是有天猫做品牌背书,解决了消费者的品牌信赖问题。

国家相关政策的调整对于微商的影响绝不可忽视。例如,在2016年年初,海淘党们的日子过得并不像他们的每日晒图那般美好平静,各地海关对于入关的海外产品实行严查政策,凡是被查到未交税的海外产品,所有关税将由卖家全部承担。这对于只收取部分代购服务费,而免费为买家包装、配送产品的卖家来说无疑是个噩耗。无独有偶,早在2015年年初淘宝中小卖家们过得也不平静。各地纷纷传出税务部门约谈天猫店主,开始补税稽查。一旦电商收税的传闻尘埃落地,那么不可避免微商未来也会成为需要监管的对象。理论上说,因为缺乏相关的信用保障体系,微商的产品更不可控,未来的监管重点反而会是微商。

传播3.0时代是个最好的时代,也是最坏的时代。这个时代对于每个人的机会是均等的,只要肯付出,有一定的专业知识,就会有相应的收获。而这也是最坏的时代,这个时代诱惑太多,阻扰太多、噪声太多、风险太多,新机遇涌现的同时,传统生产秩序与协作秩序也在不断地崩溃与重组。如何能把握好这个时代命脉的钥匙,如何能站在时代的前沿,以新的姿态、新的分工角色成就自己的价值,我们能依赖的既不是平台也不是政策,而是我们的远见与魄力。

延伸阅读:微商怎么做?春纪微商城总监李志中访谈录

如今,越来越多不甘平庸的人把目光投向了微营销这个无限广阔的平台,希望和无数成功者一样一举逆袭命运。与此同时,一个困惑也随之而来,面对林林总总的微商团队、为数众多的微商大咖和频频伸来的橄榄枝,创业者们究竟该如何选择?

自 2016 年以来,春纪微商城以其显赫的销售业绩连续刷新行业纪录,让一位位平民富豪应运而生,也为自己贴上了草根逆袭地的标签。而其领导者李志中先生更是被媒体誉为拥有点石成金力量的微商魔法师。以上现象引起了社会各界的广泛关注。

李志中得以成功的秘诀是什么?媒体对他的赞誉是恰如其分还是言过其实?怀着诸多问题,记者对这位春纪微商城的掌门人进行了专访。

记者:李总,认识您非常高兴。为了让大家对您有一个更为深入的了解,请做一下简单的自我介绍。

李志中:我是一名连续创业者,2009 年开始进行互联网项目创业,曾经打造出中国第一健康管理平台——领客康健网,并获得风投关注。2011 年,在电商创业中,创造出淘宝单店单日销售额达 500 万元的销售记录。2015 年,加盟广东丸美生物技术股份有限公司,出任春纪微商城总监,负责产品开发、市场营销、视觉设计、广告公关、团队建设等相关事宜。

同年,我首创了轻模式微商并组建 SES 微营销团队,很快取得 3 个月代理人数破万的业绩。经过近一年的努力,春纪微商城获得重庆市优秀创新企业的荣誉,并成为重庆市副市长、沙坪坝区区委书记和区长多次重点视察的对象。而最让我最自豪的还是能够带领一支由宝妈、白领、大学生组成的万人团队集体逆袭,让他们都收获了五位数的月薪。

记者:当前国内社会形成了一股凡事靠关系,处处讲出身的风气。有人更是形象地说:一个成功女人的背后,一定有一个显赫的男人,而一个成功男人的背后,一定有一个显赫的老人(老爸)。您对此有什么评价?

李志中:其实你完全可以问我是不是富二代。(哈哈)

实实在在的说，我出生在平民家庭，是一个不折不扣的草根，父母都是很普通的工薪阶层。我从小就有一股不甘平庸、勇于向命运挑战的劲头。2001年，进入重庆大学就读，在校期间荣获优秀学生干部、创业大赛一等奖并多次领取奖学金。为了减轻父母的负担，我利用假期时间勤工俭学，发过传单、做过家教、卖过年货。2005年，作为志愿者，到西部贫困县彭水支教一年，2006年，回到重庆大学继续读研究生……可以说我的成功全部都是靠自己的勤奋和努力获得的。而艰苦环境和曲折经历带给我的最大好处就是，永无止境的上进心和吃苦耐劳的意志品质。

记者：能否谈一下您的创业心得和成功经验？

李志中：主要有两点，一是对事业和工作的态度，二是对平台的选择。

人生来就不平等，世界是非常现实的。有的人生来享受荣华富贵，有的人生在贫苦之家。作为一个没钱没势的草根，奋斗成为了我唯一的本钱。从小学到大学毕业，从踏上社会到创业至今，我信奉的信条是：要么不干，要么干到最好，在这个指导思想下，我所做的每一件事情都力求完美。由此也为自己的成功打下了基础。

另外，中国有句话说的好："选择远比努力重要"，作为一名草根，如果我继续留在传统行业和那些富二代们竞争，现在可能会输得很惨，是微商和春纪微商城给了我充分施展自己能力的舞台。说句发自肺腑的话：选择是我成功的关键！

记者：请介绍一下微商行业和春纪微商城的优势。

李志中：首先，从整个微商行业来说，它零门槛、低投资和低风险的特质相对传统行业非常明显。而作为微商行业的超一线品牌，春纪微商城更是具有其他微商无法相比的优势。首先是产品质量。作为中国护肤第一品牌丸美旗下的双子星品牌，春纪化妆品无论材质、效果都属上乘，被很多人誉为是伪劣产品频现的微商业的一方净土。

其次，针对传统微商的囤货瓶颈，春纪微商城推出了"0囤货、0压力、0风险"的轻模式微商。商品无论数量多少，全部由公司一件代发，而且代理商也可以24小时在线下单，不仅成功摒除了传统微商的囤货瓶颈，而且真正将代理的风险降为零。

最后，春纪微商城的产品利润在行业也是最高的。春纪的代理，销售任何一款产品，都可以获得50～80元不等的净利润。而且不用出钱囤货买等级，只需累计销量升级，也就是说，你卖产品卖得好，你的价格自动就降低，这也是人们所说的做春纪代理，越做越轻松的原因。

此外，春纪微商城还有着与众不同的培训体系。在这里，代理是分为四个层次进行学习的。分别是新手营、进阶营、研修营和领袖营。每周七天都有不重复的实操课程。涵盖了加人方法、朋友圈技巧、销售话术、护肤知识等做微商的全部方法技巧。

当然，好酒也怕巷子深。一直以来，春纪在广告投入方面非常舍得花钱。从邀请新一代偶像女星周冬雨做代言人，到和江苏卫视、湖南卫视、浙江卫视签订战略合作协议，再到火爆周日晚间档的综艺节目《我们相爱吧》的独家冠名。春纪 2016 年的广告投放高达 2.88 亿元之多。庞大的广告宣传也成为销售的强大助力，让越来越多的代理商们实现了轻松赚钱、快速逆袭的梦想。

记者：对于未来，您有什么规划？

李志中：我们 2016 年的目标是带领 10 万草根创业者实现月入过万元的梦想。对此我和我的同事将挥洒自己的所有热情，贡献自己的全部力量！

记者：作为无数创业者的偶像，在采访的最后，能否对广大创业者说几句话？

李志中：选择永远比努力重要！我们仔细看看身边的人就会发现一个奇怪的现象，很多人其实并没有多大的本事，却获得了成功，最根本的原因就是选对了平台。有能力的人如果选错了平台也会被无情埋没，选择正确平台的人，即使资质普通，也能取得惊人的成绩。

回到本章开篇所讲述的内容，随着互联网技术的不断发展和人们对于媒体的观念不断变化，传统媒体一改以往高高在上的姿态，却依旧挡不住新媒体汹涌来袭的态势。传统媒体没落，而新媒体乘胜追击已经成为不争的事实。传统广告形式与理念也已经被市场所更新迭代演化成了更精确的社会化营销。

新媒体时代下的个人形象更加突出，每个个体都可以通过自身的专业知识、颜值与表演技能成为知名人士，取得价值变现。以罗振宇和吴晓波为代表的知识型自媒体人的崛起让一批传统媒体人蠢蠢欲动，以 Papi 酱和 Michal Phan 为代表的美妆达人及搞笑女神更是给了无数年轻女性一夜成名、一夜成功的希望。但在资本浪潮的拍打下，最终留在岸上为数不多的"网红"都深谙运用自身优势，结合他人能力的道理,在这个时代下,分工协作才是制胜之道。

传播 3.0 时代,是最好的时代也是最有诱惑的时代,只要肯努力,谋生之道越来越多样化,甚至只要有一定人脉资源就可以赚钱。万科的万享会让千万用户成为它的自由代理人,微信小店的普及更是成就了微商的天下,实现了很多人"在家日赚千元"的奢望。但微商基于好友熟人之间脆弱的关系链也决定了它的价值上限和交易风险,如何把握好这个时代的机遇和风险,全仰仗于身处其中的我们如何思考与应对。表 6-1 所示为传播&营销分工 3.0 下的新工种。

表 6-1 传播&营销分工 3.0 下的新工种

新工种	工作内容	能力要求
知识分享者	通过自媒体传播平台将自身的专业知识或从自有渠道挖掘的新闻向大众分享	有内容组织能力与表达能力; 有一定的专业知识或新闻渠道
网红	挂靠直播平台等自媒体渠道商,通过表演收取观众打赏或平台佣金	有一定的颜值或表演技巧
自由经纪人	为第三方企业的产品做社会化推广,或为第三方企业提供潜在客户的商机信息	拥有较广的人脉与交际圈; 掌握一定的营销技巧
微店店主	依托社交媒体贩卖小商品获益	拥有较广的人脉与交际圈; 掌握一定的营销技巧; 掌握网店设计、物流管理等相关销售基础能力

第 7 章

从雇佣工到自由人

相传，有一次古希腊哲学家柏拉图在给学生上课。有学生问："老师，什么是人？"柏拉图回答说："两腿直立，身上无毛者即为人也。"第二天，这位学生提着一只扒光毛的鸡来到柏拉图面前说："老师，这就是人吧？"当然，这个故事很可能是后人杜撰的笑话，但它却与一个关于人的根本性问题相关联，即人之所以为人，是因为什么？

上过大学政治课的人都应该知道，马克思主义理论中有一个经典论述：人的本质是一切社会关系的总和。这说的是人和其他动物的根本区别。这种区别主要在于人总是劳动、生活在一定的社会关系之中。马克思说："人的本质不是单个人所固有的抽象物，在其现实性上，它是一切社会关系的总和。"[1] 人是具体的、生活于现实生活中的人。他们的一切行为不可避免地要与周围所有的人发生各种各样的关系，如生产关系、性爱关系、亲属关系、同事关系，等等。生活在现实社会中的人，必然是生活在一定社会关系中的人。这种复杂的社会关系就决定了人的本质，形成了人的社会属性。

尽管马克思的这一观点在今天的很多场合被过度运用和诠释，但不得不承认，它的确描述了人的存在状态中最本真的一面，即无论他（或她）是什么样的人，无论他出生于何时、何地，无论他的宗教信仰、政治倾向、文化水平、种族肤色为何，他之所以为人的最根本的标准之一就是他持续生活在社会关系之中，也就是说，人的根本属性是他的社会属性，而非自然属性。几千年前，同样是古

---

[1]《马克思恩格斯选集》第2版，第1卷，第60页。

希腊哲学家的亚里士多德也在其《政治学》一书中表示,"人是政治的动物"。不过亚里士多德所说的并非今天意义上的"政治",指的是一般意义上的人的社会关系。在这一观点上,亚里士多德与马克思就非常接近了。

亚里士多德和马克思是在哲学的高度讨论何为人的本质,不过即便你不理解或者不同意这样的观点,也不妨碍接受这样一个判断:从根本上说,一个人生活在社会中,就是生活在不同的"组织"中。这样的组织可以是家庭,各式各样的朋友圈、社团,也可以是企业这样的组织。如果一个人在生活中不归属于任何组织,那么就很难说他是一个正常的人。每个人生下来就在自己的家庭里,有自己的父母、兄弟姐妹,长大了要进入幼儿园、小学、中学、大学学习,同样是各种不同的组织,再往后就是结婚、工作,在这些组织的不断"切换和扩展"中,我们作为人完成了从幼儿到成年,从无知到成为一个有意义、有价值的人。

本章将讨论与每个人的关系异常密切的组织——企业。在同一个企业中,不同的人扮演着不同的角色,同样,对一个人来说,在不同的时期,在不同的组织中,他同样也会扮演不同的角色。从历史的角度来看,随着社会结构、经济形态、生产力水平的不断演进,组织及人与组织的关系(或者说人的角色)也在发生着持续变化。站在今天,在新经济时代,以互联网为代表的新一代信息技术对组织形态的影响超过了历史上任何一个时期,反映在人的角色定位上,则出现了许多前所未有也是非常有意思的新变化。

7.1 组织变迁与个体角色

7.1.1 前互联网时代的组织模式

在前工业时代,机器大生产时代尚未到来的时候,人类社会的经济形态以农业、畜牧业和手工业为主。在这个时候,组织与个人的关系可以说是一种弱管控关系。组织的管理链条较短,组织中个体的角色没有被进一步切分,有时候一个人还可以承担多个角色,比如一个手艺店里的学徒,其身份并未局限在一个特定的位置。

可以用前面提到的交易成本理论解释这一现象。一个组织的规模较小，多半是因为它无法承担更多的内部交易成本，在这个时候，人员的复用就是必然的了。组织中的每一个人就需要尽可能承担更多的角色，以在维持组织运转的同时尽可能降低内部交易成本。我国有一部广受好评的电视剧《神医喜来乐》。喜来乐有一个徒弟叫德福。德福在喜来乐医馆中的角色就是前工业时代组织分工与个体角色的一个典型。表面上看，德福是喜来乐的徒弟，但实际上，德福不仅是一个学徒，还承担着管家甚至是儿子的角色。喜来乐和德福的关系也不是今天常见的基于契约的雇佣关系，而是在主角色之外还兼具多种"强耦合"角色。古代有一句俗话，"一日为师，终身为父"，我拜你为师，不光是做你的徒弟，跟你学手艺，还有一种伦理的角色，而且这种角色很难褪掉。

正如第2章描述的，在前工业时代的农业组织形态中，个体角色的多重性更加明显。一个农民基本上参与了播种—收割—生产—消费的所有环节，这是自然的小农状态下的一个必然状态。从某种意义上讲，对个体的农户而言，农业生产和消费就是他的全部生活，在成本的限制下，他不可能在每个环节都安排专职人员参与，只能事事亲力亲为。

到了机器大生产时代，生产力水平急剧提升，可以承载成千上万人同时工作的工厂出现了。在这个时候，以上所说的个体在组织中的分工角色发生了翻天覆地的变化。在工厂里，每个人都变成了流水线上的一颗螺丝钉。组织对个体采取的是集中化管理，每个人的身份几乎都是固定的。

卓别林有一个著名的电影《摩登时代》。电影的男主人公夏尔洛是个摩登时代大工厂的一个流水线工人，一天到晚神经质般地重复着同样的工作，连去厕所抽根烟的享受都被剥夺了，最后由于不堪重负，夏尔洛精神失常，被工厂送到了精神病医院，同时他也失去了赖以生存的工作。当然，你可以从对资本主义批判的角度解读这部电影，不过从纯粹描述的角度来看，《摩登时代》中夏尔洛的生活境遇的确是工业时代个体分工角色的真实写照，甚至可以说是今天许多人的真实写照。

7.1.2 互联网时代的组织变迁与个体角色

在互联网时代，随着组织的变迁，个体角色也开始发生新的变化。美国著名的互联网经济思考者凯文·凯利说过，未来的企业组织会更类似于一种混沌的生态系统。在他广受世界关注的著作《失控：机器、社会与经济的新生物学》中，凯文·凯利说，互联网所代表的分布式系统呈现出以下几个特点："没有强制性的中心控制；次级单位具有自治的特质；次级单位之间彼此高度连接；点对点间的影响通过网络形成了非线性因果关系。"这几个特点非常准确地描述了互联网时代组织变革的趋势：扁平化和去中心化。在这种管理模式下，不仅能够实现组织的灵活高效运行，而且能极大地激发组织成员的创新能力。

众所周知，传统意义上的组织形态是以垂直的职能线条划分作为主要形式，是典型的金字塔结构。在这样的组织形态下，处于金字塔顶端的是企业的最高管理者，然后下面是不同的管理层级。一般情况下，企业的战略传递通过自上而下地通过高层到达中层，再到达基层，而市场信息则是通过基层员工汇总收集，通过自下而上的渠道层层上报。那么很显然，这种金字塔结构的组织模式，由于日常经营管理过程中需要大量的分步骤的信息传递和决策流程，对参与到这些流程中的每一个人的工作职责和内容都有明确的规定，因此，相应地也有着非常明确的可衡量的绩效考核标准。简单总结一下，金字塔结构的组织模式主要有以下几个特点：组织层级多、对信息传递和决策流程效率要求高、对个体的职责要求和考核标准明确。

这种金字塔类型的组织管理模式诞生背景来自20世纪的工业化浪潮，泰勒的科学管理理论则是传统组织形态的理论先驱。传统企业的特征是改良、完善、规范、效率、稳定，用精益管理、六西格玛和严谨的科层体系在延续性创新上不断成长，通过标准化、制度化、体系化的企业内部管理模式为社会提供标准化的产品和服务。

然而互联网经济时代，由于信息沟通效率的极大提升，企业和用户之间的距离可以无限接近，无缝连接，商业机会就蕴藏在同用户零距离的接触中。用户对产品和服务的评价不仅仅是对产品的质量好坏，而是对产品所带来的用户体验感受的综合评价，而用户体验的打造则是企业内所有价值创造环节共同产生的。当用户能够使用互联网对产品进行评价时，企业的所有部门都必须直接对接市场，对接用户。很显然，在这个时候对产品进行改进的决策不应该由企业的金字塔顶端做出，而是应由最靠近用户的部门做出，这就是华为的任正非在多年以前就提出的"让听得见炮声的人和靠近战场的人做决定"。

传统的科层制组织结构中，指令上传下达，员工是为了最高层的指令而工作，上级评价决定了工作优劣，员工虽然贴近用户，但没有自主权利，反而唯命是从，唯指标而动。长期积淀下来，必然形成关注上级，一切以领导为核心的组织思想，也必然容易滋生大量的官僚主义，权利寻租的弊端。用户信息在科层结构中层层上传，然后再层层下达已经无法赶上和满足互联网+时代用户个性化、碎片化和快速变化的需求。因此，打破科层结构对组织行为和员工行为的束缚，打破组织僵化，让全员面向用户，快速反映用户需求是进行组织结构的颠覆的重要诉求。

对于在互联网经济时代对企业组织结构的要求，一个很重要的变革方向就是"小前端+大平台"的结构。这种"小前端+大平台"代表着以内部多个价值创造单元作为网络状的小前端与外部多种个性化需求有效对接，企业为小前端搭建起后端管理服务平台，提供资源整合与配置。企业组织将成为资源和用户之间的双向交互平台。在这方面，国内的许多企业已经进行了有益的探索实践，比如海尔将传统的金字塔式组织改变成倒金字塔（或者说"倒三角"）结构[2]，将8万多人分为2000个自主经营体，提倡进行"企业平台化、员工创客化、用户个性化"的"三化"改革；阿里巴巴把公司拆成更多的小事业部来运营，通过小事业部的努力，把商业生态系统变得更加透明、开放、协同和分享；苏宁向互联网转型，通过简政放权、组织扁平化、垂直管理、强化目标绩效管理、经营专业化、事业部公司化、项目制、小团队作战8个方面实现互联网组织变革。

可以说，互联网到来在根本上已经动摇了传统金字塔结构的组织模式的根基。虽然目前尚未成为主流，但是放眼未来，这种着眼于"高效、扁平、去中心"的组织模式必将对更多的传统产业和企业的组织模式产生巨大的影响。

7.2 新工种：人人都是合伙人

1964年，为保持发展活力，日本著名的企业家稻盛和夫在他创办的京瓷实施了"阿米巴"经营模式。在这种模式下，京瓷公司被分割成一个个"阿米巴小组"，每个员工都从属于自己的小组，每个阿米巴小组都是一个独立的核算单元，

---

[2] 关于这一点，接下来会有论述。

就像一个相对独立的小企业，集生产、会计、经营于一体。虽然每个小组在一定程度上仍然听命于上级领导，但它们在经营计划等方面拥有很强的自主权。公司整体上需要做的，就是通过严格、公平的核算制度，明确各个小组甚至每个员工的经营业绩，并在此基础上进行相应的奖惩。"阿米巴"经营模式使得京瓷全员的经营意识、创收能力极大地提升，公司效益持续稳步上升，被誉为京瓷成功的两大支柱之一。

事实上，京瓷探索的"阿米巴"模式反映了当下企业管理中一个很重要的课题，即如何在新经济时代正确处理企业和个体之间的关系，或者更具体地说，如何在某种程度上打破传统组织中对个体的强束缚，充分发挥员工的积极性，实现个体和企业的双赢。而与这一问题密切相关的，则是如何正确处理组织中的权力分配。发挥员工的积极性，让员工能够承担更多、更自主的角色，当然就需要有更多的授分权，把一切都管得死死的，很难会有员工主动承担。

7.2.1 让员工当上"领导"

1. 海尔："倒三角"组织下的小 CEO

京瓷依靠"阿米巴"快速走向了复兴。在我国，也有许多企业面临着类似的问题，也在做着类似的探索。在这些探索者当中，成功践行"阿米巴式"管理创新的企业首推海尔。虽然贵为中国家电行业的龙头老大，但海尔意识到依然面临着诸多挑战，比如由于城市市场趋于饱和，家电产品供大于求的矛盾日益突出，众多跨国知名家电企业凭借先进的技术优势和品牌知名度，大规模进入中国市场，使得我国家电行业的竞争日趋白热化。

在互联网时代，信息不对称的状况也正在改变，信息主动权正在由企业转向用户，用户拥有足够的信息掌握产品特点及价格，不断进行对比和议价，直到找到满足自己个性化需求的产品和服务，主动权已经掌握在了用户手中。为此，企业必须适应这种变化，推进内部经营管理机制的变革，以便更好地接近用户，满足用户的需求。

更重要的，作为一家大企业，随着经营规模越来越大，管理层级越来越多，企业内部的决策运作效率越来越低，"大企业病"的表现越来越明显，特别是海尔在国际化大发展时期，企业规模的扩大滋生权力环节蔓生，影响到信息和问题的上传下达，导致神经末梢感应不灵，从而降低了管理决策的准确性和有效程度，职能机构增多，加深了企业的专门化、部门化程度，滋生出官僚主义、部门小团队主义等不良现象。另外，员工结构的变化对传统激励模式带来了挑战，"80后""90后"员工学历普遍较高，视野宽广，接受新鲜事物快，对自我价值实现的要求也更加迫切，希望通过自己的努力得到认可和尊重的愿望也很强烈，传统的管理模式日益受到挑战。

经过不断的学习和摸索，海尔于2009年推行"人单合一"管理模式。这里的"人"指的是员工，"单"指的是订单，代表用户需求。"人单合一"的本质是划小经营核算单元，将团队演变成完全面对用户需求的"自主经营体"。

海尔基于对互联网时代的认知，认为在互联网时代企业生存和发展的权力不取决于企业本身，而取决于用户。用户向企业购买的不再是产品，而是服务，所以，企业必须从"卖产品"向"卖服务"转型，而企业要完成由制造到服务的转型，员工必须转型，从听命于上级，转向听命于用户。

员工在第一线直接面对客户，客户的价值主张必须承诺下来，不管下面是哪一级，都来共同提供资源，共同保证目标实现。最终在组织颠覆、保证客户价值主张实现的前提下，将团队落实演变成完全面对用户需求的"自主经营体"。这种自主经营体相对于其他组织的区别，就在于能够自动感应到外部的变化，自动应对外部的挑战，并且能够战胜外部的挑战。显然，自主经营体能够出现并正常运转，必须对组织结构进行调整，改变原有的权力分配，这样才能给自主经营体以足够的支持。海尔相应的做法，就是以自主经营体为基础建立"倒三角"组织结构。

一般的企业是按照职能等级形成"正三角"，上面是最高领导，往下依次是中层管理者，最底下是员工。但恰恰是员工直接面对客户，了解客户需求。如果一线员工将客户需求层层向上反映，再等领导做决策贯彻下来，就不能及时满足客户需求。因此，海尔通过设置三级三类自主经营体，将海尔的组织结构从以前的 N 层机构变化为"倒三角"，即三级经营体架构。"倒三角"组织结构为人单合一双赢模式提供了基本框架，是对组织的变革，也是对观念的颠覆。

"倒三角"组织结构的目的是更好地适应市场变化，创造用户价值，引领市场。在新的组织结构下，基层员工的角色发生了非常大的变化。从过去被动地听领导的指挥、完成领导确定的目标，变成和领导一起听用户的指挥、创造用户需求，共同完成为客户创造价值的市场目标。

另外，企业管理者的角色也发生了变化。企业现在是以用户为中心而不再是以领导为中心。企业中的每个人都面对市场，在创造用户价值中体现自己的价值。管理者最重要的任务不是下指标，而是按照经营体中一线员工的需求，去帮助整合资源。管理者最重要的职责也不再是考核员工的指标和效益，而是考核创造了多少自主经营体，为多少员工成为自主经营的 CEO 提供了平台。在这样的一个平台上，员工能够获得充分的创新空间，让每个人的价值和为用户创造的价值挂钩，没有职位和工资的高低，只有价值的大小。员工能力高低不是领导评价而是市场和用户认可，形成每个人创新空间的平台，自己的成果自己说了算，是"自驱动"而非"他驱动"。

2. 合弄制：人人都是合伙人

在企业管理中，一个几乎中高层管理者都面临的问题就是如何恰当处理"集权"和"分权"的平衡，从而实现企业运营效率的最优。为什么会出现"集权"和"分权"这样一对矛盾？这是由企业本身的特性决定的。

一般来讲，任何一个企业的存在都要满足两个迫切需求，一是保证自身的稳定可控；二是尽可能对外界环境做出及时、有效的反映。满足前一种需求，就需要通过增设适当的管理层级来实现（当然，管理层级并非越多越好）。在这种情况下，少数高层管理者通过逐级向下控制保持着组织的基本稳定。显然，这种控制方式与第二种诉求就产生了矛盾。及时、有效地对外界环境做出反映，需要更多地发挥基层员工的主动性，但是如果他们手中完全没有权力和资源，就很难发挥任何作用。另外，那些掌握权力和资源的管理层，往往距离市场一线较远。因此，满足第二种诉求，就需要组织尽可能给中基层员工更多的自主权，通过发挥其主动性增强组织的创新活力。

反映在组织模式上，"集权"和"分权"的诉求矛盾就是"科层制"组织和"扁平式"组织的差异。反映在个体与组织的关系上，或者说员工与企业高层管理者之间的关系上，最近几年美国硅谷公司推行的一种名为"合弄制"（Holacracy）的管理模式在尝试告诉我们，员工和企业领导者甚至是所有者之间可以是"合伙人"的关系。果真可以这样吗？让我们来看看。

"合弄制"的管理方法始于一家名为 Zappos 的鞋类电商公司。Zappos 的改革非常彻底，CEO 放弃了几乎绝大部分管理权限，而让位于企业内部不同的员工团队，或者说不同的"小组"。公司组织架构"去中心化"，员工重新自由组合成一个一个的小组。在小组当中，每人选择自己的职务和自己的目标。每个小组都由几个或者十几个员工组成，大家都是根据自己的能力和兴趣特长组合在一起。当然，小组内部也有简单的角色分工，同样会有领导者和被领导者划分。另外，每个人并不固定地只属于一个工作小组，而是可以兼职多个小组的角色。这样就出现了一个很有趣的现象，某位员工 A 和另一位员工 B 在第一个小组中可能是直接的上下级关系，但是在另一个小组中这种关系就可能会颠倒过来。

在 Zappos 的合弄制下，员工的积极性和创造性之所以能够得到充分发挥，就是因为它赋予了每个工作小组充分的自主权。举个例子，在 Zappos，没有谁可以打消或者拒绝另一个员工的想法，即便是公司的 CEO 也不可以，除非这位员工的想法已经被事实证明不可行。因此，在这个意义上，合弄制下的员工已经成为了企业的"合伙人"。

延伸阅读：体验合弄制

（在合弄制下）随着组织的关键领导者或掌权者（创始人、CEO、其他高管）之间的关系，以及他们与其他团队成员之间的关系被重新设定，权力在整个组织上下被重新分配，最具戏剧性的转变逐渐在他们身上发生。对这些领导者来说，描述的这种转变可能意味着一种生死攸关的挑战——但在另一方面，还意味着或许会带来极大安慰和解脱的机会。

如果你是一名习惯扮演英雄角色的领导，不遗余力地用个人意志和能力推动或带领组织向前发展，那么你需要放弃旧形式，去寻找一种新形式的英雄主义。你也许会觉得自己过去所承担的角色的效率和表现都降低了。现在你已经将权力分配给了其他人，而他们可能能力不如你。刚开始，你可能会感到效率、生产力和发展势头有所下降，而你又习惯了承担责任。突然间，你不再是唯一推动组织向前发展的人，而你的团队的局限性更有可能响应你的进程。

当然，从另外一个角度来看，组织受到的约束变少了，因为它不再依靠作为英雄领导的你，也不再受任何个体负担量极限的限制。……合弄制肯定不会抹杀任何人作为头脑清楚、思维敏捷、品行端正的领导的价值。它只是把这种需要分配给了更多的人，并使其能够发挥作用，而不再是可望而不可即的理想。合弄制不会依赖任何一个人始终如一地做一名优秀领导的能力，它依赖的是每个人在有些时候做一名优秀领导的能力——仅仅是有时也是可以的,因为没有人会一直都是好领导。

在合弄制中,我们采取的是平等关系,而不是相互依赖的父母与子女间的动态关系。我们以同伴的身份出现,每个人都对组织的目标负责,对实现该目标所承担的角色负责。

(摘自:《重新定义管理——合弄制改变世界》,布莱恩·罗伯逊 著)

7.2.2 我们是一个团队,不是一家人

北京时间 2016 年 6 月 20 日,NBA 总决赛勇士 vs 骑士抢七大战。最终,骑士队在总决赛第七战做客以 93∶89 击败金州勇士队。骑士队以 4∶3 险胜夺冠,他们成为史上第一支在总决赛实现 1∶3 落后翻盘的球队,这个总冠军是骑士 52 年来首个 NBA 总冠军。骑士队当家球星勒布朗·詹姆斯获得总决赛 MVP。这个在 NBA 联盟自出道之日就异军突起一飞冲天的家伙,有着超强的个人能力,但他在追求球队荣誉、追求奥布莱恩奖杯的路上却频繁遭受非议。

2010 年,在克利夫兰骑士队奋斗了多年依然冠军无望之后,作为 NBA 最近两个赛季的 MVP,作为当今世界最好的篮球运动员之一,作为"The Chosen One"(天之骄子),勒布朗·詹姆斯在他职业生涯的这个阶段,做出这样一个决定:离开克利夫兰,转投迈阿密,联手德怀恩·韦德和克里斯·波什追求奥布莱恩奖杯。消息一出,整个媒体和球迷圈炸了锅。很多人给詹姆斯贴上了"叛徒""不忠""自私"的标签。其实我们抛开非理性的感情因素,静下心来想一想,就很容易理解詹姆斯的选择,也很容易理解那些"愤怒者"的怒火源自何处。

詹姆斯为什么这么选择,很简单,他想拿冠军,只有在最短的时间内拿到冠军,他才有可能实现自己的职业理想。在经历了连续两年的失败以后,他已经不再相信骑士在短时间内能拿到冠军。既然这样,那就出走选择更好的机会。骑士老板丹·吉尔伯特痛骂詹姆斯,归根结底,是因为他在詹姆斯身上投入了太多的金钱和心血。他曾经对詹姆斯百依百顺、忍气吞声,而詹姆斯拍拍屁股走了,他无法再得到任何回报,经济利益和个人尊严受到双重打击,他自然恼羞成怒。克利夫兰当地球迷由爱生恨,用各种激烈的方式"报复"詹姆斯,主要是因为他们在詹姆斯身上投入了太深的感情,抱有太高的期望,詹姆斯一走,他们的心就像

被掏空了,他们甚至找不到再继续关注和支持骑士队的理由。另外,克利夫兰这座没落中的城市,詹姆斯的存在其实对整个经济都有支撑作用,而詹姆斯走后,这座城市变得愈发没有吸引力和活力,每一个在克利夫兰生活的人,都会为自己的前景而担忧,这种担忧在短时间内,自然而然地转化成了对詹姆斯的仇视。

所以说,当年在詹姆斯转会这件闹得沸沸扬扬的事情上,尽管各方的围观者同样激烈地表达着自己的情绪,但是我们站在当事者的角度想一想,很自然就能理解他们为什么这么选择,以及为什么这么愤怒了。其实看过几年 NBA 的人都应该清楚,这里纯粹就是一个生意场,尽管你可以用"忠诚""背叛"这样的标签贴在一个球员身上,但 NBA 真正的价值观其实是商业。NBA 联盟的人都常说的一句话就是:"Business is business"(生意就是生意)。是的,生意就是生意,詹姆斯来到骑士是一场生意,詹姆斯远走迈阿密也是一场生意。至于那些局内局外人的主观情绪,只是这场生意中的一味作料罢了。

2014 年,詹姆斯在骑士完成 4 年合约之后,眼看继续争冠的希望也不大,所以,干脆又从迈阿密回到了克利夫兰,这也就不难理解了,其实并不是因为"乡情的呼唤",而是因为热火已经失去了长期竞争冠军的能力。离开迈阿密,在所有能够提供顶薪的球队里,最有天赋、未来上升可能性最大的就是骑士。不是因为克利夫兰是家乡,而是在詹姆斯的篮球逻辑里,骑士是最好也最现实的选择。詹姆斯去骑士,绝不是一次情感冲动和反哺,而是经过缜密思考后的冷静选择,然后公关团队再以"回家"来粉饰,希望唤起公众的情感共鸣和支持。从公众情感上来看,回家当然比当初逃离更说得通,更容易被接受,所以这次争议也比当初小得多。但是实际上,对詹姆斯而言,这次决定和 4 年前一样,都是纯粹篮球上的决定,都是做出对个人最有利的选择。四年前没有情感因素,这次也没有。

以上讲了这么多詹姆斯的故事,其实是想引出一个思考:在不同的组织中,甚至在不同的文化中,个人与组织的关系是不一样的。说得更细一些,对个人来说,有的组织只是实现和获取个人价值的平台,有的组织对个人来说则意味着更多,不仅借之获得收入,还提供了一种类似"家庭"的归属感。在我们身边,经常有人用"家庭"来描述一个企业的凝聚力和向心力。在这些人看来,当你还是菜鸟时,企业"收留"了你,这些年为了培养你付出了那么多,你理应尽己所能给企业贡献更多价值。如果你为了自己的"私利"离开企业,那么就是不忠,就是叛徒。当年那些痛骂詹姆斯为叛徒的人的逻辑差不都就是如此。显然,这与勒布朗所处的 NBA 篮球职业联盟的价值观明显不同。在职业体育的文化中,不同人之间协同工作，大家组成一个团队（team），每个人为了同一个目标努力，但即便如此，也很少有人会将团队看做一个家庭（family），尽管有些时候为了情感表达的需要有些人的确会如此，但实际上，商业就是商业，仅此而已。

以上这些思考将引出我们关注的另一个很有意思的话题，在加入组织之后，在离开组织之后，个体之于组织到底应当是什么样的角色？之所以用"应当"，是因为我们相信，在互联网时代，一种有别于传统的我们对个体和组织角色扮演的观念正在被越来越多的人接受，甚至有可能在未来成为主流思潮。这到底是一种什么样的观念？在正式开始之前，我们还是要谈一下曾经名噪一时的日式管理思潮——"终身雇佣制"。

1. "终身雇佣"为何风光不再？

2000年以后，伴随着日本经济的持续低迷，日本企业的高光神话似乎也逐渐褪去，纷纷陷入经营困境。在今天的时代，全球最具领先和创新力的企业中，日式已经早已被美国甚至少数中国企业甩在身后。这到底是为何？日本企业曾经打遍天下无敌手，为何在今天又走入式微的困境？当然，造成这样的结果，天时、地理、人和等各方面的因素都有，我们今天就从管理学的角度来思考，看看同一种管理思维，在不同的时代背景下，为何会产生截然不同的效果。

20世纪70年代左右，与正在强势兴起的日本企业相比，美国企业简直毫无招架之力，日本各类产品因此开始行销全球。管理学家理查德·帕斯卡尔（Richard Tanner Pascale）和安东尼·阿索斯（Anthony G.Athos）在《日本企业管理艺术》一书中通过对比日美两国企业的管理方式，发现了日本企业对于"软性的"管理技能的重视，而美国的企业则过分依赖"硬性的"管理技能。同时期，日裔美国管理学家威廉·大内（William Ouchi）在对美国企业与日本企业对比分析中发现，日本企业之所以能够战胜美国企业的最重要原因是日本企业内实行终生雇佣制。在这种雇佣关系中，企业为员工提供终生雇佣的保证，以此培养、约束员工对企业的忠诚，为企业、为工作奉献一生。

可以说，战后日本经济的奇迹，与这种终身雇佣制有着密不可分的关系，甚至一度被欧美企业认为是日本企业后发制胜的一个秘籍。

"终身雇佣制"这种管理方式最早是由被称为日本的"经营之神"的松下幸之助提出的。松下幸之助于1918年创立了松下公司，并提出："松下员工在达到预定的退休年龄之前，不用担心失业。企业也绝对不会解雇任何一个'松下人'"。

这种"铁饭碗"的承诺给了员工极大的职业安全感，同时也换来了员工的忠诚与投入。在第二次世界大战后的20世纪50年代，日本的经济百废待兴，劳动力严重缺乏，许多企业为了稳定人力，看到松下公司施行的终身雇佣制非常成功，纷纷效仿，于是终身雇佣制在日本也逐渐成为了一种被普遍接受的商业文化。

在该体制下，企业直接从大学毕业生中招人，然后进行培训，员工被录用后从最基层做起，若员工没有违反企业制度、没有给企业造出重大的损失和麻烦、没有主动辞职，那么他就可以在该企业工作至退休——一辈子只服务一家企业，这就是所谓的终身雇佣制。其实这种体制很像我们现在的公务员或者说"体制内"的工作，一旦进去了，只要不犯大错，或者不主动离开，就可以在单位里工作一辈子。即便在中国，这种所谓的"铁饭碗"也是让大多数人艳羡的。

日本企业施行的这种终身雇佣制，是在20世纪战后的社会现实下做出的选择，可以说符合当时日本的"国情"，因此，也给日本的企业、国民及整个国家经济的快速发展带来了巨大好处。

首先，最重要的，终身雇佣制让员工有了更强的归属感和物质收入。一般来说，与西方民族相比，东方国家的人民更容易接受，或者说更倾向于接受某种集体主义的价值观。如果你进入到一个企业工作，而这个企业承诺可以终身雇用你，并且能够提供相对不错的薪水，那么就是极大的诱惑。终身雇佣会让员工对企业产生一种主人翁精神，认为"企业就是我的家"。在这种情况下，员工就容易在日常工作中，尤其是在企业遇到困难的时候，以公司利益为重，或者是拧成一股绳，与企业同舟共济。另外，终身雇佣制还可以让员工享受较为优厚的福利待遇。一般来说，日本的企业是根据员工的学历和工龄长短来确定其工资的，工龄越长，工资越高。如果一个员工在企业做了几年跳槽至另一家企业，那么他的工龄将从头算起，这就导致员工不轻易跳槽，因为跳槽成本太高，留在原来的企业是更加划算的选择。

其次，终身雇佣制有利于企业留住稳定忠诚的员工队伍，防止竞争对手挖墙脚。员工从菜鸟历练成可以为企业创造大量价值的人才，在这期间，企业需要花费大量的成本。一旦员工在成长之后，正值"当打之年"，被别的企业吸引走了，那么此前为了培养这名员工所耗费的成本都将成了为别人做的嫁衣裳。因此，在一定程度上，终身雇佣制可以改变企业的这一顾虑。优秀的员工不愿离职，因为对他来说，离职成本高，因此，企业就可以留住那些非常核心、重要的人才。尤其是在制造业领域，技术人才是企业的生命线。老一辈的留下来了，还可以帮助企业提携、教授下一代的年轻员工，实现人才传承。

当然，任何事情都有两面性。终身雇佣制曾经在特定的历史条件下助推日本经济奇迹，不过随着现实环境的改变，在今天，终身雇佣制的弊端已经显现出来。这种弊端主要表现在两个方面。首先，由于终身雇佣制给企业带来了巨大的人力成本，虽然说有些核心人才的长期保有有利于企业竞争力的维系，但是压在企业身上巨量的人才成本支出依然是很大的负担。当企业效益好的时候，比如 20 世纪最后 30 年到 21 世纪初，日本企业打遍天下无敌手，巨额利润滚滚而来，支付这些人力成本当然不会有问题。一旦整体经济形势不行了，企业效益大幅下滑，这种压力就逐步显现出来。企业遇到危机，一般同行的做法就是裁员，没办法，必须削成本支出。终身雇佣制恰恰是与此相反的，即便这样，今天的日本企业为了生存，也不得不逐渐结束终身雇佣，即便短期要承担大量的裁员成本。

另外一点，也是更重要的，终身雇佣制不利于人才在市场中的自由流动。经济学的基本原理告诉我们，市场是优化资源配置的最有效有段。"此处不留人，自有留人处"，在市场中，每个人都可以找到属于自己的位置。如果我认为自己在这里亏了，付出没有获得相应的回报，那么我就走人，无可厚非。如果企业用终身雇佣的框架把员工束缚住，让员工面临高昂的跳槽成本，就是在阻碍人才的自由流动，与此相对应的，也是在阻碍人才积极性和创造性的更大发挥。本来一个人离开之后，换一片天地，可以大展拳脚做一番事业，结果只能安于现状，长此以往必然会不思进取。工龄越长，收入越高，人很自然就容易"当一天和尚撞一天钟"，且不利于年轻人获得施展才华的机会。

2. 从"家庭"到"合作联盟"

人是有感情的动物。自古以来，"感情"一直被视为人区别于其他动物的本质因素。当我们说一个人"毫无感情"的时候，基本上是在否定意义上说他"不是一个人"，至少"不是一个完整的人"。伴随人类社会发展的不同历史时期，虽然文化、价值观不断变化，但是一些最基本的"感情"始终为人们接受，比如"爱"和"忠诚"。这本来没有什么，但是在处理个体与组织的关系的时候，这种"感性"的考量是不是都会跑进来？即便在纯粹的商业环境中。

前面提到，日本的终身雇佣一方面是商业的契约行为，但是另一方面它又不可避免地掺杂进许多感情的因素，的确，这是不可避免的。企业承诺给你终生的"铁饭碗"，员工在心里自然是"感恩戴德""发誓要对企业忠诚不二"。在企业内部，所有人都是彼此为"一家人"，虽然与自己的亲人不一样，但彼此的认同还是非常强的。这种将企业视为"家庭"的感情，在日本的终身雇佣制下表现得非常明显。

如今，虽然终身雇佣制已经风光不再，但是在今天的"合同雇佣制"下，与"终生雇佣制"紧密相关的将"感情"加诸商业契约之上的行为似乎仍然是我们的惯性。虽然说在商言商，大家是为了经营企业、获取价值走到一起的，但是在协作的过程中，彼此需要有大量的感性沟通和情绪表达。这是不可避免的，我们无法让每个人都像机器一样纯粹进行机械的思考和运作。另外，粗略来看，一个人的一生无非也就三部分：家庭、事业和朋友圈。事业占了 1/3，他生命中最美好、最有朝气的一部分时间是在企业中与这个组织及所有的同事一起度过的，当然，他会视之为自己生命中很重要的一部分。如果将视角放大到一个组织，显然，几乎所有的企业都是为了自己的持续存在和发展壮大而成立的，而这就需要组织内部有强大的凝聚力。凝聚力从何而来？员工的认同感、他对这个组织的"爱"和"忠诚"则似乎又是十分重要的因素。

不过话虽这么说，当你用"家庭""爱""忠诚"这样的字眼去衡量企业与个人关系的时候，难免会遇到一些别扭、尴尬的地方。比如，如果我们将企业视为一个家庭，而家庭向来更多是讲感情的，那么你在企业中将感情放在第一位显然不合适。否则，员工即便犯错，或者是企业遇到了再大的困难，也不能开除员工，哪有家长把自己的孩子驱逐出家庭的？另外一个尴尬的是，员工为了追求自身的发展，离开企业，则也可能被认为是不忠诚（前面讲到的詹姆斯的故事也说明了这一点）。

现在的很多企业管理者，对于员工的离开，尤其是那些优秀员工的离开，总是会产生复杂的情绪。特别是经过悉心培养，得以重用的核心骨干离开，总是认为员工欠企业很多，心怀不满甚至怨恨。很多时候，当新员工加盟时，企业通常会表示隆重欢迎，有时会发邮件告知全公司，有时会举办个欢迎仪式，大家的观念通常是，加入企业就是看好这家企业，所以，员工才会愿意进来。反之，当员工要离开的时候，则就是对这个组织不满，要去"隔壁"更好的地方，这是对组织的"不忠诚"。有些领导甚至不允许在公开场合讨论到离职的人员，似乎这是一种对他本人，对企业的背叛，是不值得公开讨论的。

关于员工为什么离职，马云曾经说过一段很经典的话：员工的离职原因很多，但归根结底就两条，第一，钱，没给到位；第二，心，委屈了。其实马云说的这些归根结底也就一条，员工渴望更大的成长，但是他认为继续留在这里已经不能满足自身的期望了，所以才会选择离开。其实站在旁观者的角度来看，这没啥问题，人往高处走，水往低处流，这里满足不了人家的需求，人家换一个地方，你再招新的人过来，对双方都好。硬要把人留下来，人在曹营心在汉，有什么意义呢？道理简单，但正是执拗于传统的思考惯性，许多企业管理者就是磨不开这个弯。所以，在日常的职场中，企业和前员工之间的关系总是很微妙，虽然没什么大问题，但二者之间似乎总是隔着什么。

老梁是一家公司高管，从事化妆品分销，手下有一个得力干将小张。小张工作卖力，头脑灵活，三年下来，工作表现明显比其他同事高出一大截，各项业绩非常出色。人长大了，能力强了，自然就希望有更高的平台和收入，但是在关于未来的收入和职位提升上，老梁没能与小张达成一致，最终小张被竞争对手挖走。每当想起这事，老梁总觉着太过别扭。曾经是自己的得力干将，转眼间成了对手，以后见面怎么相看？甭说见面了，现在一想起小张，老梁都觉着小张不够情义，自己辛苦培养的人才，为了钱，跑到了敌方阵营，搁在战场上，这就是"投敌卖国"的行为。

老梁的心态典型地反映了传统的强调"情感和忠诚"的管理理念。但是正如之前讨论过的，在如今互联网商业时代，在"生意就是生意"的文化中，除了最基本的商业和法律底线外，过多强调"情感和忠诚"已经不合时宜。美国在线视频运营企业 Netflix 的首席执行官里德·黑斯廷斯（Reed Hastings）在谈及 Netflix 企业文化的时候曾经说："我们是一个团队，不是一个家庭。"这虽然是简单的一句话，但是却反映了 Netflix 不同的管理文化。在以日本为代表的传统终身雇佣制下，员工就是自己的孩子，从进来到退休，甚至退休以后，都是自家的"孩子"，而在理想中的合同雇佣制下，大家更像是一个团队合作模式，不存在天长地久之说。

但是，物极必反，虽然终身雇佣风光不再，但似乎也不应一味推崇所谓的"生意就是生意"，抛弃了家庭般的情感和忠诚，并不意味着我们不再需要某种基本的职业忠诚。

当今时代，企业正处于一个剧烈动荡、飞速变化的世界中，互联网带来的去中心化、扁平化，使得点与点之间的联系变得极为容易，信息传递不对称造成的沟壑正被填平。一方面，企业想要一劳永逸地长期处于竞争优势变得没有可能。现实正无情地撕毁着企业与员工曾经存在的隐性契约。曾经被强调为最宝贵的资源的员工现在在公司希望削减开支时成为可替代性极高的资源。员工逐渐接受存在失业可能性的现实，开始不得不重视职业发展需要，对公司的忠诚度逐渐降低，雇佣关系成为一门生意。但另一方面，对企业而言，一个员工忠诚度极低的企业又是个缺少高瞻远瞩的公司、一个无法投资未来的公司、一个已经处于垂死状态的公司。公司比任何时代都更需要吸引和留住优秀人才。如何解决这似乎矛盾的关系，需要寻求一种新型的雇佣关系来平衡企业目标与员工需求。近年来，"联盟"这种被誉为"网络时代的雇佣关系"的管理理念得到了迅速传播。从某种意义上讲，它或许可以解决以上困惑。

一般而言，商业世界理想的雇佣结构是，既鼓励员工发展自己的个人关系网，培养企业家似的主人翁意识，而不是唯利是图的跳槽者，又可让公司拥有更多的主动权，但不把员工当做可任意支配的资产。联盟，这种常运用在企业合作的共赢关系模型中，同样也可运用在雇佣关系中。在联盟结构中，公司与员工坦诚相待，合同条款明确，双方相互独立。

员工要求公司能够尽最大可能为员工提供知识技能学习机会和多样的职业途径；以综合工资成本的降低来提供给在岗者最高薪酬、最舒适的工作环境和最广阔的发展空间；不是抛弃员工，而是抛弃那些不良的业务岗位，公司必须经过切实的努力使员工相信让员工离开是公司的无奈之举，并对离去的员工尽可能帮助或补偿。公司则要求员工能够对自己的职业发展负责；关心企业的生存和发展，努力工作，认识到只有使公司更具价值，员工才能在广阔的职场上更有价值；通过不断学习来保持并提高自己的竞争力。

在"联盟"结构中，管理者可以公开、真诚地讨论公司对员工的投资和期望的回报。员工也可也公开、真诚地讨论自己寻求的能力提升和自己对公司的贡献方式。双方彼此信任，建立强关联并相互独立，自愿为共同目标协同工作。

另外，"联盟"更加主张公司与自己的前员工建立良性的关系。在这里，离职员工不会再被视为洪水猛兽，严格远离，而是一种很好的社会资源，而且同一家公司离职的员工，多少都带有共同的背景和话语，在互联网社交技术发达的时代，越来越多的离职同事圈建立起来，成为一种新的社交圈子。

2011年，Google公司便创立了Alumni（校友）网站，邀请所有离职员工、在职员工一起参与，互相赠送礼物并分享生活乐趣。麦肯锡也将离职员工视为公司的潜在客户，投入巨资搭建校友会平台，吸引离职员工参与。国内企业也逐渐更加重视与前员工结成共赢"联盟"，纷纷成立各式各样的离职员工汇通平台，如阿里巴巴的"前橙会"、腾讯的"南极圈"、百度的"百老汇"、盛大的"盛斗士"、金山的"旧金山"、卓望的"卓别林"等。虽然现在彼此不在同一个战壕，但是因为大家有共同的经历、相同的事业、互补的资源，公司能够与这些"前员工"在一定程度上结成合作联盟，于双方来说，都是很好的选择。

我们是盟友。只有公司和员工像盟友一样坦诚相待，才能为彼此信任、相互投资和互利互惠奠定坚实的基础。它会为每个人创造更大的蛋糕，而不是变成一场公司与员工的零和博弈。

延伸阅读：皮克斯的约翰·拉塞特的故事

约翰·拉塞特（John Lasseter）是每家创新型公司都想要的开创型员工。如果你看过《玩具总动员》《海底总动员》和《怪兽电力公司》等电影，就会很熟悉他的工作。他的电影仅在美国的总票房就超过35亿美元，平均每部电影的票房超过2.5亿美元，这让皮克斯成为有史以来最成功的电影公司。人们不知道的是，他的老东家迪士尼曾经把他开除。

拉塞特是在迪士尼开始他的职业生涯的，当时他还是一名年轻的动画设计师，那个年代的动画都是先用纸和笔画出来，再做成电影胶片。一天，一名同事给他看了一段当地会议的视频，视频中介绍了新兴的电脑动画技术。拉塞特萌生出一个大胆的想法——迪士尼应该拍一部完全用电脑动画技术制作的电影。他找经理说明了自己的想法。他们认真听他说完，然后让他回到自己的办公桌前。几分钟后，他收到了迪士尼动画部总监的一通电话——通知他被解雇了。他被解雇的理由是：他的疯狂想法让他无法专心工作。

和许多有创始人思维的人一样，拉塞特拒绝放弃他的梦想。他加入了乔治·卢卡斯（George Lucas）的卢卡斯影业，在埃德·卡特姆（Ed Catmull）领导下的电脑部制作电脑动画。几年后，卢卡斯将当时不赚钱的这个部门卖给了史蒂夫·乔布斯（Steve Jobs），后者将这家公司命名为皮克斯。1995年，皮克斯与迪士尼合作，推出了世界上首部电脑动画电影——《玩具总动员》。

2006年，也就是《玩具总动员》上映11年、拉塞特被解雇23年后，迪士尼意识到它拒绝电脑动画是个错误，并最终把拉塞特请了回来。但购买皮克斯花了迪士尼70多亿美元。于是，拉塞特最终回到了迪士尼，并成为迪士尼动画工作室的首席创意官。

迪士尼管理层雇用了拉塞特这样的开创型人才,但他们将他当作一件商品而不是一个盟友对待,在这个过程中,他们丧失了开发价值数十亿美元业务的机会。拉塞特本来很乐意在迪士尼中开发这项业务,但他的老板们没有给他这个机会。

(摘自:《联盟:互联网时代的人才变革》,里德·霍夫曼 著)

7.3 新工种:"云端"的职业人

7.3.1 "云"模式带来的启示

1. 一场"虚拟化"的革命

为什么要从"云"开始说?因为对人类来说,"云"不仅是一项技术的进步,更标志着一种思维方式的重大转变,这种思维方式可以关乎我们生活的方方面面。在企业管理领域,如果从"云"的角度观察,将会收获非常有意思、有见地的思考。

首先,通俗地解释一下什么是"云计算",什么是"云模式"。随着信息技术的持续发展,"云计算"这个概念早已传遍千家万户,也深入人心。很多人开口闭口必谈云计算,否则好像自己要落伍了一样。在信息技术领域,一般将云计算理解为:"一种基于互联网的计算方式,通过这种方式,共享的软硬件资源和信息可以按需求提供给计算机和其他设备。……云计算描述了一种基于互联网的新的 IT 服务增加、使用和交付模式,通常涉及通过互联网来提供动态易扩展而且经常是虚拟化的资源。"

但是这种解释依然很晦涩,难以理解。因此,很多人把"云计算"戏称为"晕计算",说明它难以理解,让人云里雾里而不知所云。不过维基百科的另外一个解释有助于我们更加通俗地理解什么是云计算:"云计算依赖资源的共享以达成规模经济,类似基础设施(如电力网)。服务提供者集成大量的资源供多个用户使用,用户可以轻易地请求(租借)更多资源,……不需要因为短暂尖峰的需求就购买大量的资源,仅需提升租借量,需求降低时便退租。"从这句话中我们可以读出，云计算是与"资源共享"相关联的，而且直接导致的结果就是使用者成本的大幅降低。

为了更通俗地解释云计算的模式，这里做一个比喻：传统计算向"云计算"的进化就相当于从煤气罐向煤气管道的进化。为什么这么说呢？首先，在更早的时期，家庭使用煤气，都是要依靠煤气罐，煤气用完了就得用车拉着罐子买气。但是后来，随着煤气管道逐步伸向了千家万户，原来的煤气罐再也没有用武之地了，大家再也不用一罐罐地往家里抗气，而且使用起来也更安全了。

那么从煤气罐到煤气管道的进化，为什么可以视为传统计算到云计算呢？我们可以将家庭比喻为一个个的企业，每个企业都要进行日常的生产经营活动（做饭）。生产经营就要进行大量的数据处理（烧煤气）。在传统计算时代，企业进行任何数据处理，都需要自己投入成本购买一成套的IT基础设施，包括服务器、计算机等（购买煤气罐）。随着企业数据处理需求的不断增多，必然带来的就是成本的大幅增加。久而久之，给企业带来了巨大的IT成本负担。

在这个时候，"云计算"应用而生，就像一个个煤气管道铺设到了千家万户。亚马逊、阿里巴巴这样的云计算服务提供商就相当于煤气站，通过互联网这样的"煤气管道"将煤气输送到每家每户。当一个企业需要信息化资源的时候，就可以通过互联网从云计算服务商那里调取或者"租用"相关的服务，这个时候企业需要承担的成本只是相应的租金，再也不用承担高额、全套的基础设施成本了。

因此，可以说，云计算给企业带来的是轻便的信息服务，可能只需在企业内部署一个简单的操作界面，就可以实现大量的信息计算服务。由此似乎还可以联想到那些早已与我们日常生活紧密相关的"云模式"：现在我们生活用电，完全不需要自己建设电站、铺设输电线，而是在家里装上插座，就可以即插即用。用水也一样，居民自己用不着建水厂，在家里打开水龙头就有水过来。还有现在网络上的各种"云端应用"，完全不需要将所有应用都安装在计算机上，而是通过一个类似"网页"的界面就可以在需要的时候将任何一个应用调出来，并且可以同时使用不同的终端。

说到这里，想必大家已经对"云计算"到底是什么有了一个大概的理解。在思考"云"的时候，需要抓住其最本质的东西，即"资源共享"和"轻便服务"。"资源共享"是始，"轻便服务"是终。一始一终，反映的一方面是技术进步使得数据处理能力和效率大幅提升，另一方面则是一种全新的管理思维，在这种思维模式下，传统行业的许多被视为"理所当然"的东西都将被改变。为什么这么说呢？接下来，从电子商务给传统餐饮业带来的影响来深化这一讨论。

2."虚拟餐馆"将是新趋势？

说起电子商务，很多人肯定想到了物美价廉的商品、便捷的购服体验。尽管围绕电子商务是否能够取代传统的商品零售销售渠道，或者至少取得压倒性的优势，业界有着诸多争论。2012年，在央视经济年度人物颁奖典礼上，马云和王健林还就此进行过公开争论。在王健林看来，电商不能完全取代传统商业。炫耀性消费还会去零售渠道。零售商不会等死，如果线上线下能够结合，那就可以活得很好。马云则认为，电商不会取代传统商业，但会基本取代。因为它不是模式创新，而是生活方式的变革。为了这一争论，王健林还现场立下一个1亿元的赌注。到2022年，如果电商市场份额占到50%，王健林给马云1亿元，否则马云给王健林1亿元。

"1亿元赌局"在社会上引起了持续广泛的讨论，不管最终谁能赢得这场赌局，不可否认的是，在最近十年的发展中，电子商务已经深深改变了我国的商业环境，更改变了广大消费者的消费习惯。马云曾经说过，电子商务的一个很重要的功能就是"打压房价"。这话说得虽然不是很严谨，在许多人看来也有点"狂"，但是这句话也不是完全没有道理。以前买东西，大家首先想到的就是上街逛商店，店面老板做生意要交租金，那么这个成本自然就转嫁到商品价格中了，因此，传统零售渠道越兴盛，最终很大的受益方就是房地产商。电子商务来了以后，买东西，许多人的第一选择已经变成"拿起手机——打开淘宝/京东"，而逛商店已经不再是首选。

许多事实已经证明了电子商务给传统零售渠道带来的冲击。很多人都熟悉，我们生活的每个城市，无论大小，以前都有几条街是专门做服装或者小商品批发的，比如北京有著名的"秀水街""动批""五道口服装批发市场""天意小商品市场"等。在电子商务兴起之前，这些是社会商品零售的重要渠道。但是最近几年，从发展趋势来看，"小商品/服装批发一条街"正在逐步走向没落。一方面是高昂的店铺租金，另一方面则是越来越稀少的顾客，长期下来商铺肯定是无力支撑的。最终的结局必然是逐步没落，然后被迫转型。

结合前面的分析，电子商务的商业模式本质上就是一种"云模式"的体现。"云模式"的两个方面，一前一后分别是"资源共享"和"轻便服务"。放在电子商务这里，"资源共享"则是渠道的共享，以前一座大楼，可容纳的商铺是有限的，但是在电子商务平台上，可容纳任意多的商家，而且这种互联网平台天生偏爱集群效应，商铺越多，其边际成本越低（其实电商平台的成本已经非常低了），边际收益越高。这就是资源共享，大家共享一个平台渠道，各自卖各自的东西。所谓"轻便服务"，对商铺来讲，则省去了大量的在实体渠道必须承担的租金成本，现在可能只需一台电脑、一个仓库就可以开店铺了，这在以前是无法想象的。对消费者来说，省去的不光是购物成本，还有"逛街"的时间成本。在家里，甚至在任何地方，有一部手机即可轻松购物。然后等待快递员送货到家。

前面说了那么多电子商务给传统零售行业带来的冲击，但是在电商最兴盛发展的那几年，有一个话题很少被人讨论，即电商能否以及在多大程度上会对传统的餐饮行业带来影响？有的人会说，餐饮行业怎么影响？老百姓买衣服等日用品可以在淘宝、京东上购买，但是吃饭总得要自己去吧。电子商务颠覆这个，颠覆那个，街边的餐馆则是很难被颠覆的。另外，中国餐饮文化博大精深，老百姓动不动就喜欢三五成群下馆子吃饭，品尝各地美食，这样的刚性需求基本是无法改变的。的确如此，自古以来，吃饭在我国就是一件特别重要的事儿，老百姓要么是在家品尝家常便饭，要么是下馆子，一顿饭能耗两三个小时。请问，这种消费习惯如何"电商化"？显然很难。2011 年，曾经红极一时的"团购"第一次把互联网的触角伸向了餐饮行业。消费者在网上购买一张优惠券，就可以到线下餐馆享受优惠。不过，随着这股"百团大战"的迅速褪去，互联网对餐饮行业的改造尝试暂时被搁浅。

是的，只是暂时搁浅。几年之后，在历经了长时间的积累和摸索之后，互联网又重新杀过来了，而这一次的影响和改变是深远的。这就是以美团、饿了么、口碑等 O2O 等为代表的互联网平台已经逐步深入到餐饮行业，并开始做一些从未有过的尝试。

当然，这一切都要得益于近几年麦当劳、肯德基等国外餐饮连锁企业对我国消费者"快餐消费文化"的培育。过去，大家一想到吃饭，无非就是下馆子，几个人围坐一桌，拿起筷子，觥筹交错。即便是点所谓的"外卖"，也不过是用简单的饭盒装起来，由饭馆自己的服务员给顾客送过去。顾客对包装、速度等也没有太多要求。这主要是因为大家把吃饭视为一个"现场"的行为，即应该在餐馆或者餐厅完成的，自己没时间跑过去吃，让人家打包送过来，也就没啥好挑剔的。

但是在快餐文化兴起之后，这种观念已经发生了很大的改变。麦当劳、肯德基，你可以在店里吃，也可以带走吃。服务员用干净、方便的包装袋包好交给你，你带走可以找一个方便的地方吃掉。很少有人会觉得这有什么不方便，或者"不好看"。这就是一种快餐文化的体现，它将高效率、标准化带入到餐饮行业，让传统的那些需要长时间才能妥善完成的就餐行为在短短的十几分钟之内就可完成，点餐、烹制、打包、配送几个环节，一气呵成，高效迅速。很显然，这也是互联网所追求的。

所以，美团、饿了么、口碑这样的快餐外卖平台的快速兴起绝非只是其自身努力的原因，绝非只是愿意烧钱就能做到的，而恰是他们能够在一个合适的机会进入市场，并且消费市场在文化上已经认可、接受了这种消费习惯，最后才会变成互联网领域的又一个"异军突起"的现象。

如今，在我国的一线城市，尤其是在工作日的午餐时间，外卖小哥来回穿梭的身影已经成了一道风景。过去有人说，衡量一个城市现代化水平的高低，要看它有没有地铁和星巴克，那么现在衡量一个城市"互联网化"水平，其互联网外卖的火爆程度或许已经可以作为一个衡量指标了。当然，今天看到了美团、饿了么、口碑等外卖平台一步步从最初的"扫街"拉店铺入伙、拉用户走到了今天的风风火火，但是不要忘了，他们想要的远不止这些。从某种程度上来说，他们有一个共同的梦想，就是要在将来带来一场餐饮业的"虚拟化"革命。

所谓"虚拟化"革命，就是基于"云模式"，对传统的产业链条进行重构，即通过"资源共享"实现"轻便服务"，而餐饮行业的"资源共享"无疑就是"中央厨房"的设立，"轻便服务"则是通过高效的"最后一公里"快递服务将"餐厅"的空间延伸到千家万户，甚至到城市的每一个角落。当然，在此模式下，传统餐馆所谓的"餐厅"将不复存在。

"笨熊造饭"是一个新创的外卖平台，主打的是无店铺的中央厨房餐饮O2O模式：中央厨房烹制出菜品后，送往"最后一公里"驿站，再由配送员送到消费者手中。在笨熊造饭CEO王亚军看来，现如今线下传统餐饮店面临房租、原材料和人力成本的压力，而且餐饮门店已趋于饱和，市场需要是创新模式。"笨熊造饭"的"创新模式"就是不开实体店，借助电商引流，通过构建外卖物流体系，将产品从中央厨房送达消费者，从而实现交易闭环。当然，相比现在主流的外卖平台，笨熊造饭"中央厨房"式的外卖模式需要更加强调效率和标准化。

首先，产品精简化。一家中央厨房生产的菜品能否覆盖足够多的客户群？笨熊造饭给出的答案就是"产品精简化"。很难为了照顾到更多人的口味无限制拉长自己的产品清单，主打那些能够迎合最多数人需求的少数几款菜品则是更理想的选择。笨熊造饭主食仅有 16 款,把这十几款菜品细心打磨,就能聚拢很大一部分客户,产品精简化有助于打造爆款,提高竞争力。

其次,标准化生产。笨熊造饭中央厨房的面积有 8000 多平方米,为了提高生产效率,全部采用大型机械进行标准化生产,设有专门的洗菜间、炒菜间、冷藏储藏室等。这里不需要配备专业厨师,洗菜机把菜洗完后进行切配,再由机器人进行炒菜加工,最后高温杀毒并储藏,在规定时间开始配送。

最后,高效的配送系统。"酒香不怕巷子深",事实上,酒香也怕巷子深。没有高效的配送系统,再好的饭菜、再实惠的价格也无法吸引用户。标准化的快餐服务追求的就是轻便服务。拿手机下订单,结果一个多小时候才送过来,没人会对这种速度点赞。当然,可以选择自建配送体系,可以选择合作共营,也可以二者兼有,但只有把速度提上去了,用户才会买账。

我们相信,在不久的将来,这种基于"云模式"的商业思维将在更深的层面改变传统餐饮行业,包括现在的 O2O 外卖模式,带来一场真正的"虚拟化"革命。不过这并非本章论述的重点。我们想要看到的是,基于"云模式"的商业思维在处理个体与组织的关系上,会带来哪些有意思的改变。

7.3.2 "云端"的职业人

1. 中国古代的"云"咨询

春秋战国的"诸子百家"时期是我国古代思想最为光辉灿烂的时代,被誉为"百家争鸣、百花齐放"。各种思想交相辉映,各路人才络绎不绝。为什么会出现这么一个独特的现象,以至于之后两千多年的中国,再也没有能够与之相媲美的时代?其实简单来说,主要原因就在于春秋战国时代是一个"弱中央、强地方"的时代。在那个时候,周天子只是一个名义上的君主,实际掌权的是分散在各地的诸侯王。各路诸侯都想"问鼎中原",各国自然也就竞相发展。国家发展,自然最需要的一个因素就是"人才"。所以,在这种政治和现实环境下,民间的"贤人"就获得了大量实现自身价值的机会。

那时候,我国古代的思想启蒙刚刚开始,原始的"鬼怪乱神"等邪门歪道的思想逐渐失去了市场,主流价值观开始转向人,转向客观的自然,转向"内圣外王"之道。虽然各国的达官贵人,包括诸侯王自己,已经供养了许多门客,作为自己执政的"咨询师",遇到问题可以征询意见。但是俗话说得好,高手都在民间,真正的贤人能士并非是王公贵族供养的门客,而是那些游走在各国之间的社会贤达。这里还有另外一个原因,对于那些达官贵人供养的门客来说,主人需要自己献计献策的时候,由于"拿人手短,吃人嘴软",自然就很难站在一个客观的"第三方"立场分析问题和提供建议,很多人要么只会滥竽充数,要么只会溜须拍马,很难能给主人提供客观、可行的施政建议。

在诸子百家中,儒家思想由于更关注仁爱、内圣外王,备受统治阶层青睐。在各位名师大儒中,孟子是非常成功的一个。翻开《孟子》一书,尽是孟老夫子与各位诸侯王促膝交谈的场景,梁惠王、齐宣王等不一而足。孟老夫子继承了孔夫子的"仁爱"思想,应用到社会政治领域,他给君王提出的施政理念就是"民为贵,社稷次之,君为轻"的"仁政"思想。这种破天荒的思想对当时社会产生了振聋发聩的作用。对许多当政者来说,孟子的"仁政"思想代表了一种理想中的道义要求,"虽不能至,心向往之"。

孟子虽然没有做过君王的经验,但是他能够通过关注更基础层面的"人",领悟出一套普遍适用于当政者的"仁政"思想,用今天的话说,孟子就是典型的"自带体系,即插即用"。作为在春秋战国时代游走于列国之间布施治国爱民理念的孟子,给后人树立了一个体制外人员参政议政的典范。

其实早在孟子之前,孔老夫子就已经身体力行实践着"周游列国,传播仁爱"。只不过与孟子相比,孔夫子的命途更加坎坷,并未在诸位君王面前取得应有的敬重,反而是屡遭碰壁、四处流落。北大教授李零在其书中将孔子称为"丧家狗",说的就是孔子周游各国不受待见的状况。

不过,"丧家狗"用来形容别人或许有侮辱的意思,但是对孔子来说却是一种揶揄的说法。话说当年孔子抱负不展,离开鲁国,带着弟子周游列国,几次遇到生命危险,在陈国的匡地因为长得像阳虎[3]而被当地老百姓误以为是阳虎而受到围攻,被拘禁了整整五天。在宋国又差点被宋大夫宋司马桓魋杀了,处境非常危险。虽然屡经危险,非常狼狈,但孔子始终保持豁达的态度,数千载之下,犹能想见哲人之风。后来到郑国,孔子与弟子走散了,于是他就站在郑国东门等他的弟子。他的弟子子贡向人打听他的老师,一个郑国人对子贡说:"东门有个人,

---

[3] 阳虎是鲁国季氏的家臣,一度掌握鲁国的实际权力,孔子不喜欢他。阳虎曾经想召孔子做官,孔子一直回避着不见他。

他的额头像尧,脖子像皋陶,肩像子产,但腰部以下却比禹短三寸。累累若丧家之狗。"子贡后来找到孔子,把那个郑国人的话告诉孔子。孔子听了哈哈大笑,说:"外貌形容得倒还是其次,但是说我像丧家之狗,的确是这样啊!的确是这样啊!"孔子觉得这个形容真是精辟,自己也忍不住哈哈大笑起来。

当然,李零教授丝毫没有贬低孔子的意思,反倒是认为"任何怀抱理想,在现实世界找不到精神家园的人,都是丧家狗"。李教授用"丧家狗"称呼孔子,实际是要表达一种寂寞英雄的味道。空有一腔"仁爱"的理想抱负,游走于各国之间却得不到认可,郁郁而不得志,这就是孔夫子在当时的真实写照。孔孟之道,是为一体的。两千多年前的这两位中国古代哲人,虽然各自的现实遭遇不同,但都是用实际行动践行着流传至今的"仁爱"理想。

对应之前对"云模式"的解读,我们同样可以将孔子和孟子的这种周游于各国提供施政建议的行为称为一种"云"咨询。为什么这么说?作为体制外的贤人志士,孔子和孟子周游列国、见多识广,也认识了各方不同的人脉资源,在他们为各个君主提供决策咨询的时候就可以进行"资源整合共享",然后直接向当事人提供"便捷的咨询服务"。同样,他们并不"专事一主",而是尽己所能将所学所长传播到更广泛的地方,这同样也是"资源共享"的表现。虽然两千多年前的中国并未有今天发达的社会结构和商业模式,但是这种基于"资源共享"和"轻便服务"的体制外"政治咨询"模式,在今天看来,仍然十分先进。

2. 即插即用的专家

2013年5月,在APEC青年创业家峰会上,在公众视野刚刚崭露头角的罗振宇做了主题为"这一代人的怕与爱"的脱口秀。罗振宇现场纵横捭阖、上天入地,畅谈互联网对这个时代的改变,以及在这一前提下作为个体的人如何在新时代更好地安身立命。虽然已经时隔好几年,今天重温这段演讲仍然发人深省。

"如果有一天,你们发现我看不惯你们了,请记住,一定是我老糊涂了,我混蛋。……这个时代有太多的不确定性,所谓的不确定性,就是不能根据过往的经验来判断未来没有发生的事情。老人的尊严、前人的教诲、大师的结论,在这个时代一扫而光。在互联网时代,老家伙们几乎没有前景可言。"

如果只把罗振宇的开场白当成笑话,未免太过幼稚;而如果把它当成是廉价的进化论,认为新事物一定胜过旧事物,又有些肤浅。其实罗振宇已经清楚地告诉我们,在互联网时代,人的生活将面临更多的不确定性,即过往的经验不再有效，新生事物将依托全新的生态系统的价值标准对旧系统造成致命冲击。到底是什么样的冲击呢？

"文明社会不管如何发展，其实有一个底层动力，这个动力你可以称之为交换、分工或者协作。正是有了分工，人类社会开始出现各种各样的组织，但也正是有了这样的组织，个体被一步步束缚起来，变得不自由。"

社会分工极大地促进了人类社会的生产效率。亚当·斯密认为，其《国富论》所阐述的经济学原理在根本上就可以归结为分工产生效能。但从另一方面看，社会日益严密的分工结构在促进生产大发展的同时也对人的自由生活造成了影响，所有人开始被束缚在严密的组织内，不能逃离也逃离不得。也正是基于这一点，马克思向往的共产主义理想就是打破一切组织的舒服，实现人的自由全面发展。

"脱离还是加入组织，这是社会给我们的选择。就业是加入组织，创业是自建组织，而我主张的方式是什么？是不要任何组织，以个人的方式面对整个世界，这是符合互联网的整体趋势的。……在互联网时代，人的分工正在模糊化，一个典型的网民，早上在睡眼未睁的时候，在床头柜上拿过手机发微博的时候，这个时候他就是评论家；当他到办公室里处理邮件的时候，在每一个邮件里他扮演的角色都不一样，有的时候他是主导者，有的时候他是打酱油的。趁老板不在的时候，赶快打开淘宝下几个单子。每一个人的身份都在发生着变化。"

互联网时代实现了一部分马克思对未来的预测：打破组织，实现自由。不过关于互联网时代"人的分工模糊化"，我们认为，互联网不是使人的分工模糊了，而是由于信息传输效率的提高，使人们在生活中扮演的角色更加丰富。一个人，无论是作为评论者、主导者还是消费者，在每个情境下的身份所包含的具体分工都是很清晰的。互联网冲击的是组织的形式而不是组织的本质，它为人们实现价值提供了新的途径，不再局限于依附传统的组织，也可以通过互联网实现自由人的自由联合。互联网改变了人们的生活方式，让人们在同样的时空条件下可以扮演更加丰富的角色，为人们的生活带来了新的可能性。

与上述观点类似，即强调所谓"自由人的自由联合"，罗振宇还有一个类似的观点——"U盘化生存"，顾名思义，就是路旁所谓的十六字真言："自带信息、不装系统、随时插拔、自由协作"。当然，这类观点在今天看来已经是再平常不过了。早在2010年，马化腾在一次演讲中指出："未来云组织和云创新时代正在向大家走来，也就是说通过信息技术和互联网技术，社会各个资源可以在需要时能够通过网络信息技术快速聚集起来，完成一项任务后立刻消散，又能够进行下一轮新的组合。每个用户、每个中小企业都可以通过这个组织把自己的价值体现出来，并且能够从中获益。"

本书试图要明晰的内容与罗振宇和马化腾的论断在本质上是一致的。信息技术的持续演进导致一种前所未有的"知识的民主化"趋势。知识获得门槛被降低了，于是，独立于传统的组织之外的"专家"开始大量涌现，并逐渐进入到市场竞争中，与传统的"正规军"产生不可避免的冲突。这是典型的新旧两股竞争主体之间的较量。

知识民主化出现之后，相较于其他众多行业，咨询行业受到的潜在冲击比任何时候都要大。众所周知，大数据等新型咨询辅助工具的出现使得传统的咨询业面临巨大的被替代风险，另外，巨头咨询机构还必须接受曾经的"非主流"竞争者在更大范围内的挑战，一个小规模甚至是自立门户的"个体户"开始对咨询老大的蛋糕蠢蠢欲动。腹背受敌，咨询业的处境看起来似乎很艰难。

但是在此之前的一百多年，咨询业一直高傲地昂着头颅，从未甚至不屑于向挑战者俯首。究其原因，主要还是在于某种"信息不对称"。我们知道，管理咨询基本的商业模式就是让问题解决专家短时间、快速接入组织内部，为客户解决最头疼的问题。但是在具体"解决问题"的过程中，咨询机构工作的透明度较低。他们经验丰富，手里头有一揽子解决方案，这个不行换那个，但是真正决定最终哪个作为"解决方案"的，似乎一直让人难以捉摸。对于那些缺乏专业经验的客户来说，他们更难判断这些解决方案生产过程的科学性几何，抑或到底有没有科学性。这种甲乙方之间严重的信息不对称在某种程度上一直保护着咨询机构神秘而权威的地位。你们给钱，我们在规定的时间内给出方案。是的，我们只是给出方案，至于最终能不能解决问题，还是有很多其他因素决定的。

我们丝毫没有对咨询机构不敬的意思，只是在陈述一个尽可能客观的事实。实际上，这样的事实已经遭到了挑战。一方面，信息技术的演进进一步"摊平"了知识的分布，每个人获取任何行业的渠道越来越多；另一方面，从大型咨询机构离职的员工越来越多，他们中的相当一部分进了甲方，变成了挑剔的项目负责人。这些人给新的雇主带来了全新的经验、方法和他们对咨询的理解，他们进一步拉低了甲乙方之间的信息不对称。长此以往，甲方对咨询公司的套路越来越熟悉，那些大牌的咨询机构开始逐渐"祛魅化"，风光不再。

这样，导致的结果必然是甲方开始将那些曾经是大块头的咨询项目拆解，变成一个个的小模块。这种模块化的方法使得甲方重新获得了对咨询项目的更深入的了解，他们能够对各模块间的关联和流程有更深入的把控，他们有了更大的空间控制项目的进度，甚至他们在成本选择上有了更大的自由。因此，在客观上，咨询项目的模块化助推了咨询工作的分解，甲方追求的不再是整体解决方案，而是模块化服务。甲方对服务品质的要求则是快速响应、切中要害、定制服务。相较于整体解决方案，模块化咨询专注于价值链的某一个环节，而不需要甲方为所有的流程买单。

一旦市场发生改变，客户的需求发生改变，竞争格局就会不可避免地发生位移。知识获取越来越民主化，管理咨询等专业服务的透明度越来越高，模块化需求对过去高门槛、高成本、时间周期长的整体解决方案产生了消解作用，在这个时候，对大量的小微竞争者来说，大品牌的咨询公司可能就会失去竞争优势，无论是响应速度还是服务价格，都不再占据上风。小微竞争者反应灵敏、服务定制化，针对具体问题提供有针对性的对策，因此，相较于过去的以"项目"为核心的咨询服务，这种新型的服务模式被称为"微咨询"。

与常规的项目化咨询相比，"微咨询"天生带有今天流行的互联网经济色彩。虽然咨询业至今仍然是大公司的天下，个体竞争者远远没有深入到中心地带，但是一些新现象的出现恰好反映了部分已经发生的变化。如今，国外已经出现了"替代专业服务机构"，这些公司雇用自由咨询师（大多数是顶级咨询公司的中高层前员工），组建精干的项目团队。这种机构并非传统意义上的企业，毋宁说是一种合作团队。组织不需要支付全职员工的固定开销，也不需在市中心租用昂贵的办公室，更省去了招聘和培训费用，因此，它们的收费远低于传统竞争对手。如果你曾经是某知名咨询公司的前员工，如果你跟他们一样加入了"微咨询"的合作团队，那么你就是一个全新的生物，一个像罗振宇口中所说的"U盘式"的职业人，一个"即插即用"的咨询专家。

3. "云端"的员工

很多人已经不止一次告诉我们，在互联网时代，技术进步可以实现更多的管理创新，其中一个很重要的方面就是基于前面所说的"云模式"商业思维给传统的组织形态和组织管理模式带来新的活力。接下来，需要思考这种以"资源共享"和"轻便服务"为核心的管理思想如何给当下及可能是未来主流的"员工—组织"形态带来新的畅想。

对那些平日里经常超负荷工作的创业者、自由职业者，以及各种各样的小微企业的领导者而言，如何在有限的时间完成更多的工作，同时还能获得更多的可支配时间，一直是一个非常严肃而重要的课题。幸好，基于"云模式"的管理思维可能给我们提供了不错的答案。

可能有人会问，这种管理思想的核心不就是把很多甚至是核心的工作"外包"出去吗，通过外包解放管理者，降低企业的经营成本？其实不然，相比于传统模式下员工的"固定工作时间-固定工作地点—固定工作任务"的"三固定"模式，以及简单的"组织对组织"的外包模式，"云模式"管理思维带来的是一种皆不同于二者（或者说，介于二者之间）的组织模式，即"虚拟化"的组织形态，更具体些，说的就是一方面打破传统的"三固定"模式，让员工的工作时间、工作场景、工作任务从固定的束缚中解放出来；另一方面又没有走向简单的"外包"的极端，而是仍然在一个组织内部协同工作。这就是时下被很多人讨论的"云端的员工"。

很多年前，在互联网和通信技术还不足够成熟的时代，就已经有人在幻想"随时随地的办公"，有时候这句话甚至还成了某些电信运营商的广告语。但是在当时的条件下，"随时随地地办公"可能只是简单的"移动办公"，是一种解决现实困惑的权宜之计。出差在外，或者在上班路上，当有重要工作需要处理的时候，无法临时进行移动办公确实是很多管理者的痛点。于是我们看到，各类终端厂商和网络运营商推出了各种可以进行简单移动办公的产品设备，如参加电话会议、在线处理公文等。不管怎样，这种初级形态的"随时随地的办公"确实满足了很多人的当务之急。

如果说最初的这种"移动办公"只是简单的"无奈之举"或者说"权宜之计"，那么今天我们来畅想基于"云模式"的组织形态，则更多是本着一种主动"求变"的思维。被誉为虚拟人力资源管理与外包领域第一人的克里斯·达克（Chris Ducker）在其著作《云端的员工：互联时代的用人模式与新商业生活》中坚定地认为，现在的技术条件已经足以为一种真正的"虚拟化"组织铺平了道路，甚至可以说，未来"员工被送上云端"将是一个不可逆转的趋势，而"如何利用互联时代的优势，用有限的支出从虚拟空间获得所需的帮助，摆脱单打独斗、百事缠身的糟糕状态，腾出更多时间与精力寻求发展"，将是他试图要解决的课题。克里斯·达克希写作的目的，就是希望通过这本书手把手交给读者如何借助虚拟员工来创业或拓展事业，包括从厘清应该将哪些工作外包，到寻找、聘请、培训、激励和管理虚拟员工，再到各种所需的终极资源等诸多细节。克里斯·达克丝毫不怀疑，打造一支虚拟团队，并成为虚拟团队的首席执行官，将是很多当下的企业管理者必须面对的一个未来。

克里斯·达克的思想很有前瞻性，而且难能可贵的是，他已经走在了实践的前列。不过我们认为有必要在克里斯·达克的基础上更深入地思考一下，我们所谈的"虚拟化"，所畅想的"将员工送上云端"，指向的是组织的哪个或者哪些层面。一般来说，企业组织的构成可分为三个层面：第一层是战略管理层，也就是企业的中高级管理人员，他们是大脑和神经中枢，把握着企业的战略走向；第二层就是"学习与创新"层，这是企业的核心竞争力所在；第三层就是职能保障层，比如财务、人力、法务、行政等职能条线，这是企业日常运营的保障所在，其关键词就是"效率"。我们认为，基于"云模式"的虚拟化管理方式对企业和员工的影响将是全方位的，而非单一地局限于某一层。无论是战略管理层、"学习与创新"层，还是职能保障层，他们都可以在未来被部分推送上云端。可以设想，组织的任何一个员工，无论是中高层管理人员、核心技术人员，还是人力和财务人员，在足够的信息对称条件下，"云端"协作办公已经不再面对任何伦理或者技术上的障碍。

与克里斯·达克的观点类似，阿里研究院也在其发布的一份研究报告中认为，未来的商业组织将不再是"公司+雇员"，而是"平台+个人"。互联网的出现，让跨越企业边界的大规模协作成为了可能。自发、自主、快速聚散的柔性共同体大量出现，很多人已经由此去构想一种普遍的"无组织的组织力量"：凭爱好、兴趣，快速聚散，展开分享、合作乃至集体行动。这与我们正在讨论的"云端的员工"有着异曲同工之妙。

不过，这虽然似乎是一个很好的演进结果，但同时也会带来一些管理难题，即这些已经或者开始聚集在"云端的员工"如何得到有效的管理？如果还用原有的"公司+雇员"的方式，让他们在"规定时间，规定地点"的状态下展开工作，是根本不现实的。解决这一问题，或许我们应该换一个思路。在传统的雇佣制下，相较于个人，组织处于绝对的核心位置，因此，"组织优先于个人"，提高效率的着眼点当然就是"了解并满足组织的需求"；但是在新的"云端"雇佣制下，组织已经"虚拟化"，员工和组织的关系不再是服从和雇佣的关系，而是平等和合作的关系。员工的个性和创造力在很多时候决定了组织能否持续发展和成功，因此，这个时候的关键就是"了解并满足员工的需求"。

当员工个体的能力改变以后，企业就开始从传统中心地位变为依赖于个体的地位，组织目标的实现在很大程度上取决于员工自身能力的释放（在互联网行业，这种现实已经被广泛接受）。在这种情况下，作为领导者，如何对虚拟组织中的员工实现更有效的管理，或许就需要更新传统的管理思维方式了，以下几个原则性的说明或许可以给我们以启示。

首先是平台管理思维。领导者首先要做的就是把组织的平台属性打造出来，并且要认真、切实做好两件事情：信息共享和责任固化。这是保障平台平稳、安全运营最重要的前提。

其次是开放管理思维。开放性能够很好地解放每个人的价值和能力。如果无法做到真正的价值中立，那就坚持结果导向吧，一切有助于组织创造性提升的人和行为，在原则上都是可接受的。

最后是协同管理思维。这是今天的组织管理必须做的，这需要企业管理者有两个能力，一是流程重组能力，二是做好目标承诺。

以上几点就是我们常说的"创造共享的价值"，即以共享价值为基础，以个体价值创造为核心，组织要拥有开放属性，打造价值共享平台。实现了这几点，就可以让你的员工"飞"起来了。

延伸阅读：我炒了自己的鱿鱼

你也许会认为，作为虚拟团队管理者的代表，职业历程一直就是如下模式：一众虚拟员工在埋头工作，而自己则脚踩人字拖，身穿汤美·巴哈马T恤美国著名休闲品牌，阳光、大海、棕榈树和沙滩是该品牌永恒的主题，进行远程摇控。听起来很惬意，但这并不是我的故事。

1. 我惊讶地发现自己就是整个公司

2008年，我在菲律宾创办了一家名为Live2Sell, Inc的外包客服中心，专注于为中小企业提供境外营销拓展与境内客户支持服务。到2008年年末，公司已从一个只有7名员工的小供应商发展成为一家拥有75名全职雇员的成熟客服中心。

我的工作时间逐渐由每天11小时增加到16小时。可即便投入了这么多的时间与精力，也还是无法满足工作流程的需要——就在那时，我的"超人情结综合征"发作了。我觉得自己能在不断发展的企业中扮演任何角色。不论需要花费多少时间和精力，需要具备何种天赋，我都做好准备接受挑战。

我觉得自己拥有无尽的时间与精力。

就在那时，我的儿子查理出生了——现在，我们变成了五口之家。我一边尽量帮着打点家里的琐事，一边继续长时间地疯狂工作。2009年年底，我觉得自己已经精疲力竭，并感受到了前所未有的压力。某天清晨，我睁开眼睛时突然意识到一件令人惊讶的事：实际上，不是我拥有这家公司，我自己就是公司！

是时候做出一些改变了。

2. 炒自己的鱿鱼

希腊哲学家柏拉图曾经说过："需要乃发明之母。"只要你好好想一想就会发现，这句话能解释清楚许多事情。

- 为什么人们能神奇地在最后一刻完成任务——因为他们必须这么做。
- 为什么你在紧要关头总能冒出一些绝妙的主意——因为你必须想出点儿什么来，不然下场会很惨。
- 为什么我的好友帕特·弗林（Pat Flynn），Smart Passive Income公司的创始人，在下岗后由建筑师摇身变成了成功的数字企业家——因为他别无选择。

这也是为什么鄙人，克里斯·达克尔选择炒自己的鱿鱼，舍弃了让自己精疲力竭、从头管到脚的首席执行官一职——因为我不得不这么做。于我或是企业而言，这都是最好的选择。一个很简单的事实就是，我再也无法一边如此长时间地工作，一边继续当着好丈夫和三个孩子的好爸爸。于是，我把自己给炒了。

我再也不认为投入更多的时间和精力能解决一切问题。我再也不会当一个事无巨细的管理者，因为这会给企业的日常业务带来瓶颈。我再也不想一肩挑起建立业务的重任。相反，我选择了借助技艺精湛的本地雇员与虚拟员工构成的体系来拓展业务。

我并不是说自己再也不用工作了，也不是说工作出了什么问题。我指的是从公司中的某些具体岗位中抽身而出——这些工作更适合由别人来完成。这也意味着，我必须放弃某些特定的思维方式。

我不得不承认，自己并不总能设法争取到自由；我再也不相信，只有我忙着做事的时候，才能创造经济价值。我的超人情结已经发展到了一定程度。它让我意识到，自己必须开始更加相信员工，允许他们完成自己的工作，而不让面面俱到的管理阻碍他们的个人发展。

现实就是，现在的努力能带来更多的工作机会及成功的契机。所以，我制订了一项计划，预备在 2010 年年底成为一位虚拟首席执行官，并在一个名为"虚拟商业生活方式"的博客上定期记录自己的历程。这就是现在的 ChrisDucker.com。

我迈着小步，从一点一滴做起。例如：
- 将自己从大量转发的电邮讨论中解放出来。
- 聘请额外的虚拟员工来管理日常行政工作，如答复询问等。
- 聘请全职培训师为新招募的员工进行培训，而不是自己处理培训事宜。
- 组建一支内部管理团队。
- 设立基准目标、明确各项任务，不进行事无巨细的管理。
- 聘请有经验的线上营销人员及其他虚拟员工来协助拓展业务、开发潜在客户。

如果把这些细小的步骤转变成每月的目标，实现起来就会更容易。有些目标很容易达成，但另一些则需要加以调整。例如，一旦聘请了运营经理，就必须再次关注培训事宜，因为培训师自己也需要额外学习！

那么，接下来怎样了呢？

3. 我成了企业的主人而非超级员工

2010 年年底，我和我的管理团队实现了业务系统化。以前，我每周工作六天，每天工作 12~16 小时，而现在我把相当于一两个完整工作日的时间分散到了一周之内。

我的企业已经完全改头换面。可以说，现在我是企业的主人，而不是它的员工了。这种感觉很棒，并且会一直保持下去。

既然腾出了时间，又创建了更高效的系统，我就能着手创办另一家公司：虚拟员工职介平台（Virtual Staff Finder），一家专业的虚拟员工职介所。同时，我开始制作在线内容，内容的质量因此上了一个台阶。目前该内容在多个媒体平台同步发布。

如果没有团队成员的参与，也就没有这一切，以及出现在我面前的额外机遇，如培训、咨询、投资、演讲等。

（摘自：《云端的员工》，克里斯·达克著）

1846年，在《德意志意识形态》中，马克思和恩格斯描绘了他们心目中的未来社会："在共产主义社会里，任何人都没有特殊的活动范围，而是都可以在任何部门内发展，社会调节着整个生产，因而使我有可能随自己的兴趣今天干这事，明天干那事，上午打猎，下午捕鱼，傍晚从事畜牧，晚饭后从事批判，这样就不会使我老是一个猎人、渔夫、牧人或批判者"。

2015年，玛丽·米克（Mary Meeker）在其年度报告中说出了一个很有意思的信息，全美国兼职工作的从业人数已经超过了全职人数。这两件在旁人看起来似乎毫不相干的事情，我们倒是倾向于认为，在互联网的催化下，新经济时代的分工3.0已经呈现或者接近呈现马克思和恩格斯在他们那个时代对"人的全面发展"的想象和展望。所以，有理由相信，新经济时代分工3.0指向的是人的自由，一种摆脱了被狭隘地定位于单一角色的束缚。在所有这些对人的束缚中，个人与其长期共存的组织（企业）之间的关系则是一场重要的内容。

因此，本章论述的所有内容，无论是享有更多自主权的普通员工，还是"云端"的职业人，他们固然是每个企业在市场竞争的环境中做出的服务于自身利益的举措，但所有这些新出现的现象共同印证了一个强大的趋势：充分的分工带来了更多样的角色变化，进而实现了更多的自主和自由。如果你对此还没有切身的感受，那么就请更深入地融入到互联网经济的分工大潮中来吧。

表7-1所示为自由人的分工变革。

表7-1 自由人的分工变革

新工种	工作内容	能力要求
合伙型员工	不再局限于传统雇佣制下的特定的工作内容，最大限度地激发自身的能力和主动性，创造价值，与企业实现共赢	具有强力的责任感和创新能力，敢于突破陈规，挑战自己
云端员工	工作内容与传统的无异，但是需要在虚拟空间（线上）协同工作	需要有较强的协同工作精神和自律性，从容应对，快速响应
即插即用的专家	为解决问题而生的咨询专家，且不依赖于任何成型的组织，自带体系，即插即用	具备长期的实践经验、独到的战略眼光和过人的专业能力

第 8 章

分工 3.0 会让世界变成什么样

分工带来经济的发展，已经得到数百年社会进步的验证。分工的进化，本质上是社会资源的分配演变，不同的分工模式背后是不同的资源流动方式。两者相互催生，相互影响。

当互联网时代到来，让传统金字塔形的社会结构出现松动，自然以往集中于塔尖上的各类资源（资金、技术、信息、知识、权力等）开始向广大的基层和边缘流动，必然带来新一轮的分工革命。

进一步分工的结果，一方面涌现出了更多更新的职业工种，另一方面也让过去专属一职的个人，拥有多重身份，跨越多个领域。我们能够享受到越来越细化和专业的服务，也可以释放自己的潜能，去体验多种人生精彩。

分工不仅仅是个体的解放，也让企业和社会有了新的变化。告别了"雇佣—管理"模式的企业，将会以更加开放和共享的姿态，与个人建立更灵活和平等的交易关系。社会将会从过去针对企业组织的管理转向对越来越活跃的个体服务者的管理上，一切基于从前的社会范式都将迎来新的变革。

回顾以往，技术带来的影响，每一步都让我们解脱掉身上的一层束缚，奔向更符合人性的远方。分工 3.0 变革，最终会让每一个人的生活和心灵状态，比以往任何一个时代都更接近于人的本性。

8.1 新的职业人：斜杠青年

特斯拉 CEO 埃隆·马斯克，大家都很亲切地叫他"钢铁侠"，但是他还有其他的身份，本身是一位工程师，还是连续创业家，创立了特斯拉、支付巨头 Paypal、太空探索公司 Spacex 及研发家用光伏发电产品的 SolarCity 4 家不同类型的企业。

"80 后"杰出青年韩寒，大家都知道他是一位知名作家、杂志主编和电子读物"ONE"主理人，同时还是一名优秀的赛车手，获得七个全国锦标赛冠军；另外，韩寒也是一位创业者，是连锁餐厅"很高兴遇见你"的合伙人，近年来更涉足影坛，导演了电影处女作《后会无期》。

媒体报道上海的一位年轻女孩姚夭，身兼八种身份：商务咨询/自由撰稿人/编剧/活动策划/猎头/翻译/记者/自媒体，整天忙得不亦乐乎。

上述这些身兼多职，不同工种一肩挑的现象，如今被戏称为"斜杠青年"，共享经济的时代，每个人都开始更加高效率地利用自己的时间，接触不同的领域，产出更多的服务，渐渐地成为一个独立的服务商。"斜杠青年"逐渐成为一股新的社会潮流，背后反映的是社会更加复合化的分工模式带来的一场个人身份革命。

8.1.1 不再崇尚"专一"的职业观

"斜杠"来源于英文"Slash"，指的是一个人不再满足于单一职业的身份，开始选择拥有多种职业和多重身份的生活。这个概念最早出自 2007 年《纽约时报》专栏作家麦瑞克·阿尔伯的书 One Person / multiple careers。书中推崇的新的工作观正是不拘泥于传统的"一人一专"模式，更强调要利用自己的个人优势和时间，去分享和创造更多的技能和知识，渐渐形成多种价值变现的能力。

一人身兼多职，在常人看来，这往往只能是那些成功大咖们的专享，毕竟无论从专业能力还是人脉资源上，普通人都不可能与这些大人物相比，对于寻常人而言，还是做好自己手头的本职工作，谋得一份稳定的薪水更实际一些。不过，如今和过去的时代大不相同，我们有了更多的机会能够成为"斜杠青年"，只需要一个平台而已。这个平台能够对接到各类需求信息，让我们知道，原来有人正在需要我们的帮助，自身的小技能还能够创造新的收入。互联网最大的贡献在于让社会上的人与人能够快速建立连接，实时共享信息。人们不再受限于地理和时间上的拘束，从此有了更加多元化的选择机会。

1. 财富、兴趣、发展空间，驱动我们成为斜杠青年

社会分工的不断细化，带来更多的工作机会；互联网的信息连接，也让很多职业人有了兼职的可能。当前都市生活的压力越来越大，造就了更多人愿意利用各种机会，为自己赚取更多的收入。一项调查发现，49.21%的人兼职是出于对财富的渴望。尤其是生活在北上广这类一线城市的年轻人，大多职业生涯处于起步阶段，没有太多的工作经验和社会资源，拿到手的工资并不能让他们在大城市过上比较体面的生活。由此引发了对于财富获取强烈的欲望，一旦有了更多的兼职机会，让自己不再局限于一个收入来源，自然对这些年轻人具有更强的吸引力。

细分市场也为拥有一些兴趣特长的人提供了施展才华，获取报酬的平台。除了已经被人熟知的兼职开网店，兼职在自媒体上发表评论文章之外，还有很多人通过玩游戏、做直播、分享旅游和美食资讯甚至写一写八卦和段子，获得本职工作以外的额外收入。这些不依赖于一个人的家世背景，也不依赖于自身的财力和人脉资源，况且往往和本职工作并没有多少联系，给个人更自由的发展空间，具有更多元化的财富创造能力，也让"斜杠青年"这一新的物种，成为越来越多人的选择。

告别"铁饭碗"的老观念，不再为了一份稳定的收入将自己完全依附于某一个单位组织，随着时代的发展，我们早已经告别了"铁饭碗"的时代，稳定的收入只能依靠自己的能力去创造，没有绝对意义上的"旱涝保收"，只有持续不断的创造能力，才能过获得与之匹配的回报。显然，当个人走出企业，营造一个多元化的收入环境，无疑是获得稳定性的很好方式。

像前文提到的那位身兼商务咨询/自由撰稿人/编剧/活动策划/猎头/翻译/记者/自媒体八种职业的上海女孩姚夭，她透露经常一个活可以赚到一份工作一年的钱，既能够享受丰厚的回报，还能够接触新鲜行业，这种看似不稳定的生活，其实是这个时代发展所带来的红利。

除了基于对更多财富的追求,发展一下自己的兴趣爱好,也是众多人选择斜杠青年的原因之一。事实上,我们很多人正在从事的工作,并非是自己真正喜欢的事情,也许仅仅是为了更多的薪水、更舒适的工作环境或者更有前途的发展空间,反而,自己的那些爱好,诸如美食、音乐、电影、旅游等,似乎只能是业余时间的活动,构不成一项职业。

不过,兴趣之所以是兴趣,在于我们发自内心的热爱,甘于不求回报的付出,并在不断的尝试中体验精神的愉悦,获得远多于纯粹物质回报的体验。很多人并没有把兴趣爱好纯粹地当成打发时间的消遣娱乐,而是花时间去钻研和挖掘,慢慢做到比大多数人更好更专业,形成了基于兴趣本身的一种能力优势,这个时候,一种兴趣已经不仅是用于消磨时间,还能够遇到乐于此道的朋友一起共同交流,并逐渐找到了将这种技能转化为物质收入的变现渠道,达到物质和精神的双层满足,这是不是比单纯的打一份工更让人期许呢?

韩寒的本职身份是作家,但他的兴趣远不止写书,更多的激情挥洒在了赛车跑道上,随后又涉足电影,成为一位导演,还发布了APP阅读应用"ONE·一个",一人具有多种职业身份,将自己感兴趣的事情做成了事业。还有很多如今在一些领域小有成就的人士,当初也许仅仅是一种喜欢,喜欢看篮球、喜欢打游戏、喜欢写影评、喜欢分享旅游心得,慢慢积累了很多这方面的知识,在恰当的时机下,顺利地将这些积累转化为一种竞争力,获得了新的收入源。过去很多人经营自己的博客,成为了名博主;如今越来越多的人在业余时间运营自己的微信公众号,也有很多转型成为成功的自媒体人,拥有数以万计的粉丝,轻松把钱赚。

除了那些纯粹的兴趣爱好,很多人还会在本职工作之外,发展第二职业,而且这些职业往往与原有职业存在着一定的关联性,彼此可以共享行业资源,或者在能力上能够互助。例如,很多专业领域的人员,在自己的一亩三分地耕耘多年,实战经验丰富,于是也开始分享更多的知识给刚入行的新手,借助如今火热的知识分享平台,成为一个兼职培训师和咨询师。在传道授业的过程中,也会不断打磨自己的专业本领,遇到同道中人互相切磋技艺,反而对本职工作有着正反馈效果,让自己在两条道路上都越走越顺畅,竞争力得到了成倍的增长。

毋庸置疑,"斜杠青年"代表了一种全新的职业观,很多人都会遇到与自己能力不相匹配的工作,在这样的工作单位并不能让自己感到身心愉快,于是想到了跳槽,去寻求职业上的转型和突破。如果身为一名斜杠青年,也许在遇到这类问题时就不会显得很束手束脚,因为多元化的职业身份已经给了他们比其他人更多尝试新领域的机会，更多拓展能力、发挥潜力的机会。

一个人的职业生涯一般只有30年，绝大多数人在这30年可能只是做着一份工作，但有的人却能够收获更多类型的工作体验，品尝五彩缤纷的花样世界，让自己的精神生活更加丰富饱满，也让自己的职业生命焕发更持久的青春活力。分工3.0时代给了我们更多的职业选项，让自身变得更加有趣，也让我们能够掌控自己的生活。

2."斜杠青年"成为企业转型的推动力

从供需角度看，一方面当个人开始走向职业身份多元化的阶段，那么也就意味着所服务的企业也不再是一家，而是向更多的企业客户开放，只要有相应的需求都可以雇佣个人来为其服务。另一方面从企业角度讲，有如此多的个人资源可供选择，也是提高自身人才资源的有利条件。有了互联网的技术铺垫，技术资源正在走向全球化，运用互联网技术，个人可以跨地域服务于任何企业；斜杠青年本身具有跨行业、跨领域的综合能力，自然也会为多个行业的企业所青睐。

越来越多的众包服务，正在让全世界的"斜杠青年"成为企业自身的外部人才库，这些众包人员可以在某些工作环节替代企业内部的正式员工，甚至完全能够取代企业原有的一些岗位。而且，运用外部的人才，通过竞争获得更有价值的解决方案，本身对于企业而言可能比长期雇佣一位员工更划算。

这也就意味着，也许未来企业将会更多地依赖于外部那些多才多艺的"斜杠青年"，不需要花费很多成本雇佣大批正式员工。因为"斜杠青年"不需要占用公司的办公空间，不需要公司为其提供配套服务，甚至公司也不需要为这些员工制定太多的管理制度和行为规范，这都节省了大笔的经营成本。

最后，随着这种众包服务的深化，未来企业将会逐渐开放自己的业务领域，无论是产品设计、生产、营销这些业务单元，还是人力、财务、法律等管理模块，都会有更多具备专业素质的外部人员来参与，企业的边界逐渐模糊化，企业越来越走向开放和共享的道路。这将推动企业本身的组织形态朝着与当前完全不同的趋势发展，至于在社会分工日益精细化、人员职业更多复合化的新时代，企业组织会变成什么样子，将在后面着重描述。

当然，凡事都有两面性，企业逐渐减少正式员工的比例，越来越倚重外部"斜杠青年"的参与，也会带来一些不确定的风险。既然是一种合作关系，那么相对正式员工而言，外部的个体更具有独立性，可以自由安排工作时间，也可以同时承接多家企业的任务，这自然会分散一些时间和精力，不可能做到专注于一件事情上。从专注力来讲，斜杠青年不如企业的本职员工，而且企业也不能像对待员工一样，要求他们严格服从企业的规范，可控性会差很多。这些都会对企业的效率产生影响。

另外，还需要注意的是，斜杠青年不一定都是自由职业者，很多人依然会保留一份正式工作，在劳动关系上还属于某一家企业的一分子。如果考虑到斜杠青年自身需要向更多的副业发展，那么不可避免有时候会用到自身企业的一些技术、品牌等资源，这一过程也许并不会给企业本身带来什么好处，有时候可能还会招惹一些不必要的负面效果，需要企业提前注意到这一点。

对于斜杠青年的出现，给企业最大的冲击莫过于传统的管理观念需要彻底变革。在过去，很少有企业能够允许自己的员工还兼职其他工作，甚至利用工作时间开小差。而如今，这种观念是不是也需要有新的改变？如果继续严防死守不允许员工做兼职，可能会让这些具有独立自主意识的知识性员工倍感压抑，最后离职而去。如果同意员工去做"斜杠青年"赚取外快，那么企业就需要面对员工可能的大规模兼职潮，这多少也会影响在本职工作上的精力投入。

斜杠青年由于与服务的企业更多的是合作关系，而非传统的雇佣关系，那么企业也需要调整自身的角色定位，去适应这一趋势，当然，如何做好这一管理上的转变，在第 7 章已介绍过，这里不再赘述。

3. "斜杠青年"带给社会新的管理难题

"斜杠青年"带动了个体经济的快速发展，最典型的表现是越来越多的人在网上开店，成为个人店主。在中国，2013 年 12 月，国内实际运营的个人网店数量就已经达到 1122 万家；与此同时，越来越多的个人开始经营自媒体，借助于微信、微博等社交软件，进行熟人营销和口碑营销，扩大自身的粉丝数量；知乎等分享平台的崛起，也为有专业能力的各界人士打开一扇经营知识商品的大门，不仅仅是答疑解惑，还有很多个人通过网络，营销自己的设计、创意、文案、作品等，获得客户的认可，赚取收入。这些新时代的个体户们，成为当前拉动个体经济的强劲动力。

"共享经济"已经成为最近两年十分火热的词汇，共享经济也被称为零工经济（gig economy）。顾名思义，就是将大量的具有冗余时间和劳动力的零散人工资源进行吸纳和整合，通过网络平台，与需求方进行对接，提供所需要的临时服务。利用互联网减少供需双方的信息不对称现象,促进社会各类闲置资源得到更有效的利用,特别是人才资源的优化配置,这也将会有助于吸纳一部分失业人群,减少冗余的劳动力资源,成为一种新兴的就业模式。在2016年7月国务院新闻办举行的国务院政策例行吹风会上,人力资源和社会保障部副部长信长星盛赞"斜杠青年"衍生的新业态、新经济领域催生了大量岗位,有利于解决高校毕业生就业问题。

不过,斜杠青年毕竟是有悖于传统就业形态的一种新现象,如果仅仅是少部分人尝试新的领域,并不会对既定的社会范式带来多大的冲击。但如今,分工高度细化之后,成为斜杠青年,一人身兼多职已经不再具有很高的门槛,很多业余时间从事兼职的人员,在自身资源积累到一定程度之后,逐渐会演变成为一名自由职业者,脱离原来的组织,成为独立的经济体。一旦有足够多的人群,不再属于某一个组织管理,而是游离于这些大企业、大单位之外的独立个体,对于政府的管理也会带来新的难题,毕竟管理这么多个灵活自主的个体户,与管理企业有着本质上的不同,无疑会增加社会监管的难度。

对于社会保障体系而言,独立的个体户该如何缴纳社会养老保险和住房公积金等,也需要制定更加合适的制度规范。无论是监管机制还是社会保障体系,都是建立在针对一个个企业的基础上的,未来越来越多的个体经济出现,对于现有的这种管控模式肯定会造成较大的冲击,这会促进政府从统一的管理模式向更加多元化和灵活性的管理模式过渡。

8.1.2 打造成功的"专才+多平台"个体服务商

你是否羡慕那些拥有多重身份,自由穿梭于不同领域,而且都能做到有声有色的佼佼者?他们多才多艺,有着用不完的能量,每到一处都能留下令人赞叹的创作,而后华丽地转身,走向下一个路口,去迎接全新的挑战。这样的生活虽然忙碌不已,但又足够精彩,能够在不同领域都有所斩获,受到众多光环笼罩的优秀人才,正是很多人希望达到的一个目标。

1. 专业主义是立身之本

不过,跨行并不是随便说说就可以,古人讲学而优则仕,现代人更多提到的是诸如演而优则导、唱而优则演，以及学而优则商、商而优则仕，凭什么有的人能够从一个领域优雅地跳到另一个领域，而并不会由此遭遇太多的制约，反而能够在新的领域做出不错的成绩？能够在全新的领域做得不错，前提是在原有的领域已经做得足够好，具备在圈子里算得上优秀甚至顶级的水准。

一个人能够在一份工作中做到足够出色，说明这个人具备了走向成功的基本素质，已经深刻熟悉这个行业的发展规律，能够敏锐地抓住稍纵即逝的商机，能够取得合作者的信任，能够联合其他人一起开创事业，敢于突破创新，快速学习和消化新知识，同时又具有常人不具有的忍耐力和意志力……任何一个行业的顶尖人物，都拥有很多常人不具备的素质，才造就了自身在这份工作中的耀眼成绩。

在所在的领域取得成功，唯一需要的就是具有专业主义精神，把自己打磨成一个优秀的专家人才，能够有充足的知识储备和学习能力，能够准确高效地解决具体问题，为自己的公司和服务的客户带来价值。知名管理学大师大前研一的著作《专业主义》一书，强调真正的专业人士必须具备四种能力：先见能力、构思能力、讨论的能力及适应矛盾的能力。大前研一推崇专业主义精神，是因为在他看来，当今的世界竞争越发激烈，国家之间、企业之间、个人之间始终都是无所不在的竞争，让我们每个人身处其中，无处可退。只有具备专业技能和职业素养的人，才能够在这个全球化和网络化的时代站稳脚跟，并有所发展。

成为一个领域的专家，首先要具备先见能力，大前研一讲到的"看不见的新大陆"，事实上，互联网技术给我们众多传统行业带来了翻天覆地的变化，让许多行业人士一时间看不懂，摸不清，我们都在一片新大陆上摸索。这个时候，如果有人能够最早意识到这是一片新大陆，充满新希望，拥有新机遇，那么这个人就可能从一群懵懵懂懂之辈中脱颖而出，成为指引大众方向的领路人，能够成功地避开无谓的恶性竞争，去开辟出全新的商业模式。这种先见能力正是一名优秀专家所需要具备的。

仅有先见能力还是不够的，即使能最早看出来，如果抓不住也是白费，如何以最快的速度和最佳的方式将机会变成现实，需要的是构思能力。只知道在格子间中埋头苦干是不可能成为业界翘楚的，在苦干的同时，还需要经常进行深度思考和总结，不仅要低头走路，还要抬头看天。构思能力是成为专家的一项核心技能，对于面前的难题，第一不能够一筹莫展，坐以待毙；第二不能只懂得夸夸其谈，但不知该如何入手解决。一名优秀的专家，必须具有独到的解决问题能力，这其中的核心要素就是能够构思出一套行之有效的行动方案，或一个人，或带领一个团队去攻克眼前的高山。

仅仅会构思方案还不能完成一项重要任务，如今，越来越多的工作都需要一个团队齐心协力来完成，如何将自己的想法有效传达给团队人员，如何将大家的思想整合达成共识，这要求一名专家需要具有讨论问题的能力。讨论问题并不是每个人自说自话，没有碰撞甚至争论的会议是浪费时间之举。个人要保持思考的活力，能够清晰地表达自己的观点，在讨论中积极贡献想法，群策群力，促进一个团队达成最佳方案，帮助企业获得竞争优势。

最后是适应矛盾的能力，很多时候一个具有专业技能的人，都多少有着完美主义和理想主义的情怀，做事情喜欢以自我为中心，一旦没有如己所愿，就顿感受挫。殊不知，万事万物都处于矛盾体之中，身在一个组织内，每时每刻也都有着正反两种思想的较量。任何一件事都不会有最完美的结果，要允许接受不完美，要学会抓住主要矛盾，不苛责于人，也不一根筋走到黑。用心做事，但要努力适应企业中的各种矛盾因素，在这种看似矛盾和不完美的环境中，去创造更加优异的成绩，这是一个成熟的专业人士需要具备的格局和价值观。

专家不是天生的，每个人都具备成为所在领域专家的潜力，立足于现实，朝着这个目标去不断修炼精进，一步步将当下的领域铸造成自己坚实的根据地，才会由此延展出更多跨界和兼职所需要的能力。有了能力，机会不请自来。

未来的生产分工模式显然趋向于更专业、更精细、更碎片走势。对于专业的精通程度将决定未来个体在社会和组织中的价值。可以预测，专业主义是21世纪分工体系中每个人的核心竞争力，而对待工作的那种工匠精神，才是确保每个人能够继续生存发展的必要因素。

2. 做一个"创8者"

能够在不同领域齐头并进，除了能力条件以外，拥有比较充足的时间也是一个必要条件。如果每天忙于本职工作都已经昏天黑地，何谈去开辟第二职业呢？有了能够自我支配的时间，才可以去学习新知识，发展兴趣爱好，培养新技能，为进入新的领域打基础。《明朝那些事儿》的作者本身是一名海关公务员，正是因为工作并不繁忙，才会有更多的时间去写作一本畅销书，如果工作忙碌的话，恐怕也会拖累自己的创作热情。

有了比较充裕的时间，接下来就是要如何高效利用好，提升自我价值。著名的"三个8"理论，将人每天的时间分成三等份，每份8小时：8小时工作、

8小时睡觉、8小时自由安排。常常听人说，工作的八小时决定你的现在，业余的8小时决定你的未来。人和人的区别，往往取决于工作之外的8小时。

有的人将工作与生活分得很清楚，工作就是工作，一旦下班之后，就可以根据自己的喜好参加各种活动，唱歌、旅游、聚餐、健身、哪怕宅在家里看电影，都是自我休闲的方式。有的人是工作狂，非常热爱自己的工作，于是业余的8小时，也很自然地贡献给了自己的工作，也许很多发明创造都是在这非工作时间涌现出来的。还有的人，利用下班后的8小时，将自己的兴趣打磨成了技能，然后进入一个新的领域，开始做起了多重职业身份的"斜杠青年"。

美国时间管理专家罗伯特·帕利亚里尼在他的畅销书《另外八小时》中，提到了一个让人激动不已的口号："如果你对糊口这件事已不耐烦，你必须改变。如果你想搬出小公寓，或者买大房子、坐头等舱，想要驾驭自己的梦想之车，你就要在这剩下的8小时里，从一个全职消费者，变成为兼职的创8者"。何谓创8者？言外之意就是那些不满足于白天工作8小时，而希望在剩下的8小时中做一些有价值、有意思的事情，让自己的生活更加丰富多彩，让自己的财富得到快速累积。创8者就是斜杠青年们。

如何让自己手中的8小时时间变得更有意义？作者在书中列举了自己行之有效的活动，将8小时时间做了细分，一部分用来照顾孩子，陪伴亲人；一部分用来运动健身，完善自己；一部分用来发展新的事业，比如坚持写博客。通过博客，分享自己的知识，结识更多有趣和有才的朋友，扩大了自己的人脉圈，同时也获得了意想不到的新机会，从此，生活不再是简单的工作和休息两分法，而是每天都憧憬着会发生的新鲜事，见到的新朋友，学习的新能力。

有人会说，白天工作已经累得半死，回来只想躺下歇着，脑子放空，什么都不想，什么都不做。但我访问了很多身边的朋友，事实上抱怨自己很累的人，下班回来并不是真的什么都不做，他们抱着电视看娱乐节目，看韩剧，或者拿着手机一遍遍刷朋友圈，和网友聊着天，转眼间就到了凌晨。一天一天过去，这样的八小时并没有给我们带来什么改变，更谈不上有何提升！

很多人目前的工作都谈不上有多喜欢，即使换了一家公司，也不见得就能遇上自己喜欢的工作，绝大多数人都不会遇到与自己完全"情投意合"的那份工作。我们需要在工作之外的八小时时间，努力让自己生活得更有意义，既然白天的工作无法带给我们该有的快感，那么我们就需要自己去寻找，去创造一份可以带给自己快感的新工作。推掉不必要的约会和聚餐，花时间认真阅读一本感兴趣的书，写一篇有感悟的文字，报名学习早就打算掌握的新技能。

中国台湾知名作家侯文咏曾经给出一个形象的比喻，他建议我们每个人都应该为自己成立一个"研发部"。如同企业中的研发部门一样，投入金钱、时间和资源，为的就是将来有一天产出具有竞争力的技术产品。这个道理同样适用于个人发展，不要将休息的时间真的变成休息，而是持续投入你的时间、精力，在不断的积累中，打磨自己、拓展自己，为的是将来能够为自己的这个"公司"增加更多的价值点。

想要成为一位横跨多个领域，能够拥有多种职业身份的斜杠青年，就需要走出自己的舒适圈，改变多年养成的路径依赖，想想自己想要成为的那类人应该具备怎样的能力，然后圈定自己努力的方向，利用下班的时间着手去做。既然我们羡慕那些成功人士的潇洒人生，那就只能在成功之前给自己多一些压力，少一些舒适，让看过的那些励志故事，不再仅仅是看过而已，而是让故事真实发生在自己身上。

3. 将自己做成一个"U盘+平台"人

一个自由的职业人，一个能够独自完成任务的专业人士，一个可以横跨多个领域，自如切换能力模式的个人经济体，他的商业模式一定不同于以往供职于一家企业的传统职业人。例如，过去那种"雇佣—管理"模式下的职业人，实际上等于是一台复杂的机器上的某一个零部件，单独拿出来并不能发挥其作用，尽管自身依然有独特的价值。只有将自己安装在一台机器上，与构成这台机器的其他零部件一体化协作，才能驱动整部机器运转起来，能够完成生产任务。

如今，当个体能够脱离组织的控制，作为曾经依赖于整体运作的零部件，也能够实现自驱动，自己具备了智能化，可以与多台合适的机器完成连接，一起开展各类工作。这种职业人的商业模式就像一个U盘，灵活自如。

《罗辑思维》的罗振宇一直推崇这种U盘化生存状态，做一个独立自由的手艺人。罗振宇讲到他家装修的时候认识了一位小木匠，小木匠刚到北京时举目无亲，只能投靠村长的儿子，在一个包工队干活。相当于加入了一个组织，那么接下来他干多少活，挣多少钱，就全由村长的儿子，也就是包工队的包工头来决定。后来由于他的手艺很好，罗振宇就会跟周围正要装修的朋友亲戚推荐这位小木匠，一个手机号、微信号，就能带来一单潜在的生意，渐渐地小木匠就已经有了自己选择的机会，也逐渐降低了对包工队的依赖。

能够独立于组织和体制，在各种适合的场所即插即用，以一个U盘的形式，随时随地连接到各种系统上，发挥自己的能力。用罗振宇的话总结，U盘化生存状态就是"自带信息，不装系统，随时插拔，自由协作"，这也是在《罗辑思维》这个节目中，罗振宇反复给年轻人提供的一个生存方案。

能够做到这种程度的手艺人，前提是一定要有过硬的技能，如果技能不单一，那么你能够连接到的外部系统就会越多。相当于你的U盘中存储的内容越多，外部电脑需要你输入的需求也就越多，你的U盘就会越抢手，自然个人价值也会水涨船高。

古人讲"三百六十行，行行出状元"。如今的社会分工越来越细化，也就是说，我们有更多的机会成为某一细分工种的手艺人，成为这一行的专家，诞生更多的专业主义者。只要本着这种专业的精神去做事，你会发现自己的处境别有洞天。因为有了更大的自由空间，而不再将目光局限在组织内部。

衡量一个人的价值，在过去，是企业中的领导；而如今，则是市场上的众多客户。不需要去天天围着领导转，更不用低眉顺眼地巴结，甜言蜜语地吹捧，不用陪领导喝酒洗桑拿。可以把时间都用在服务外部的客户身上，假以时日，可以完全脱离一个组织，自己成为一个事实上的工作室和个人公司，自己为自己打工。

U盘化生存状态，只能在这个无所不连的互联网时代，只有在这个将分工做得越来越细化，同时彼此的协作又越来越紧密的时代，才能够实现。

看如今的科技公司都在忙些什么？只有一个答案，大家都在做平台！苹果通过APP Store形成了封闭的平台，阿里巴巴打造的是电子商务平台，腾讯做的是社交游戏平台，等等。平台的价值显而易见，因为平台满足了人们在市场交易中最基本的需求，那就是供求双方直接交易，省去中间所有环节。

作为专业化生存的个体而言，同样需要借鉴这种平台化思维，力争将自己打造成一个可以服务多种外部客户的对接平台。如果说专业主义代表个体拥有了可以为己谋生的专业技能，也就是成为一个自由独立的手艺人，为各类客户提供专业服务。那么平台化生存则代表着另外一种商业模式，那就是为与自己专业相关的供需双方提供一个交易合作的平台，类似于牵线和撮合的角色。

每个人都有各自的一张社会网络，都与自己的同事、朋友彼此连接。SNS网站、微博与微信的出现，一方面加强了我们业已存在的社交网络的联系强度，另一方面，也创造了更多与陌生人群的连接机会。微信上每个人都会加入几个聊天群，这些聊天群总有着一些共同的目标，进入群的人基本上也都是认同这一目标的同道中人。

以往我们如果想要找到这些志同道合的人,需要克服很多地理上、沟通上的障碍,困难会很多,所以,以前大多数的兴趣小组都是本地化的、小范围的。互联网的出现,让各地的小组织能够彼此连接成为一个松散但不断裂的大组织。天南海北的人,都可以在群里谈论古今,也可以线下完成共同的任务,在线上进行分享。有效利用这类组织的功能,会给社会带来众多有利的影响。

这很类似于网络社会中的小世界效应(small-world effect),小世界效应是 Newman 为之做出的定义:在大多数网络中,大部分节点都能通过短路径彼此建立联系,这就是小世界效应。简而言之,处于网络中的任何两点,都可以经由几个节点建立联系。小世界效应存在于各种各样的网络系统中,如在演艺圈,绝大多数演员都可以直接或间接与某位演员建立联系,演员合作系统就是一个小世界网络;又如,电力传输系统、神经系统具有较短的路径长度和较大的聚类系数,这些网络均体现着小世界效应。

我们熟知的微博平台,就是小世界效应的体现。在微博上,用户是网络中的节点,信息经由用户传播。同时,不同的用户还组成了多个交流分享的小圈子,这些圈子也都是犬牙交错。但是,这种连接并不是均匀分布,有的用户连接点多,拥有的粉丝多,而有些节点的粉丝却较少,连接数量的不一样,直接决定了节点本身的传播能力和影响范围。

当在一个小圈子内,连接最多的那个节点的用户,实际上已经是这个小圈子的传播中心,能够起到引导与转移圈子舆论焦点的能力。这种网络连接带来的影响力,不同于现实组织内部的上下层级的权力结构,不是自上而下的权力递减。而且,拥有众多粉丝的连接用户,本身也与显示组织中的人员身份等级不完全一致。也许网上的认证大 V,本身无一官半职,却有着很多领导者所不具备的网络领导力。

在《互联网思维的企业》一书中,作者描述了未来在日益网络化的世界中,企业和个人竞争力的几种模式,一个是能够成为某一个小的网络群体中的中心,也就是我们所说的连接数最大的那个节点;另一个提到的则是帮助不同的小圈子建立桥梁的节点,正是因为有这样的节点存在,使得不同的圈子、不同的领域的人可以彼此联系,交换信息,促成合作。同样,能够具备这种跨越多个圈子,帮助实现跨领域合作的节点,其自身的价值也必然会水涨船高,成为众多圈子想要拉拢的对象。

作为一个要跳出单一圈子，希望成为一个具有复合化身份的跨领域人才，我们要做的就是在完成自身专业技能的打磨基础上，去转型成为一个平台，一个连接多个不同领域，帮助双方进行合作的节点。

这种平台生存模式，强调的是信息的连接能力，与 U 盘化生存强调的专业能力交相辉映，共同成就一个独立经济体的生存能力（见图 8-1）。

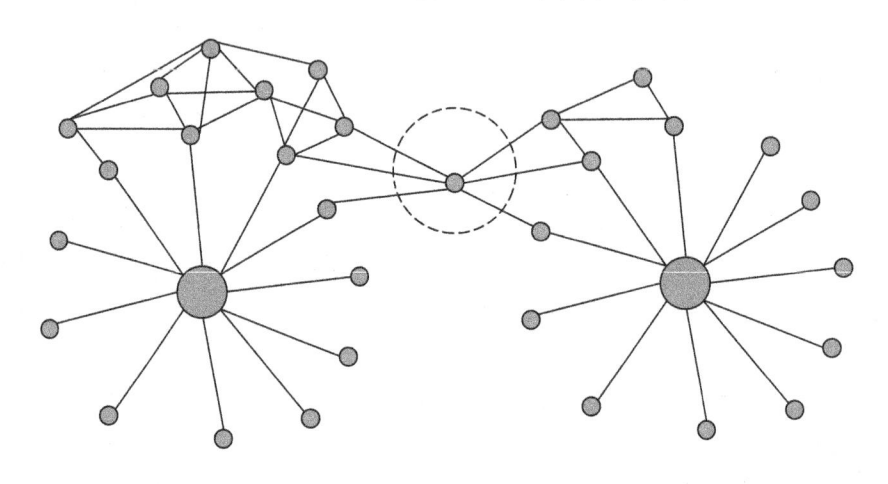

图 8-1　两个圈子的连接点

4．成为个体服务商，你还需要知道这些

除了打造一个专业主义和平台化生存的商业模式之外，想成为一名优秀的"斜杠青年"，成为一个兼具多种分工身份的复合型人才，在成长的道路上，还需要做好以下几点。

构建并不断丰富自我知识体系：不论你是在一个领域深耕细作，还是多个领域齐头并进，保持一种学习和自我更新的能力必不可少。尤其是在当今知识日渐碎片化的趋势下，每个人每时每刻都会被各种零散的信息包围，这里面的知识鱼龙混杂，良莠不齐。而且即使是有价值的内容，也存在散乱无章、深度欠缺的不足之处。如果想做到头脑清醒地看待行业变迁和最新进展，就需要不断地梳理自己的知识体系，最好能够融合不同领域的知识于一体，不断地去锻炼自己横向整合与纵向挖掘的能力。虽然可以在不同的分工身份下转换工作内容，但万变不离其宗，这个"宗"就是自己随时随地都在丰富的知识体系。

选择具有关联性的其他工作。事实上，即使是再能干的人，在一个完全陌生的领域，也需要花费不少的时间去学习掌握很多新的知识。所以，如果能够选择与自己本职工作有一定关联的事情去做，就可以免去耗费大量时间的困扰，而且还能够利用已有的经验，快速将新的工作做到比较好的水平。比如，作为一名管理咨询师，在工作之余可以将自己的工作经验整理成培训素材，去给企业做培训师，同时也可以将很多咨询项目提炼出的思考心得，写成文章和书，成为一名业余撰稿人和作家。想一想，你目前从事的工作，其外延是否可以进行拓展，涉足相关的其他领域呢？

尝试把自己的兴趣发展成副业。俗话说，兴趣是最好的老师。在本该休息放松的时间段，还要多打几份工，这份辛苦如果没有兴趣做驱动，任凭谁也很难坚持下去。不过，兴趣必须做到极致的好，才会有潜在的生意找上门来。如果你想让自己多一份收入的话，只有沉下心来，将兴趣打磨成一份事业。去想一想，你的兴趣中有哪些可以转化成专业技能，为他人提供服务？如果有人来请教你，你该以怎样的方式传授给对方？用这样的思维不断厘清自己的兴趣点，慢慢的，你会发现工作之外还有很多机会可以去尝试！

学会运用互联网去营销个人品牌。我们早已过了"酒香不怕巷子深"的时代，甚至一直怀疑是否有过这样的时代，因为群体总是喜欢受周围环境的影响，所以，才会有"口碑营销"这类营销思想出现。有了互联网，不必再像过去那样，需要砸重金争头版过广告了。因为如今有太多的网络渠道可以加以利用，去免费树立个人品牌。可以利用在知乎上的分享，让别人认识你的专业素养；可以坚持经营自己的公众号，用一篇篇有见地的原创文章吸引粉丝；还可以在各种社交软件上有意地去营造自己的专家形象，去结识有可能合作的朋友。只有树立起自己的品牌，让更多的人认识自己，才会带来越来越多的商机。

延伸阅读：iPhone or iPad，你愿意做哪种类型的人才？

2016年7月26日，苹果公司发布2016财年第三季度财报，早在正式发布之前，从各方调查公司的预测上看，苹果iPhone、iPad、Apple Watch、Mac四大主力产品，在中美等主要市场上的表现都难言乐观。

果不其然，第三季度财报显示，期内苹果共售出4039.9万部iPhone，比2015年同期的4573.4万部下滑15%。虽然很多人都在讨论iPhone的销量已经明显增长乏力，但相较而言更为引人注目的是iPad。这个曾经被乔布斯视为将取代PC的明星产品，此前已经陷入了连续数个季度的衰退，第一季度销量更是大幅下滑 24.73%，第三季度财报显示，共售出 995.0 万台 iPad，比 2015 年同期的 1093.1 万台下滑 9%。

让人不禁疑问，iPad 还有没有可预期的增长前景？其实纵观这两年苹果的市场业绩，不难发现，虽然 iPhone 增长逐渐出现颓势，但首先遇到危机的似乎是 iPad。由此不妨将这两个苹果公司最核心的产品做一对比，并在此基础上引发一些有趣的联想。

很多人认为这个问题的答案显而易见，从用户的角度来看，虽然 iPhone 在名称上仍然叫"手机"，但实质上 iPhone 早已不把自己仅仅当成一部手机，甚至可以说，"手机"的属性早已退居其次。

套用乐视自夸乐 Phone 最常用的一句话来说，就是 iPhone "不仅仅是一部手机，更是一个完整的移动互联网生态系统"。iPhone 在手，可以打电话、拍照、玩游戏、看视频、社交、购物……除了极少数特殊功能外（如办公），iPhone 几乎囊括了桌面互联网的所有功能。

iPhone 自诞生之日起，作为一部手机的属性和边界逐渐模糊，取而代之的更重要属性是移动互联网休闲娱乐的最佳终端载体。

然而，相较于 iPhone，iPad 则显得太过中规中矩。"pad"一词的英文意思是"便笺簿"，也就是供人记事用的活页小本。苹果公司将这一属性创造性地赋予了 iPad，使之在投放市场的一开始就获得了用户的高度青睐。

然而，多年过去了，虽然 iPad 在几次迭代中改变了不少，但似乎始终没有突破最初给它划定的"pad"这一基本属性：屏幕一般还是比较大，携带起来没有手机方便，用户最常用的功能是游戏、阅读、视频，但极少用来打电话（或者说不能打电话）。

如今，愈发让人明显体会到的是，iPad 有的功能 iPhone 基本上都有，甚至可以更好实现，并且由于硬件的限制，一直无法充分兼容 PC 的办公功能。

正是在这一尴尬的定位中，iPad 始终比上不足比下有余：继续变小就成了手机，继续变大仍不足以取代 PC。因此，发展到今天，iPad 的主要使用场景仍然大多局限在客厅、卧室，且使用频次并不高。在人手一部功能强大的手机的情况下，眼前摆着的 iPad，似乎一直是食之无味弃之可惜的"鸡肋"。

说了那么多，总结一句话，iPhone（手机）为什么比 iPad（平板）更受欢迎？因为 iPhone 就像一个多姿多彩的善变女郎，从来没把自己仅当成一部手机，而 iPad 却犹如一位简单的邻家大叔，始终只是一个简单的"记事簿"。

将这一发现与职场中的不同类型的员工做类比，可能会有很有意思的启示。在工作中，有些人给自己的定位非常明确，也非常努力，如果定位找得好，就能最大限度地发挥价值，哪怕自己的工作内容只是非常细小的一个环节。当然，如果定位没有找好，可能就会碌碌无为，又因为不懂得变通而逐步丧失竞争力。

与这种类型的员工相对的，是那些不断尝试新的定位、不断丰富自己的"能力带宽"的人。他们不单纯局限在某一个领域持续经营，而是注重多重布局，普遍撒网，不仅仅做专才，而是专才之上更好的做全才。他们看中的不是能力深度，而是格局高度。这种类型的员工多出现在战略、策划、咨询等岗位中。当然，这种定位也有风险，如果只是强调能力的多样性而不是更深入的专业性，则很容易被替代。

专业与博才，一直是困扰很多年轻人职业发展的两难选择。如今，正在盛行的新的工作方式——"斜杠青年"，其实是在日益丰富和精细的社会分工体系中，将自身的专业能力从单一发展为多元，尽可能地与外部需求建立更多的连接。

iPhone 还是 iPad，你更愿意做哪种类型的人才？这或许跟每个人的性格、工作内容、知识能力积累等多种因素相关。理想的情况当然是兼具能力多样化和深入的专业性，但能做到这一点的并不多见。

作为个体而言，我们每个人都处于类似于 iPhone 还是 iPad 的选择上，因此，我们随时随地都可以自问：做一个包罗万象的多面手，还是高度聚焦的专业人才？做一个在某几个领域能够具有很强竞争力的专业技术工，还是技术均衡全面，没有明显短板，适用面很广，但可替代性也很大的补锅匠？

8.2 新的组织态：连接一切

美国通用集团的前任 CEO 杰克·韦尔奇说过一句话："When the rate of external change exceeds the rate of internal change, the end of your business is in sight."（当内部变革的速度赶不上外界环境的变化时，公司关门的日子就不远了。）

企业的产生与社会分工有着紧密的联系，当人人都从事一份专业工作的时候，如何将大家彼此协作起来就是一个组织的核心命题，企业组织便在这一时代趋势下应运诞生，将一部分分工的工种整合起来形成合力，输出商品，同时与外部其他分工者开展合作。当分工越发细化，而每个人的角色更加复合化的时候，传统的组织便不再适用，技术的进步推动分工模式的进化，因而，未来的组织形态也必然要适应这一过程，不断地演化出新的模样，来满足这一分工3.0时代的要求。

8.2.1 组织形态的未来之路

如果说"民族"是人们基于共同的文化想象而虚构出来的一个群体概念，那么企业组织的概念，相对来说更加实际一些，是基于明确的雇佣关系下的实体组织。你我是否同属于一个民族，是否同属于一个国家，往往是根据历史文化的传统来界定的，而你我是否同属于一家公司，则更加显而易见：我们共同供职于一个机构，合作完成一个事业，各司其职，各有所长，同时接受上级的领导。在分工越来越细化的时候，彼此的协作便越来越重要，企业的出现正是为了解决这个问题。企业的发展，反过来又推动了分工的更加细化，直至企业本身无法涵盖所需要的各项工种，于是，组织的边界开始延伸和模糊。随着分工的日益泛化和复杂，企业组织的模样也有了新的变异。

1. 分工2.0时代的组织

早在工业革命时期，企业组织的雏形已经出现，只不过当时基本上是刚刚告别了手工作坊的生产方式，机械化大工厂兴起，但是企业的组织形态还是非常原始。最关键的是，企业主负责企业的全部经营管理，没有管理分工。因为工厂的规模不算大，一个企业主基本上可以靠掌握生产经营的各个方面，直接与员工建立沟通渠道。当信息的流动简单直接，信息量也不算很大的时候，组织便不会自行扩张。

到了19世纪末，快速发展的工业生产，催生了企业组织的第一次改变，一种被称为U形模式的组织结构诞生。U形模式分为三个层次：决策层、职能管理层和生产经营层。企业内部按职工作职责（生产、销售、开发等）划分部门，各部门独立性很小，企业实行中央集权控制和统一管理。由于集权程度高，公司自上而下的决策执行效果会更好，有利于进行有效的管理和控制。

U形模式非常具有政府组织的特点，高度集权，整齐划一。因此，可以想象，这类组织模式只适合单一产品生产、标准化程度高、外部市场环境简单稳定的条件下实施。往往能源型企业、重工业企业适合这一类组织结构，因为外在环境变量小，不需要组织有多强的应变性，强化内部控制有利于稳定生产，减少风险。

20世纪初，在U形模式基础上，企业组织又演变出现了H形和M形模式的组织结构。随后又出现了矩阵和超矩阵模式的新组织形态。我们会从中发现，企业规模的日渐扩大，管理事项的大量增加，让组织内部的结构呈现出两大倾向力。一方面，企业需要不断细化分工，让各项工作的专业化程度增加，分工的背后自然会带来横向的分权和向下授权代理，因此，企业的层级会不断增加，而过度的分工带来横向的部门协作难题。另一方面，作为企业决策管理者，在快速变化的市场竞争中，又需要全面及时掌握一线的情报信息，了解企业正在面临的内部和外部状况，这种对信息的需求渴望，又让企业决策层倾向于权力的集中和控制考核的加强。

总体来看，工业时代的组织的结构多种多样，但是作为企业管理者而言，无论是早期的小型手工厂，还是现代的跨国集团，始终要解决的问题是如何更快地了解外部市场的变化，并推动组织及时有效地应对。任何一个公司的组织调整，总是朝着这一目标迈进，至少在主持调整的管理者本身来看，的确是这样，这就是组织的本能需求。

在前面的章节中已经提到，过去适合于金字塔形组织模式的传统管理手段，在这种组织模式下，只有企业的最高领导人才能掌握最全面的信息，有可能通过深思熟虑，制定相对完善的决策。但反过来，正是因为这种集权模式，很有可能带来更高的隐含风险，那就是高层决策失误所导致的巨大的成本损失。

传统企业组织因为更加强调成本最低、质量最优，其产品和服务更加标准化，因此，稳定的组织和固化的流程是最好的配置措施，同时也形成了"指挥——控制"式的企业管理方法。但互联网经济，更准确地说，是强调开放资源，共建共享的新经济模式，已经让这种企业组织遇到了很大的挑战，各类信息自下而上汇总，然后决策又自上而下传达，牺牲内部效率来应对外部变化，确保产品的质量可控,这种组织形态已经在事实上阻碍了企业的未来发展。

2. 未来的"互联网+"组织畅想

《失控》的作者凯文·凯利声称：传统组织结构将置企业于死地,未来的企业组织会更类似于一种混沌的生态系统。100多年来,企业组织就像是一个生命体,一点点逐渐生长,恐怕在刚刚开始的时候,没有人会预见未来的企业组织将与之有多么大的区别。

凯文·凯利描绘了他心目中未来组织的形态特征：没有强制性的中心控制；次级单位具有自治的特质；次级单位之间彼此高度连接；点对点间的影响通过网络形成了非线性因果关系。从目前的趋势来看,"互联网+"组织会让传统的金字塔形层级森严、控制严格的组织,变成更加扁平化、网络化和无边界化的组织形态,如图8-2所示。

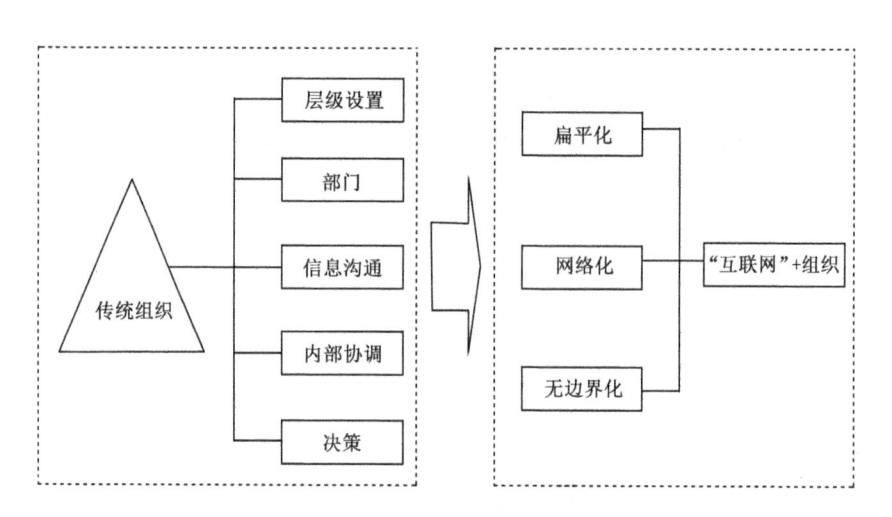

图8-2 互联网时代组织的演变

首先,扁平化是企业组织变革最显著的特征。扁平化的原动力,恰恰就是为了克服金字塔组织本身所带来的上下沟通不畅通、机构臃肿、人员冗余等弊端,以及由此带来的管理效率低下,组织内部信息传递不畅等问题。扁平化绝不是互联网产生之后的产物,而是组织在变革的历史中,为了实现更好的上下沟通而必然产生的一种趋势。组织结构的扁平化能够让企业的决策者最近距离地接触一线,接触市场,了解用户,通过互联网技术,这种扁平化的趋势能够在实际的信息传递上做得更好。扁平化，本质上就是企业与用户的一次直接的连接。

其次，网络化将成为企业组织内部的一种常见状态。过去企业的结构都是分部门设置，这种设置带来的问题就是部门与部门之间的壁垒越来越厚。信息技术的发展，让企业内部的员工能够冲破这种无形的部门壁垒，直接与其他的员工建立连接，甚至不需要一个会议室、一间办公室，企业内的任意两个人都可以沟通互动。互联网带来的网络化连接，使得企业的组织结构看上去不再是那种横平竖直的架构图，而是一张有些杂乱无序的连接网。

最后，去边界化是未来组织的又一个变革趋势。边界化有两个含义：其一是指物理意义的边界，一个企业必须有自己的办公地点，一栋自己的办公楼，或者是有明确的办公地点。不同公司的员工，一定不能在一间办公室里工作。物理位置的区隔，实际上在互联网时代已经被打破。员工的工作可以不局限于在办公室，而是可以在家里，甚至在人以能够连接到互联网的地方。其二是指企业与用户之间的边界。互联网要求的个性化产品必须是生产者和消费者的深度互动才可实现，参与式研发创新已经成为一种新的创新模式。原本属于企业内部的一项工作，已经有了用户的全程参与，这个时候，企业自身的边界已经模糊化。未来的组织实际上更像是一种弥散化的组织态，与市场高度融合。

预测未来世界的《失控》一书中，凯文·凯利提出一个观点：凡是网络都是没有边的，如果有边界就不叫网。比如天空中飞的鸟群，不会因为增加了几只鸟导致鸟群混乱失控，因为鸟群是一个开放的网络，没有边界，可以让资源自由地流入，容纳与自消化的能力很强。这也是未来企业组织的一个方向。现在到了更新企业认识的时候了，企业即网络，不是办公楼，工业园这些实在的物质界定，而是网络中的人与人的关系的体现。企业去边界化就是网络化。

扁平化是让管理者与员工建立更直接的连接，网络化是让员工与员工建立更直接的连接，而去边界化则是让员工与消费者建立更直接的连接。所谓组织的互联网化变化，就是为了打破人为割裂的组织流程，将所有有价值的节点都形成彼此互联的网络结构，而互联网从技术上给予了这种可能，实现组织长久以来的需求：及时准确地了解与应对变化。

8.2.2 分工3.0时代的企业走向何方

事实上，自从个体从组织中挣脱出来，获得越来越多的自由权之后，个体作为一个独立的经济单元，越来越深入地参与到社会分工协作体系中。全书中列举的那些所谓分工 3.0 时代出现的新职业、新工种和新身份，其实并不是真正意义上的从无到有的出现，而是以往工业社会中已经存在的工作的一个变种而已。在分工 2.0 时代，这些工作就由专门的企业来负责，雇用专业的人才去承担。不同的是，到了分工 3.0 时代，这些原本由企业组织来参与的事情，开始交由从企业组织中脱离出来的专业人才来直接负责。企业不再是承接这些工作的单位，而是退居到后台，为个体成为主力军提供基本的服务设施。

为什么企业会或主动，或被动地让渡出这些工作领域，交给那些从前的雇员，现在的合作伙伴来负责？根本原因在于过去适合企业出面去做事情的环境，已经发生了根本变化。

1. 定制化需求和冗余的供给

每个人都有自己独一无二的梦想，对生活的各个方面，多多少少都会有与他人不一样的要求。当受到现实条件的约束，往往只能把这些梦想埋藏在心底，勉强接受社会能够提供给我们的产品和服务。但只要有机会，我们依然会希望能够摆脱千人一面的生活状态，去追求自己独有的那一份精彩。对个性化服务和产品的需求，已经日益成为一种"标配"。

人们普遍追求各类"定制"，从几十元的咖啡杯到几百元的装饰品，再到几千元甚至上万元的定制旅游路线……定制化热潮背后，恰恰反映的是人们对于个性化生活的永恒追求。互联网让消费者拥有了真正的话语权，信息获取渠道更加广泛，个性化的需求也更加强烈。因此，传统企业的大规模标准化生产模式，已经难以满足个性需求下消费者的胃口，更有创意和特色的产品服务将会是未来市场需求的主流。

除了定制化需求这一市场变化之外，生产过剩和产品冗余也成为全球面临的共同问题。在工业革命之前的传统社会，无论是中国，还是欧洲，生产力受制于当时的技术条件，仅仅只能取得温饱程度的生活状态，没有太多的财务剩余。工业革命之后的一次次技术创新，使得社会生产力大大提升，社会财富也空前增加。

社会化大生产的发展带来的必然是生产过剩，剩余闲置资源在众多领域普遍存在。企业积压在库房中的剩余商品，闲置的剩余产能，家庭中没有合适投资渠道的闲置资金，过度消费后没有充分利用的生活用品，在知识大爆炸时代充斥于大众头脑中的认知盈余……

例如，闲置资源体现较为集中的便是电子数码产品，很多人手中都有过去淘汰下来，但依然可以继续使用的数码产品。据 58 同城发起的《闲置物品能换钱——你在网上卖过二手吗？》调研显示，有 72.12%的人选择了数码类产品，如手机、电脑、相机等。德勤统计，2015 年全球智能手机的销售量为 14 亿部，其中 10 亿部智能手机是为了满足消费者的升级需求。在 14 个发达国家市场中，大约 70%的智能手机用户在过去一年半内升级了他们的手机。因为数码类产品更新换代的节奏越来越快，早已与产品本身生命周期相脱节。一部新款手机，也许用不到一年，就会被新出来的升级版手机所替换，而原来的手机功能完好，完全可以再使用三五年。

这些闲置和剩余的资源，看似零散，但如果有很好的共享平台，就会产生更大的社会效益，这在前面章节的论述中，已经能够看到。对于零散资源的整合与运用，催生了共享经济，也就是互联网经济模式的一种体现方式。共享经济的发展，关键是能够有共享服务平台，也就是要求企业向着平台化的方向去转变。

2．企业变身：从金字塔到平台化

卡尔·马克思认为：在官僚制度下，各个等级互相依赖，每个人都在一定等级中占据一个位置，"上层在各种细小问题的知识方面依靠下层，下层则在有关普遍物理解方面信赖上层，结果彼此都使对方陷入迷途"。我们一般将这种层级制下的组织形态称为金字塔形组织。

金字塔形大企业都有着冗长的管理链条，由于强调专业分工，横向部门设置越来越多，组织机构庞大，人员快速膨胀，实际上每一层级管理的宽幅是逐渐变小。在很多有几十年历史的大企业中，都普遍存在机构臃肿、人员冗余、效率不高这些病症。

这种臃肿的病态从公司最高管理层即有所体现。一般一位总经理，都会配置若干副总经理，每一个副总经理又都有分管的一摊子事，下面会管理几个部门的负责人，部门内部又是一个次级金字塔结构，部门负责人也需要几位副手的协作，每一位副手下面也要有几个业务线条的分管人，以此类推，直到最基层的员工。

当今，市场外部信息爆炸，各种不确定因素层出不穷，企业需要解决的问题越来越多，越来越有突发性，无法再有确定性的框架来提前规划清楚，这些都极大地增加了管理的复杂度。一方面，面对众多业务问题，管理者需要更快速的现场决策能力，在长链条的决策机制下，需要指挥协调的难度非常大，往往会因为决策链过长导致贻误良机；另一方面，作为一线员工，虽然最了解发生的情况，但没有充分的授权，在僵化和层级制度下，也难以有效发挥出自身的能力。

可以看到，从最高层到最基层员工之间存在多么长的管理链条，因而，不可避免的是内耗不断、效率降低、信息失真。在外部环境变化越来越快的当今，这类稳固的组织形态不可能保持持续的竞争力。

外部环境要求企业要更加灵活地适应市场变化，更加快速地满足用户的个性化需求，更具有产品创新能力和营销多样化服务。同时，要想发挥各类剩余资源的效益，还必须有将这些分散在大众手中的资源有效组合和供给的能力，广泛连接到需求侧，进一步促进供给升级，最为重要的是能够将供给与需求双方进行撮合，这需要一个个高效的信息收集和处理平台。市场变化导致过去扮演分工体系核心单元的企业组织，开始调整自己的定位和组织形态，向着平台化方向发展。

这个平台，不可能由一个具体的个人来完成，只能是由拥有庞大数据库资源，具备完善的供给和营销能力的企业组织来完成。在未来个体越来越成为分工主力的时代，企业的使命就是服务于这些灵活和专业化的个体经济，搭建众多个体和企业之间自由交易合作的平台。

在共享经济为代表的新分工体系下，企业的很多工作逐渐可以通过众包形式，被更优秀的外包人员所替代。企业的主要工作更多集中在如何为外包人员和最终用户的交易提供服务渠道上，并参与具体的收益分配。平台型的企业，在组织形态上会与传统金字塔形企业有着完全不同的模样。平台型企业的出现，是互联网技术普及之下必然出现的结果，解决的问题正是困扰金字塔形组织多年的病症。

3. 企业组织变化为了个体分工有效开展

如果说金字塔形组织是在工业社会为了更好地管理专业化分工而进行的理性设计的话，那么，在分工日益社会化和复合化的互联网时代，与之相匹配的企业组织在内部架构上也需要加以创新和演化。总体来看，今后的企业，为了适应这种分工3.0的变革，更好地激活和服务越来越活跃的个体，组织的演变主要围绕三个目标展开：满足个性化需求、大规模供需匹配和建立诚信评价机制，如图8-3所示。与此相对应，在内部架构上将会对传统的前台、中台和后台部门的职能进行改变。

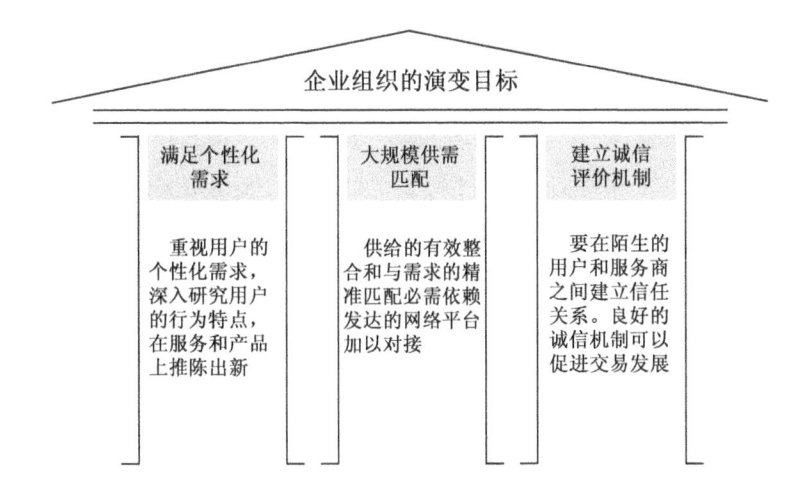

```
┌─────────────────────────────────────────────┐
│           企业组织的演变目标                 │
└─────────────────────────────────────────────┘
    满足个性化      大规模供需      建立诚信
      需求            匹配          评价机制

   重视用户的     供给的有效整    要在陌生的
   个性化需求，   合和与需求的    用户和服务商
   深入研究用户   精准匹配必需    之间建立信任
   的行为特点，   依赖发达的网    关系。良好的
   在服务和产品   络平台加以对    诚信机制可以
   上推陈出新     接              促进交易发展
```

图 8-3　企业组织的演变目标

（1）生产部门：平台化的企业，是生产分工日益社会化的发展结果，因为更多的生产工作从企业内走向了企业外，由越来越多的外部个体参与分工完成，即所谓的众包服务。这个时候，企业内部的生产线会进一步压缩，将很多工作逐渐外包给专业的人去做，传统生产部门在平台化的趋势下，其核心的职责不再是从无到有的制造，而是将众包之下的各个专业零部件产品，根据用户需求整合成一个完整的商品推送给市场。

（2）销售部门：由于市场越来越强调个性化需求，消费者参与生产服务的程度也逐渐加深，以往的集中营销模式无法适用于多样化的客户需求，同时由于采用了平台众包，由外部多个合作伙伴提供的产品，形态质量等肯定有差异，本身就不具备标准化营销的要求。因而，销售部门的任务也不再是简单地进行广告攻势和大规模的促销，而是将对具体客户的行为偏好研究放进自己的主要职责表中。利用大数据技术，提前预判出消费者的喜好需求，并推荐与其喜好近似的产品和服务。未来的销售部门将转化成为集数据分析、用户研究和销售于一体的综合服务类部门，在企业具有核心地位。

（3）技术研发部门：传统企业技术部门和产品、运营都是分离的，技术部门更加侧重于独立的技术开发。但在平台化运作中，每一单产品背后是不同的客户需求，需要不同的技术匹配标准，所以，在实际的业务运作中，技术、运营和产品等几个环节往往无法分离，更像是一体化运作。事实上，平台化企业本身就需要将供需双方紧密衔接，需要及时准确地把握住双方的变化态势，并在产品和服务对接上做到最快的调整，因而，未来企业的技术研发部门将更像是前台部门，而不是后台部门。

（4）数据分析部门：谷歌、阿里、腾讯等互联网公司都已经纷纷自建大数据中心，数据已经成为所有企业的核心资源，任何一个企业在未来的竞争中，都会想方设法获取海量的用户数据，掌握的数据越多，才能对用户的需求做出最准确的预判，所以，数据分析部门的重要性将会越来越凸显出来。在这里，最核心的一项工作便是建立一套用户对供需双方的信用评价体系，也就是做好向所有与自己有业务往来的人进行征信工作，并用大数据进行分析，评估每一个合作者的信用等级，以此作为决策者的参考。

（5）人力资源部门：人力资源管理的对象，不再仅仅是自己雇佣的员工，而是变成了针对众包合作者和平台员工两类不同群体的管理。在具体的部门设置上，也许需要有两个不同的管理机构，面向这两类人群，设计相应的管理机制。例如，针对供给侧的众包人员，开展准入审核、基础培训、业绩评估和合作机理等工作；针对平台员工，需要将过往人力管理的内容进行相应的简化，释放更多的自由权给个体，激发其在平台上的创造力。这样，人力资源部门将得到大大的简化。

（6）财务部门：当企业的众多工作交由外部合作者完成时，事实上，企业与外部合作者之间的交易行为就会变得更加日常化，参与众包的合作者越多，企业与他们的结算交易活动就会越频繁，因而，快速便捷的移动支付系统是必不可少的。像 Uber 与支付宝合作，滴滴出行与微信支付合作等，在当前移动支付格局已定的情况下，企业更倾向于与支付巨头进行合作，将支付工作也外包出去，既方便了使用双方，也能够依托支付机构的庞大用户为自己导流。

总之，分工 3.0 之下每一个个体都将是一个独立的分工参与者，能够独立接受任务并完成，也可以加入到一个团队，参与系统工作。分工越细化，在每一个细小的领域内工作也会越精细。所以，未来全社会分工普遍化下，已经不缺乏能够胜任具体工作的高水平匠人，网络化的自组织形式也能够让众多个体去完成一项看起来比较复杂的系统性工程。在这个背景下，企业的使命已经发生了十足的变化，那就是要为每一个具有专业技能的个体参与者，在自身的平台上高效、精准地找到项目机会，让供需双方完成匹配，并激发出个体的自由创造力。

未来的企业组织，将会由理性、固化的金字塔形态慢慢地向柔性、动态的平台化组织发展，逐渐放弃大众化、标准化的运营理念，更多地为小众服务提供基础条件，为每一个个体的独特价值发挥支持作用，实现让所有人都能够成为大分工趋势下的参与者和获利者。

今后，企业与个人不再是管理与被管理的关系，而是企业搭台、个人唱戏的模式，企业更多地是个人发挥自身价值的平台，为个体提供基本的保障和服务；而个人，将成为企业的平等合作者，参与到企业整体的分工体系中。当个人从组织的控制下得到解放，自然会拥有更多职业选择的权利，这个时候，考虑自身的兴趣、特长，个人也能够在既有的一份工作之外，获得更多兼职的机会，去全方面发展自己的能力，同时也获得更多样化的收入来源，自然也加强了对失业风险的抵御能力，赢得更加独立自主的生活，以及更加开放的心态、自由的思想。

8.3　新的社会范式：开放与共享

8.3.1　"专利"将走向社会共享化

互联网带给全社会的分工体系以全新的变革，重点体现在原有生产链条上的某一环节，参与方从单一者变成了多方协同共建，等于在工业时代纵向的分工基础上，对每一个具体工作环节又进行了横向的细分，分化出众多小而精的专业化工作包，交由更多的专业人士和公司进行生产开发。这样一来，过去专属于一家公司的业务，就开放给了众多参与企业来共同完成，同时被原有公司所掌握的一些技术元素，也必然需要同步开放给参与各方，确保能够将分散化的工作进行有效调整，于是，带来一个新的问题：我们习以为常的专利保护制度，该如何应对这种分工3.0革命的挑战？

1. 专利保护思想到了必须更新的时代

都说互联网带来的是开放共享的经济和思想，同样，在互联网公司进军传统行业的时候，打着的也是开放的旗帜，而把对面的传统企业描绘成封闭、保守、行将没落和等待拯救的老者。互联网精神就是开放的精神、共享的精神，这已经成为全球的共识。但是在这种开放的大趋势之下，依然有与之相悖的事物存在。如同在奔腾不息的大河中，却有着一块岿然不动的石头，任凭河水冲击拍打，就是奈何不了，也搬不走。现代商业社会发展走到互联网+的时代，各种技术的、设计的、品牌的专利权，就是这块让人难以忍受的石头，奔涌的河水只能改道而行，而不能正面相向。

当然，专利到底该不该开放？一直有着无尽的争议，历史上专利权是为了保护行业创新者的利益而出现的，但事实上，专利制度始终是一把"双刃剑"，它在保护发明者利益方面固然功不可没，但一般技术的发展往往是阶梯向上的，后来的技术总会建立在前一个技术之上，这样谁拥有了更多的技术积累，谁就有可能继续占领技术高地保持竞争优势。拥有专利技术的企业，在起跑线上就会领先其他企业很大一步，有时正是因为这一步的距离，决定了今后各自的宿命。如此一来，先发优势的企业积累的专利越来越多，最后带来的就是企业走向了专利垄断。反过来又不利于市场充分竞争，以及产品的更新、新技术诞生。这与互联网时代强调的开放、共享背道而驰，甚至与最开始设计专利制度的初衷也相违背。

在过往的工业化时代，一切发展都是基于线性逻辑逐渐递延的。所以，在某一个行业，一旦有了巨头出现，很容易就形成了一种垄断的局面。后来者很难再超越过去。不过人类有了互联网之后，情况出现了很大的变化，信息的无边界流动，促进了全球范围的生产协作，无论是效率还是深度，都有前所未有的提高。行业壁垒越发模糊，交叉领域更多出现，破坏式创新的机会大大增加，颠覆式的变革概率也提升数倍。对于行业领先的巨头企业来说，依靠专利积累的优势，躺着把钱挣了的事情不再那么容易做到了。

专利的多寡只说明从前的荣光和实力，但不代表你能够在下一次的竞争中获得胜利。在智能手机领域，诺基亚和摩托罗拉长期占据着前两把交椅，在手机领域的研发始终处于世界前列，但是最后的结果却是苹果取得了新时代的话语权，而苹果的手机专利权绝没有前两者积累的那么雄厚。最终体现出来的是，手机市场的占有率与专利数并不成正比，作为新入场的 Google，手上的专利无法和老牌厂商相提并论，但却使安卓系统在两年内占据了智能手机近一半的市场。安卓的成功，可以说是开放思想的一种胜利。因为对于 Google 而言，开放安卓意味着，可以调动全世界的聪明头脑为系统做各种升级与二次开发，这是互联网对于资源广发动员的优势所在，自己独占的专利多寡实际上已经和最后的成果关系不大了。

反过来试想，如果乔布斯的苹果公司更早时间选择开放自己的电脑操作系统，允许其他计算机能够安装兼容，也许就不会有微软后来的辉煌了。同样，如果乔布斯把 iOS 操作系统开放给全世界的手机硬件平台，那么 Google 的安卓现在是否还一家独大也是疑问。不管怎样，苹果依然坚持硬件软件产品的一体化和独占性做法，把更多的市场份额给予了对手。

2. 分工 3.0 时代的"互联网+"专利思维

以 Google 为代表的新一代互联网公司，对于专利的认识，与传统工业时代的企业家思维有着很大的不同。2013 年 3 月谷歌就宣布了自己的《开放专利不主张承诺书》(Open Patent Non-Assertion（OPN）Pledge)，承诺书中明确提出，Google 不会因为专利问题起诉开发人员、经销商或者开源软件的使用者，除非谷歌自己先受到起诉，同时呼吁更多的专利持有人加入到 OPN 阵营中来，开放专利，建立一个共享平台，推动产业的创新发展。这是一个很有意思的举动，回想以往，我们熟悉的那种传统商业竞争，充满了资源稀缺、零和博弈等字眼，如今这种固有的竞争思维在遇到互联网的新分工革命之后，已经走到了一个岔路口。

无独有偶，当苹果、三星还在为专利在全世界开打的时候，特斯拉却在 2014 年 6 月，通过官方博客贴出或许载入电动车史册的开放专利宣言，电动汽车产业再起波澜。马斯克在博文 *All Our Patent Are Belong To You* 中表示，特斯拉将承诺不向任何善意使用特斯拉技术的人发起诉讼。特斯拉逆势发起的这场专利开源运动在一定程度上表明了在行业不成规模的情形下，意图携手大家将电动汽车市场做大做强的决心，至少这种开放的做法符合产业发展的整体利益，激发电动汽车行业强劲发展。

目前，不同电动汽车生产商和不同国家对充电桩技术采用的标准不同，使本来就是小众市场的各种电动汽车之间不能共用充电设备，依靠个人力量在全球范围内布局充电桩不仅是特斯拉也是其他汽车厂商面临的严重挑战之一。充电桩等各种基础设施不到位、标准不统一等原因导致消费者对电动汽车的认同度低，电动汽车在汽车销量中的占比仍然不足 1%。特斯拉审时度势提出专利技术开放必定会对电动汽车行业带来重大影响。

技术开放一方面可强烈刺激充电桩的标准化，加速电动汽车产业的快速发展；另一方面可吸引众多缺少资源和技术优势的创业者和中小型企业加入到电动汽车阵营，推动整个行业的升级转型。开放技术的结果可能会如马斯克所说的"特斯拉和其他电动汽车生产商，以及全世界，都将受益于一个共同的、快速发展的技术平台。"

专利开放对于加速电动汽车领域的发展是毋庸置疑的，但也不难看出此次马斯克所提的开源精神背后的大战略与大视野，即用共享的互联网思维建立行业标准与游戏规则，依靠大家的力量完善生态，自己则成为全球电动汽车产业链的真正盟主。最终的、最大的得益者只能是特斯拉。此种设想绝非空穴来风，谷歌开放安卓系统时，谁也没有想到随后安卓系统生态的爆炸式增长，以及如今依赖此生态而生成的不计其数的寄生体企业。

互联网+专利的影响，本质上依然建立在企业构建自己的生态系统的目的之上，所以，即使特斯拉开放的专利，准备下一盘很大的棋局，看看传统的各大汽车厂商不难发现，宝马、奥迪等都在紧锣密鼓地加大新能源汽车的技术投入，且大部分已经具有了自成体系的充电技术或电池管理技术，在势均力敌的情况下谁都不会主动放弃成为行业主导者的机会，而投入到竞争对手特斯拉的技术阵营。

但对于处于大分工体系中，那些专注于某一细分技术领域的小微企业来说，他们应该很乐意接受"免费"的开放技术，因为可以在极少技术投入的情况下依靠特斯拉轻松获利。但是，企业的大与小又怎么能够固定不变呢？今日的大，也许放到明日就会萎缩乃至消失；而今日的小，也许借助下一次的创新风口，一跃而成为新的规则制定者，继而做大起来。互联网不仅提高了后起之秀颠覆老大的机会，也加快行业改朝换代的节奏。当然，一切都源自于开放和共享的新思维理念。

表8-1所示为专利观念的新旧对比。

表8-1 专利观念的新旧对比

专利私有观念	专利共享观念
技术专利使用需付费，软件许可需购买，品牌授权等均不免费提供	技术专利开源化，软件免费化。合作企业或注册合作者可以获得免费授权
企业创新部门独立研发技术专利，创新成果限内部使用，作为商业机密保护，防止竞争对手获取	创新联盟往往产学研合一，创新成果以科技论文的形式发布，成员们共享成果
企业之间的合作创新机会少，导致产品的应用范围窄，企业为了抢占市场往往推出大量不同型号、不同定位的冗余产品	精品化的产品策略可以吸引更多的企业跨界合作者，共同拓展产品应用领域，形成立体化的产品生态圈

3. 共享经济需要全新的产权观念

2012年夏季奥林匹克运动会开幕式上，万维网的创建者蒂姆·伯纳斯·李用一台 NeXT 计算机敲出了一行字："这是给所有人的！"一句简单的话，透射出来互联网带给我们的共享精神。在开放和共享成为推动产业发展的当今，专利这个词总显得不是那么协调和顺眼。

作为万维网的创始人，蒂姆·伯纳斯·李自己并没有将万维网的发明申请专利。曾经有人测算过，如果当年申请了专利，如今他的身价将达到 27.5 万亿美元，真是富可敌国。但换句话说，如果万维网被申请专利，每个人使用它都要收取一定费用的话，互联网的发展还能否有今日的规模和广度？

当诺基亚、摩托罗拉等昔日巨头被迫退出了手机市场之后，依靠之前留存下来的巨量专利，依然能够过着不差钱的日子。但是否想到，有多少新兴的创业公司正在被专利费一步步拖入泥沼，挣扎于生死之间？

包括手机行业在内的很多高新技术领域，后来者的发展壮大，都离不开最初科学家们无私的开放精神。但如今，三星、苹果公司为了专利权互相打着没完没了的官司。更多成功的企业，坐拥数量众多的专利，成为了后来创新者前进的最大障碍。企业的自身利益和行业整体发展的大局，在专利面前，呈现出了矛盾的局面。

当互联网将企业与个体紧密连接在一起，当开放式合作和创新日益成为主流时，专利的使命也将被重新认定，如果某一天我们真的发现，过去的那种专利制度严重妨碍了整个产业的发展，继而阻碍了社会的进步。那么，就需要认真思考，在保护发明人权益和发挥发明本身的价值之间，塑造一个全新的专利制度。

虽然专利不会被互联网彻底消灭，但在日益高度分工化的互联网时代，在越来越依赖于社会化协作才能完成一项工作的时候，传统的知识产权和专利保护制度一定会面临修正的命运，毕竟开放的思想才能进步，相互交流才能共同建设持续的共赢生态系统。

8.3.2 "隐私"将能够告知于外人

如今人们越来越离不开随时随地的网络连接服务，无论到哪个地方，都会不自觉地拿出手机搜索一下附近有无免费 WiFi。当出现一个免费 WiFi 热点时，我们会兴奋地连接上去，享受网络共享带来的便利。但岂不知，正是这种上网的便利，顺手也带走了我们很多个人信息，甚至卡被盗刷、密码被破解，带来自身财产的损失。个人隐私保护在越来越开放和共享的互联网经济大潮中，显得那么脆弱不堪。当每个人都被卷入到愈发精细化的社会分工体系中，承担起一个甚至多个分工角色，很多个人信息必然会更大范围地被公开化，"隐私"在分工 3.0 革命中，应该有怎样的边界？

1. 共享经济存在隐私泄露的隐忧

2015 年年底，风头正劲的独角兽企业 Uber 估值达到 646 亿美元，超过了全美出租车行业总值。国内滴滴出行也开始了新一轮的融资，预期估值也将突破 200 亿美元。旗下没有一辆出租车所有权的企业，通过互联网的分享模式创造了巨大的经济和社会收益。

我们每天享受专车服务的时候，是否意识到一个小小的问题：当 Uber 或者滴滴专车的司机将自己的专车使用权让渡给坐车的人的时候，也等于将自己的出行信息告诉了这些人。当 Airbnb 的房主将自己的房屋出租给那些游客的时候，也等于敞开了自家的大门，给众多陌生人一览自己私密房间的权利。

将自己拥有所有权的财物提供给外人共享的时候，也会同时牺牲掉对自己相对隐私的一部分生活空间，甚至个人信息。当我们参与到社会分工越深，承担的分工角色越多的时候，对外公开个人信息的可能也必然越来越多。由于我们对很多工作的高度参与，让大量陌生人有了更多机会去熟悉我们的生活，掌握我们的行踪，了解我们的习惯，等等。

分工 3.0 模式之下，带来的一个巨大的挑战便是，该如何保护我们的隐私？换句话说，在如今这个无处不在网络化的时代，隐私的界定范围是否需要重新思考？当我们打开自己的房间，迎来世界各地的客人，谁来保护我们自身？

有些时候，提供分享服务的公司为了安全起见，会刻意隐藏一部分个人信息。例如，借住别人的房屋，你无法知道这家主人的详细情况。换做是你的话，也会心存一丝疑虑，这家人到底是什么情况？

提供专车服务的车主，在服务期间其身份是一名司机，当乘客想用这位兼职司机的服务时，其实享受的不是车的所有权，而是使用权服务。共享经济下诞生的双重产权结构，所有权是底层，属于私有；而使用权在上层，变为公有。在参与到社会分工合作的体系中，这种使用权所携带的信息数据就需要在一定程度上被公开，至少是在众多使用人之间公开，但公开的信息数据该如何进行有效保护，避免为所有者本人带来伤害，这是新的问题。

2. 生活在网络化的"全景监狱"

有这么一类建筑，四周是环形的建筑物，中心是一座瞭望塔，在瞭望塔的塔身上，有一圈对着唤醒建筑物的窗口，而环形建筑物则被分成许多个贯穿横截面的小房间，透过窗口可以看到正对着的环形建筑物的小房间；而每一个小房间也有两个小窗户，一个正对着瞭望塔，另一个对着外面，让阳光照射进来。这样的建筑，中心瞭望塔只需要安排极少数人，就能够利用与光源恰好相反的角度，监视着每一个小房间中的动向。住在小房间中的人，每时每刻都处在被监视状态，而自己却不能看到那个监视者。监视者能够运用这样的特殊建筑，达到安全隐蔽地监视所有人的目的。

这是 18 世纪英国著名的建筑设计师边沁设计的"全景监狱"，一个纯粹的建筑设计思想，日后发展成为一套现代社会生活状态的隐喻。当代的思想家福柯将这种全景监狱看做一种政府设计出来的一套机制，用来控制管理社会上的各类人群，达到最有效的生产和调配。

当然，互联网等技术的发展，让这种全景监狱式的社会运转模型超越了过去的内涵，从权力控制转向了技术控制。谁能够运用网络技术获取更多的个人信息，谁就有可能构建属于自己的瞭望塔，对用户的隐私进行全景监控。当你在电脑上进行关键词搜索时，后台系统会记录你的地理位置、常用名词，然后给你推荐可能需要的网页。当你在网上购物时，网页上显示的都将是你正在选购的一类商品信息。久而久之，系统会越来越熟悉你的个人品位、兴趣爱好、活动规律，然后为你进行量身定制的信息服务，同时，也拿走了你越来越多的个人隐私。你在强大而看不见的互联网中，正在变得透明起来。

2013 年，一个"很傻很天真"的美国特工斯诺登成为全球瞩目的风云人物，通过他的爆料，我们知道了"棱镜"计划，知道了"美国国家安全局、互联网监控、网络入侵"等颇具神秘色彩的名词带给我们的震撼，一下子发现原来我们每个人都已经成为一个现实版的《谍影重重》中的演员，正在被幕后的导演操控着。

原来，我们以为可以安心守护的个人"隐私"，早已经以国家安全名义，被悉数收集和掌控。这里面有国家利益的纠葛、有政治话语权的争夺，更有个人隐私与国家安全之间的悖论和思考。因此，斯诺登对这一事实的坦白，让我们感到的更多是如芒在背、如刺在喉的恐慌和痛感。

其实，早在斯诺登公开这些事实之前，大家都多少知道了，美国政府一直在做着监控个人隐私信息的事情,早在20世纪50—60年代,美国情报部门就已经开始了类似于"棱镜"的监控项目。1947年美国国家安全局成立之后,便开始执行"三叶草"行动:要求当时负责全美国际电报业务总量90%的三家公司,将所有从美国发出和从境外传入的国际电报一式两份,一份交给原定的接收者,另一份则交给国家安全局。"三叶草"和"棱镜"的区别只在于实现方式上所用的不同技术手段,而在工作原理、目标和机制上,没有任何本质的差别。

3. 传统的隐私观念正在逐步开放

分工3.0的实现,离不开互联网的互联互通作用,广泛和细化的分工协作,依赖于能够聚合和分发各类供需信息的社交化平台,无论是投资、研发、生产还是服务,都需要第三方平台来实现供需双方的交互,以及众包模型下的协同。要想实时准确地完成这些复杂的合作,收集特定的个人信息数据是必不可少的前提条件。

社交网络对人们隐私观念的转变,起到了至关重要的作用。我们在微信、微博等社交网站上争相进行实名认证、分享自己的生活照片和行踪动态、公开自己的家人和朋友、工作、爱好等个人信息。这些关于自己的个人信息分享,为我们赢得了越来越多的关注和网友,获得很多人的点赞和评论,乃至转发,在网络扩散效应下,我们的"隐私"正在被无数陌生人所看到、掌握,可是我们感到有什么不适应了吗?没有,我们依然对分享活动乐此不疲,依然喜欢在社交网站上大方地晒出我们自己。

这一切活动背后,都暗示了我们对待隐私的态度正在走向开放化,我们愿意在一定范围内公开自己的个人信息,并且随着互联网在生活各个领域的渗透,这种公开个人信息的意愿还在不断提升。

随着隐私内容的不断公开,过去停留在人们脑海中的隐私边界也逐渐模糊,什么是隐私?隐私该怎样确定?越来越多看似属于"隐私"的信息,正在变成公开信息。共享经济下,让车、房这类私人物品和空间开放给陌生人使用,那么自然这种隐私空间也必然被打破。参与众包生产、设计、研究的专业人士,其个人专长信息也会在平台上公开,供其他需求方挑选使用。何为隐私?其实还是在于信息用于什么地方?隐私的界定正在随信息的用途而时刻发生变化。

表8-2所示为隐私观念的新旧对比。

表 8-2 隐私观念的新旧对比

传统隐私观念	共享隐私观念
个人隐私保密意愿强：网络非实名制，个人信息如身份证、电话等不用于注册网站	用户愿意部分公开个人隐私：用户在网络社交或注册应用账户时，愿意将个人部分隐私信息公开或提供给企业
隐私和公开信息的界限分明：能精确定位个人的信息都是隐私信息	隐私与公开信息的界限模糊：个人信息或空间是否成为隐私根据不同的用途而变化

隐私的问题，一定会随着新的经济模式和生活模式的大量涌现，去重新修正自身的边界。过去认为是隐私的部分信息，将逐渐不再被视为隐私。人们对隐私的认识，也将会重新定义。

8.3.3 "信用"将成为合作的基础

未来个体经济的活跃，带动了更多的个体与个体的交易机会，每个人都是一家"企业"，同样，我们也需要与其他的个人经济体进行交易。当与一个陌生人洽谈生意的时候，你最担心的是什么？没错，会担心在线的这个人，会不会是一个骗子。因为我没有和他打过什么交道，凭什么要我相信他说的话！于是，一个显而易见的问题摆在桌面上，当我们看到越来越多的个人走出企业，活跃于各种经济活动中，我们该如何评估作为个体的信用？没有可以信赖的专业征信系统，我们所说的共享经济是否还能顺利发展下去？

1. 个体经济下的"信任危机"

专车服务兴起之后，人们一方面感受到了打车的便利性，另一方面也对个人财产和人身安全有了一丝担忧。频频发生的一些司机骚扰甚至侵犯乘客安全的事件，让人不寒而栗。2016 年 5 月 2 日晚上 9 点多，深圳宝安区塱岗小学的女英语老师，在滴滴平台上呼叫了一辆"居心不良"的顺风车，独自准备从南山返回学校住处，一个小时后，被 24 岁的司机潘某带到偏僻处抢劫后杀害。

2015 年 6 月新华网财经专门针对"专车"的安全问题组织调查，结果显示：在此次受访者中，有 61.8% 的人认为"专车"司机过于话唠，影响乘客休息；而有 35% 的乘客曾被索要电话；此外，更有 26.4% 的乘客表示曾经收到过"专车"司机性骚扰类短信。对于专车这类服务模式，由于注册的程序比较简单，对于司机个人的审核也不是很严格。在搭乘专车的时候，对于司机本人的信用情况可以说一无所知，同样道理，司机也并不知道这位乘客是通情达理的，还是喜欢找茬故意刁蛮的人。

Airbnb 在创立之初，也曾发生过屋主被租户盗取大量物品的事件，也有过一些不良屋主对个别女租户进行骚扰的案例，这也让很多出门在外的游客有了安全的担忧。这种个体之间的交易行为，往往都是双方本身无法获取对方的真实情况，同时，事后又因为保障和补救的机制不足，难以进行完善的追责，由此引发了人与人之间的不信任，以及对提供交易服务平台的不信任，究其源头还在于个人信用的缺失。

在分工 3.0 时代，个体化程度越来越高的分工模式，必然要求彼此之间有着足够的互信基础，共享经济下最典型的专车和租房服务，已经让信用缺失的问题浮出水面，而在涉及更多领域的个体合作中，信用缺失问题会更加显得紧迫。

2. 个人征信服务将会更广泛地普及

2004 年，为了解决商家和卖家彼此缺乏互信难以成交的难题，阿里巴巴推出了支付宝业务，作为买卖双方的一种担保工具，这也解决了陌生人之间在淘宝上交易时的信用缺失问题。相比较阿里巴巴的企业级电商服务，淘宝这类个人网店由于交易额都非常小，银行不愿意为其提供相应的兑付业务，马云当初四处找银行，希望能够为其 C2C 业务做第三方担保，但没有哪个银行看得上这块不起眼的蛋糕，最后倒逼阿里巴巴自己来解决这个信用缺失的问题。

支付宝就在这种不得已的背景之下诞生了，尽管法律依据并不充分，甚至还游走于合法和非法之间的灰色地带，但随后几年的发展证明，支付宝已经成为阿里巴巴最具有价值的一块资产。从现在的视角往回追溯，支付宝其实可以算做中国移动支付业务，乃至互联网金融的开山鼻祖。

相比个体而言，企业之间的合作，在信用背书这部分更加容易一些，毕竟企业需要在工商部门登记造册，定期会有监管机构的检查，而个体则流动性更大，自由度更高，监管起来也会复杂许多。个体之间的交易更需要有全面的信用做背书，而信用体系的搭建，核心在于前期的征信能力。

《左传·昭公八年》有句话讲"君子之言，信而有征，故怨远于其身"，这是"征信"一词的最早出处。任何人和组织的信用，都需要通过相关的材料加以证实，这些材料的获取工作，即为征信。征信需要由独立的第三方负责，获取个人的信用信息，并加以整理、分析，形成类似于分析报告的成果，提供给需求方。征信最大的价值不在于对个人情况进行各种调查和罗列，而是基于过去的信用行为，来预测未来的违约概率，也就是判断这个人有多大的概率做出失信的举动。征信是信用服务的基础和前提，只有更好更准的征信工作，才能开展对个人的信用评估，给出尽可能准确的个人信用风险水平，促进双方的合作能够在可控的范围内开展。

在我国，征信工作起步的并不算早，2006年中国人民银行征信中心才成立，截至2014年10月底，央行的个人信用信息数据库共收录了8.5亿自然人的记录，其中有征信记录的仅约3.2亿人，个人信用覆盖率尚不足50%。而且，这种征信工作的开展还是局限于央行自身，并没有其他机构参与。而且征信的数据也仅仅是服务于最基本的信贷领域，远没有渗透到更丰富的日常经济生活中。

2015年，央行首批8家民间机构开展个人征信业务，这8家机构分别为芝麻信用管理有限公司、腾讯征信有限公司、深圳前海征信中心股份有限公司、鹏元征信有限公司、中诚信征信有限公司、中智诚征信有限公司、拉卡拉信用管理有限公司及北京华道征信有限公司，由此看出，征信工作开始逐渐利用广大的社会力量加以推动，其中互联网公司可谓占据了半壁江山，在这一过程中，"互联网+"的元素愈发彰显出来。

互联网公司采用的征信方式与传统银行过于依赖前期结构化数据的输入不同，大数据+后期分析师为主要手段。互联网公司手中握有大量用户数据资源，可以针对这些庞大的数据进行深度挖掘，来分析用户的种种行为。即使存在部分信用记录的缺失，也能够在海量数据的基础上近似地模拟出一个人的信用轨迹，而且这种非结构化之下的数据，恰好为当前越来越多元化的生活场景所使用。

表8-3所示为传统银行征信与互联网征信对比。

表8-3 传统银行征信与互联网征信对比

传统银行征信	互联网征信
信用评估被少数机构垄断：信用评估需要海量的强金融基础数据，该类数据被央行征信中心、中诚信等老牌评级机构所垄断	征信门槛降低，民营机构参与：央行批准八家机构开展个人征信业务，互联网公司进入征信领域，与老牌征信机构各擅胜场
依赖结构化数据，维度单一：传统征信主要靠填表采集特定信息内容，收集个人的账户信息和信用记录等	征信机制更完善，参考维度更多：结构化数据与非结构化数据并重，人工分析与机器学习算法相配合，构建多维度用户信用模型
信用服务少，应用局限：少有基于个人信用评级的服务提供，征信主要为银行信贷业务服务	信用服务覆盖了生活的方方面面：信用服务已逐渐覆盖社交、消费、金融、医疗等各个领域

3. 未来的信用服务将服务于场景化

相比传统银行的"征信先行,服务后置"的模式,互联网+征信的新模式,更多地是将征信和用户消费相互衔接起来,征集的用户数据可以得出具体的信用等级,同时用户具体的行为数据用回流成为下一次征信的依据。

蚂蚁金服旗下的芝麻信用是央行批准的8家民间征信机构之一,芝麻信用基于广泛的用户数据,分析出每个人的信用状况,并用信用积分的制度衡量,给出用户未来违约的预判。对个人数据的处理主要包含用户信用历史、行为偏好、履约能力、身份特质、人脉关系5个维度。

如今芝麻信用数据源来自接近60家相关机构,已帮助1000余万用户通过网络渠道获得机构授信,总额超过280亿元,违约率低于1%。已将"信用分"覆盖到了各种生活场景中,如租车、签证、酒店、婚礼、租房、出行等,应用场景合作伙伴超过200家。

ZestFinance是一家美国金融科技公司,主要将大数据和机器学习结合起来,研发20种模型,分析7万种指标对用户授信。将Google大数据算法引入征信领域,与传统信贷管理业务相比,处理效率提升近90%。即使是无银行账户或信用记录不良的用户,也不再被信贷业拒之门外,可通过ZestCash平台贷款。获得贷款顾客的成本是同业竞争者的25%,客户投资回报率是行业均值的128%左右。而且与多领域公司展开合作,比如在国内也已经与京东金融合作成立合资公司,获取用户更全面的信息。

越来越多的非官方机构和非传统金融机构,利用自己特有的数据和分析手段,开发出自成一体的征信系统,并将这些信用评估结果直接运用到各类生活场景中,帮助人们彼此更好地达到互信和加强合作。科技+金融将更好地帮助个人信用体系的建立,降低不良信用人群借贷成本,解决无信用评分用户信贷问题。

分工之后,个体之间的合作,必须建立在充分互信的前提下才可能实现,没有更全面的信用评估,彼此就会增加不信任感,降低合作意愿,那么诸如共享经济之类的新经济模式,便无法自由地发展。有了信任关系,有了信任背书,彼此才能放心大胆地进行合作和交易。无论你是在众筹一个创意,还是众包一个产品,或者为陌生人提供一些专业化服务,让对方相信你,愿意拿出资本来进行投入的前提条件,便是你有充足的信息来证明自己身信用良好,值得信任。

当征信成为一种场景化的服务常态后,我们都可以更方便地查询到任何人的信用情况，更放心地与陌生人进行合作交易，信用由此成为创造价值的放大器。信用良好的个体可以得到更多机会，享受更好的服务，陌生人交流沟通成本降低，个体的分工合作参与度会大大提升，让分工在更加细化基础上，彼此的合作可以更直接、便捷。

数据创造信用，谁拥有的数据信息足够多，谁就拥有更可靠的信用担保能力。如 BAT 等少数互联网巨头，掌握了庞大的用户数据信息，也就可以提供更多的信用服务。当越来越多的数据汇聚于这些少数大公司的手上，事实上也存在了很大的风险。为了得到更好的服务，我们"贡献"了太多的个人数据信息，"滋养"出来了事实上垄断的数据寡头。而这些寡头在提供服务的同时，也能够刻画出我们每个人的 360 度"画像"。我们每个微小的个体，更像是透明体，没有什么隐私可以保护。

分工 3.0 时代下，我们一方面要求信息共享的程度更高，另一方面也有着保护隐私的诉求，两者之间的矛盾显而易见，在现有技术条件下，很难达成完全的平衡。信息共享与信息泄露恐怕相距不远，掌握大数据的巨头们，创造信用和滥用信用也许就在于操作人本身的一念之差。因此，当我们大步迈向更加细分和复合化的分工 3.0 时代，我们打破了权力、财务、资源等集中化的格局，但也间接促成了数据信息越来越集中于少数巨头的再中心化现象，分工和协作的交易行为越来越依赖于少数大平台。而未来，我们需要深度思考，用什么样的技术，来扭转这个趋势，保证个体分工能够在更加安全可靠的环境下，尽可能的实现交易的多平台化和多中心化。

8.4 人，从异化到自由之路

8.4.1 工作要变得多姿多彩

19 世纪德国社会学家马克斯·韦伯曾经有如下感慨：这个时代既解放了人，又奴役了人。工业革命为整个世界带来了全新的改变，人们从土地中解放出来，纷纷走进了城市，加入到了大工厂，成为一名产业工人，每个人不再受制于自己的家族和出身，而是凭借劳动力能够在城市中谋得一份工作，挣一份薪水养家。这是一种身份的解放，也是人获得自由的开始。

但是，随着工业化的日益深入，每个人也都越来越被紧密地捆绑在了机器大生产的洪流中，成为一个个流水线上的成品。在企业中，需要穿着统一的制服，按照统一的标准进行操作，每个人都有固定的岗位要求，接受上一级的管控，日复一日地打卡上下班。在学校里，需要接受完全标准化的课程教育，从小学、初中、高中到大学，就像完成生产线的加工一样，成为为社会各个行业定制化出来的产品，直接被安装在等候在出厂口的企业机器上。

以技术至上、效率优先为信仰的工业社会，将每个人无意识地看做可供操控和改装的零部件，被严丝合缝地安装在社会大系统上。只要能够获得高产出、高收益，就没有人会关心作为社会生产的单元——人，应该被视作何物；是否要照顾到情感、是否要给出创造的空间；是否为其铺垫出自由的环境。总而言之，在我们急速奔走在生产—消费—再生产—再消费的快速路上，已经忘记了将人的快乐、生活的幸福抛在哪里。

我们身处在钢筋水泥的繁华都市中，每日奔波于高楼大厦之间，身着光鲜亮丽的职业套装，忙碌于各种数据、方案、会议讨论中，即使累了、困了、焦躁不安，依然咬紧牙关，忍辱负重，在月朗星稀的夜里，独自忍受这份营生带来的侵蚀感。为了一份还算体面的收入，为了保住看上去不错的职位，也为了能够在亲朋好友间一个可吹嘘的职业发展前景。

我发现身边的朋友，无论在社会上混得如何，哪怕已经小有成就，都觉得很不如意，更谈不上有多快乐！每个人都肩负着沉重的压力，每个人都强忍着一口怨气，毫无新意的生活逐渐在消磨自己的激情，让人衰老，感叹时光流逝。为什么会这样？很重要的原因，是现有的工作模式，扼杀了作为一个有独立思想意识的人的灵性。

人的灵性，是具有自我选择的意识，发现自我的潜力，去追求自己想要的生活状态。如果一个人被强行捆绑在一家企业中，没日没夜地为企业劳作，即使拥有了很高的职位，挣得不菲的薪水，恐怕也不会感觉有多么幸福。因为他一定有工作之外的愿望，有自己的兴趣，想要过上一种更加丰富多姿的生活，想要接触更多新鲜有趣的人和事。

人是社会化的动物，在参与社会生活的过程中，获得自己的身份认同。参与的过程就是人不断自我认知的过程，不断发现自身潜能，创造更多价值的过程。相信世上不会有一个人，一生只会做一类事情，每个人都具有多元化发展的能力，这也符合人的天性。说到底，人，需要一种更为全面发展自己的环境；人，不喜欢像机器一样整日一成不变地运转。

8.4.2 多种职业身份于一身

在20世纪30年代初，西方世界正深陷经济危机的泥潭之中，凯恩斯曾经撰文指出未来的经济发展将会呈现一个与过去几百年完全不同的面貌：全球经济规模在未来的100年之内增长7倍，生产技术的创新使得我们将会迎来一个物质生活十分丰裕的时代，人们不再为生计而发愁，每天只需要工作3个小时，一周只要15小时的工作时间。更为重要的是，技术的进步和生产效率的提升，将让人类彻底摆脱过去为生存而奋斗的状态，转而进入到懂得消费，追求享受的新经济时代。

进入丰裕社会随之而来的问题就是，由于机器替代了人工，我们恐怕再也不需要那么多的劳动力了，可是这些被替代下来的人将要怎么打发自己的空闲时间呢？凯恩斯认为既然为生存需要而拼命生产的模式已经不再适用，那么我们将会更多地去追求艺术、宗教和文化活动，去发挥人类的新的能力。

转眼之间，我们已经很接近100年的时间临界点。回头望去，这100年，世界经济的确在快速向前发展，技术的进步更是日新月异。也许，我们还没完全进入凯恩斯所说的那种消灭饥荒，消除贫困的美好时代。不过至少对于大部分地球人而言，粮食和安全已经不再是我们为之奋斗的主要目标。相反，我们发展出了消费社会和体验经济，对生活的品位追求超出了基本的功能需要。当构成社会运转的基本工具都已经完备的时候，剩下的也许就是对其附加上更多个人娱乐和灵感创造的价值。

机器的发展迟早会解放，或者替代很大一部分生产线上的工人，过去凭借专业技能吃饭的大部分人才必须转型，因为纯粹的理性和逻辑操作活动，机器永远比人更为可靠。当我们不再依附于大的组织生存，能够获得更多的时间来自由支配，我们的灵感之源必然会勃发。纯粹的生产劳动交给机器完成，剩下的便是具有高度创造力和专注力的服务产业的蓬勃发展，服务业相比制造业，将有更多的资源可供"共享"，每个人也更有可能独立承接和完成某项专业化服务，这就为更多自由人提供了多元化发展的条件。

我们终将走向一条自由之路，自由地发挥所有潜能，自由地寻找各种平台，自由地选择各项工作，为自己贴上丰富的标签，成为一个自由切换的独立服务商和经济体。